JN485454

알기 쉬운 정부회계

심재영 · 권선국 · 김동욱 · 이경섭

도서출판 대영문화사

머리말

우리나라 정부회계에 복식부기 · 발생주의 회계제도에 의한 재무회계가 도입된 지 이제 10년이 흘렀으나 현장에서는 아직도 단식부기 · 현금주의에 의한 예산회계가 지배하고 있고, 재무회계정보의 산출과 활용은 형식적으로 흐르고 있는 것으로 보인다. 새로운 회계제도의 도입 및 유지에 막대한 비용이 투입되었는데 재무회계정보가 잘 활용되고 있지 못해 정보의 산출비용이 이용의 효익(benefit)보다 더 큰 정보의 비경제성과 자원 낭비가 문제가 되고 있다. 그 주요 원인 중의 하나는 현장의 행정공무원들이 재무회계의 효익에 대해 잘 인식하고 있지 못한 데 있다고 본다. 이제는 대내외적인 환경을 고려할 때 정부에서 조직의 언어(language)인 정부재무회계의 중요성을 인식하고 좀 더 적극적으로 공무원들이 회계 마인드를 갖도록 교육하고 지원을 하지 않으면 안 될 때가 왔다.

1980년대 신공공경영(New Public Management: NPM)의 물결을 타고 관심을 받아온 복식부기 · 발생주의 회계제도에 의한 재무회계의 도입은 최근 전 세계적으로 확산하는 추세이다. 정부회계의 국제적 조화(harmonization)에 대해 관심이 커졌고, 그 결과 많은 나라에서 복식부기 · 발생주의 회계기준인 국제공공부문회계기준(International Public Sector Accounting Standards: IPSAS)의 채택에 관심을 갖고 있다. 특히 유럽연합은 회원국의 국가 채무위기 이후 IPSAS를 준거 틀로 한 유럽공공부문회계기준(European Public Sector Accounting Standards: EPSAS)을 제정하는 작업을 하고 있다. 이러한 추세를 볼 때 복식부기 · 발생주의 회계제도에 의한 재무회계는 정부회계에서도 기업회계와 같은 위상을 가질 것으로 보인다. 오늘날 회계 하면 기업회계를 떠올리지만 원래 동양의 회계는 국가회계로부터 기원한 것이다. 그것은 회계(會計)의 어원이 중국 하(夏)나라 시조인 우왕(禹王)의 치수(治水)와 관련된 회계산(會稽山)의 고사로부터 나온 것을 보면 알 수 있다. 국회라는 명칭도 국가의 회계로부터 나왔다고 한다.

정부재무회계의 목적은 정부실체의 회계보고책임(accountability)을 평가하고, 정책결정과 같은 행정의사결정(managerial decision making)에 유용한 정보를 제공하기 위한 것이다. 일반적으로 기업회계보다 정부회계에 관심이 적고 발전하지 못한 것은 이해관계자들이 공적 자금(public money)의 효율적 사용에 대해서는 사유재산보다 덜 관심을 갖고 있는 데 원인이 있다고 본다. 공적 자금의 부적절한 사용과 같은 도덕적 해이 현상은 관리자인 공무원뿐만 아니라 정부보조금의 수령 단체에서도 흔히 볼 수 있는 현상이다. 이와 같이 공공부문이 비효율적으로 운영되어 온 것에 대한 반성으로 공공부문에 기업과 같은 효율적이고 효과적인 경영시스템을 도입하고자 한 것이 NPM으로 나타난 것이다. 각국의 민주주의가 발달하면서 시민의 알 권리에 대한 관심이 커졌고, 그에 따라 시민의 대리인인 공직자의 공적 자금의 사용의 정당성과 효율성에 대해 보고할 책임, 즉 회계책임이 정부회계의 초석(cornerstone)으로 인식됨에 따라 정부재무회계가 부상하게 되었다. 그뿐만 아니라 정부의 효율적이고 효과적인 운용을 위해 행정기획 및 통제의사결정에 유용한 정보의 필요성도 제고되었다.

이 책의 목적은 이러한 상황을 고려해 주로 정부회계에 입문하는 공무원들이나 대학생들이 쉽게 접근해서 정부회계의 기초이론과 실무를 학습할 수 있도록 하기 위한 것이다. 따라서 정보산출자의 입장보다는 정보이용자의 입장에서 집필되었다. 정부회계에서는 유용한 재무정보의 질적 특성으로 정보이용자의 입장에서 이해가능성과 적시성을 강조한다. 따라서 이 책에서는 가능한 한 복잡하고 세세한 절차는 요약하거나 생략하고 핵심적인 개념이나 절차의 이해에 초점을 두어 집필되었다. 기록과정은 회계정보시스템에 의해 자동처리 되기 때문에 상세하게 설명하기보다는 핵심개념이나 회계처리절차의 이해에 초점을 맞추었다. 또한 정부회계와 관련된 수험생을 위해 5지선다형 객관식 문제를 싣고 해답과 해설을 제시했다. 이 책은 다양한 목적에 사용될 수 있다. 모쪼록 정부회계 입문자들이 좀 더 쉽게 접근해서 학습 목적 달성에 기여하기를 기대한다.

이 교재는 2부로 구성되어 있다. 제1부는 정부회계의 기초원리(초급 수준)로 재무회계와 관련된 정부회계의 핵심적 기초개념, 회계의 순환과정과 복식부기원리,

그리고 실무적인 측면에서 예산회계와 회계감사를 다루고 있다. 이 부분은 정부회계의 전반적 개념과 체계를 알고자 하는 학습자를 위한 것이다. 제2부는 정부회계의 인식과 측정(중급수준)으로 재무상태표의 요소인 자산, 부채 및 순자산의 인식과 측정, 재무운영표의 요소인 수익과 비용의 인식과 측정, 재정운영표의 작성 및 원가계산에 의한 예정가격 작성을 위한 원가의 인식과 측정을 다루고 있다. 이 부분은 정부회계의 기초개념을 한 단계 넘어 재무제표의 요소별로 인식과 측정에 대해 좀 더 깊이 있게 학습하기를 원하는 학습자를 위한 것이다.

마지막으로 이 책의 기획부터 출판에 이르기까지 도움을 주신 재정성과연구원 강인재 원장님, 출판을 맡아주신 대영출판사 임춘환 대표님, 그리고 편집 및 교정에 애쓰신 편집진에게 감사를 드린다.

2019년 1월

저자 일동

차례

Part 02 정부회계의 인식과 측정

Part 01

정부회계의 기초원리

Chapter 01

정부회계의 의의 및 회계기준

개 관

정부회계는 정부단위의 경제활동에 관한 정보를 측정해서 그 실체의 이해관계자가 합리적 의사결정을 할 수 있도록 전달하는 과정 또는 기능이다.

정부회계의 목적은 정보이용자가 경제적 의사결정뿐만 아니라 사회적 및 정치적 의사결정을 하는 데 유용한 정보를 산출해서 제공하는 것이다. 회계는 보고목적에 따라 외부보고목적의 재무회계와 내부보고목적의 관리회계로 분류된다.

재무회계목적을 달성하기 위해 회계기준이 설정된다. 회계기준은 재무회계행위를 하는 데 준거해야 할 지침으로 회계목적과 회계의 기본가정을 기반으로 하여 형성된다. 우리나라의 정부회계기준은 국가회계기준(국가회계기준에 관한 규칙)과 지방회계기준(국가회계기준에 관한 규칙)으로 이원화되어 있다.

Chapter 01 정부회계의 의의 및 회계기준

제 1 절 정부회계의 의의와 목적

1. 정부회계의 의의

1) 정부회계의 정의

회계(accounting)는 경제 실체의 경제활동에 관한 정보를 측정해서 그 실체의 이해관계자가 수탁관리책임의 이행을 평가하고 경제적 의사결정을 합리적으로 할 수 있도록 전달하는 과정(process) 또는 기능(function)이라고 할 수 있다. 회계는 조직의 언어(language)로서의 역할을 한다.

정부회계(governmental accounting)는 정부실체의 경제활동에 관한 정보를 측정해서 그 실체의 이해관계자가 회계책임의 이행을 평가하고, 경제적 · 사회적 · 정치적 의사결정을 합리적으로 할 수 있도록 전달하는 과정 또는 기능을 말한다.

2) 경제실체의 경제활동

경제실체(economic entities)는 경제활동을 영위하는 실체로 기업, 정부, 비영리조직 등이 있다. 정부실체의 경우 국가(중앙정부), 지방자치단체(지방정부)가 있다. 또한 국가와 지방자치단체 내에는 일반회계, 특별회계와 같은 회계실체가 있다. 이들 실체가 통합해서 하나의 독립된 회계책임 단위(a separate unit of accountability)가 되면 보고실체(reporting entity)가 된다.

정부는 법규에 따라 목적을 달성하기 위해 또는 특정 활동을 수행하기 위해 자원을 분리해서 독립적 회계를 함으로써 펀드회계(fund accounting)를 한다. 여기에서 펀드는 재정실체(fiscal entity)와 회계실체(accounting entity)로서의 요건을 갖춘 것이다. 우리나라 정부에는 일반회계, 특별회계, 기금과 같은 회계실체가 있다. 이것은 정부회계실체가 단일실체(single entity)인 기업실체와는 달리 다실체(multiple entity)가 있다는 것을 의미한다.

지방회계에서 회계실체는 개별회계실체, 유형별 회계실체, 통합회계실체로 구분한다. 개별회계실체는 「지방재정법」 제9조에 따른 일반회계 및 특별회계와 「지방자치단체 기금관리기본법」 제2조에 따른 기금으로서 재무제표를 작성하는 최소단위를 말한다. 유형별 회계실체는 개별회계실체를 그 성격이나 특성에 따라 유형별로 구분한 것으로서 그 유형은 일반회계, 기타 특별회계, 기금회계, 지방공기업회계로 구분된다. 통합회계실체는 유형별 회계실체의 재무제표를 모두 통합해 재무제표를 작성하는 단위로서 지방자치단체의 보고실체이다.

국가회계에서 국가회계실체는 「국가재정법」 제4조에 따른 일반회계, 특별회계 및 같은 법 제5조에 따른 기금으로서 중앙관서별로 구분된 것을 말한다.

경제활동(economic activity)은 재화나 용역을 생산하거나 소비하는 활동을 말한다. 일반적으로 기업은 생산실체이고, 정부나 비영리조직은 소비실체이다. 정부의 경제활동은 예산을 집행하는 활동(예산배정, 지출원인행위, 지출)을 통해 이루어진다. 회계학에서는 기업의 경제활동을 영업활동(operating activities), 투자활동(investing activities), 재무활동(financing activities)으로 구분하는데, 정부의 경제활동도 유사하게 경상활동, 투자활동, 재무활동으로 구분한다.

3) 회계정보

정보(information)는 특정 의사결정 목적에 이용하기 위해 원시적인 자료를 목적적합하게 처리해 놓은(data processing) 것이다.

회계는 회계목적에 적합한 정보를 얻는 데 있으며, 이를 위해 회계정보시스템(accounting information system: AIS)을 잘 구축해 놓을 필요가 있다. 회계정보시스템은 수작업 시스템과 컴퓨터에 의한 시스템으로 나눌 수 있다. 현재 우리나라 정부의 회계정보시스템은 컴퓨터에 의한 회계정보시스템으로 국가회계정보시스템은 디지털예산회계시스템인 d−Brain(통합재정정보시스템), 지방회계정보시스템은 e−호조(지방재정관리시스템)가 사용되고 있다.

회계정보는 주로 계량적 정보로서 재무정보 또는 화폐정보이다. 이들 정보가 유용성을 갖기 위해서는 회계정보로서의 질적 특성(예: 이해가능성, 신뢰성, 목적적합성, 적시성, 일관성, 비교가능성)을 가지고 있어야 한다.

회계정보는 재무회계정보와 관리회계정보로 나뉘는데, 전자는 외부보고목적을 위한 정보이며, 후자는 내부보고목적을 위한 정보이다.

정부회계를 흔히 예산회계(budgetary accounting)라고 하는데, 그것은 정부의 활동이 예산으로 확정되어 집행되기 때문이다. 즉, 행정부에서 예산을 편성해 의회의 승인을 받아 확정된 예산의 범위 내에서 일정한 절차에 따라 집행하기 때문에 예산통제(budgetary control) 목적으로 회계가 사용된다. 따라서 예산회계는 내부통제 기능을 수행하는 관리회계 영역이다. 회계시스템 내에서 예산통제가 유효하기 위해서는 추정수익(estimated revenues), 세출예산(appropriations), 지출원인행위(encumbrances)에 대한 예산계정이 원장과 보조원장에 포함되어야 하나 우리나라는 포함하고 있지 않다.

4) 이해관계자와 의사결정

이해관계자(interested parties or stakeholders)는 정부활동과 직·간접으로 관련을 가진 자로서 정부와 관련한 경제적 의사결정을 하는 정보이용자(users)이다. 정부의 이해관계자들의 예를 들면 시민(국민과 주민), 시민중개인(intermediaries), 의회(국회와 지방의회), 행정공무원, 프로그램 관리자, 감독기관(감사원 등), 투자자 및 채권자가 있다. 이들은 회계정보에의 접근가능성에 따라 내부이해관계자와 외부이해관계자로 나눈다. 전자는 회계정보를 산출해서 소유하고 있는 경영자이며, 후자는 그 밖의 모든 이해관계자가 포함된다. 따라서 외부이해관계자는 불특정 다수인으로 구성되어 있다. 외부이해관계자는 다시 직접적인 이해관계자와 간접적인 이해관계자로 구분한다.

외부이해관계자가 정부와 관련해서 행하는 의사결정은 시민, 의회, 감독기관은 공공회계책임(public accountability)의 이행 여부 및 경제적 · 사회적 · 정치적 결정을 하며, 국 · 공채 투자자는 투자결정을, 대여자는 대여결정을 한다. 이와 같이 각각의 이해관계자에 따라 의사결정의 유형이 다르다. 이에 비해 내부이해관계자인 행정관리자(공무원)는 행정의사결정을 한다. 행정의사결정은 일상적 계획과 통제를 위한 의사결정과 비일상적 의사결정, 정책결정, 장기계획에 관한 의사결정으로 구분된다. 이에 따라 전달해야 할 정보내용이 달라지게 되는데, 외부이해관계자에게 전달할 목적으로 이루어지는 회계를 재무회계(financial accounting)라 하고, 내부이해관계자에게 보고할 목적으로 이루어지는 회계를 관리회계(management accounting or managerial accounting)라고 한다.

5) 회계과정

회계과정(accounting process)은 회계정보를 식별해, 화폐가치로 측정하고, 기록 · 분류 · 요약해서, 전달하는 과정으로 구성되어 있다.

식별	→	측정	→	기록	→	전달
(인식)		(평가)		(부기)		(보고)

식별(identification)은 회계의 출발점으로 어떤 항목을 인식(recognition)해서 재정상태표나 재정운영표에 반영하는 과정으로 경제활동을 관찰해 발생주의에 따라 측정대상과 측정시점을 결정하는 것이다.

측정(measurement)은 인식(식별)된 경제적 사건에 화폐가치를 부여하는 것으로 평가(valuation)라고도 한다. 화폐가치는 시간과 공간에 따라 달라지는데, 역사적 원가, 현행원가, 실현가능가치, 현재가치의 네 가지 평가기준이 있다. 우리나라에서는 일반적으로 자산·부채의 경우에는 평가라는 용어를, 수익·비용의 경우에는 측정이라는 용어를 사용한다.

기록(recording)은 식별해서 측정된 경제적 사건을 장부에 기록·분류·요약하는 것으로 부기(bookkeeping)를 말한다. 분류는 전달을 위해 동질성 있는 항목들을 집합시켜 요약하는 것을 말한다. 기록에는 복식부기시스템을 사용한다.

전달(communication)은 산출된 정보를 이해관계자에게 전달하는 것으로 회계상에서는 보고(reporting)라는 용어가 사용된다. 보고는 이해관계자가 누구인가에 따라 내부이해관계자에게 보고하는 내부보고(internal reporting)와 외부 이해관계자에게 보고하는 외부보고(external reporting)로 구분된다. 보고는 보고서(report)의 형태로 이루어진다. 이 경우 내부보고는 흔히 특수보고서를 통해 직접적으로 이루어지며, 외부보고는 재무제표를 통해 간접적으로 공시 또는 공개(disclosure)하는 형태를 취하고 사회적으로 제도화되어 있는데, 재무보고(financial reporting)라고 한다. 재무보고목적으로 이루어지는 회계를 재무회계라고 하며, 내부보고목적으로 이루어지는 회계를 관리회계라고 한다.

회계과정 측면에서 보면 재무회계는 재무상태, 경영성과, 현금흐름 등의 재무회계정보를 인식·측정·기록·보고하는 회계이고, 관리회계는 기획 및 통제를 위한 원가정보 등의 관리회계정보를 인식·측정·기록·보고하는 회계이다.

2. 정부회계의 목적

회계의 목적(objectives of accounting)은 회계실체에 관련된 이해관계자가 그 실체와 관련한 경제적 의사결정을 하는 데 유용한 정보를 산출해서 제공하는 것이다. 경제적 의사결정은 한정된 자원배분결정을 말한다. 정부회계의 목적은 경제적 의사결정뿐만 아니라 사회적 및 정치적 의사결정을 하는 데 유용한 정보를 산출해서 제공하는 것으로 확대된다.

회계의 목적은 외부보고(재무보고)목적과 내부보고목적으로 나뉜다. 외부보고목적의 회계를 재무회계라고 하고, 내부보고목적의 회계를 관리회계라고 한다. 따라서 외부보고목적을 재무회계목적, 내부보고목적을 관리회계목적이라고 한다.

1) 재무회계의 목적

재무회계는 조직의 재무적 역사를 수집해서 보고하는 회계 분야이다. 그 목적은 조직 외부의 불특정다수로 구성되어 있는 이해관계자의 경제적 의사결정에 유용한 정보를 제공하는 데 있다.

재무회계의 목적을 보통 일반목적 외부재무보고(general purpose external financial reporting)라고 한다. 일반목적 외부재무보고의 대상이 되는 외부이해관계자는 불특정 다수인으로 구성되어 있다. 이들이 필요로 하는 정보는 매우 다양하다. 이들이 필요로 하는 정보를 모두 제공한다면 정보이용의 효익(benefits)보다 정보의 산출비용(costs)이 너무 크므로 정보경제의 입장에서도 바람직하지 않다. 따라서 이들이 공통적으로 원하는 정보를 추출해 전달하게 된다. 오늘날 정부의 외부이해관계자들의 의사결정에 공통적으로 요구되는 정보는 공공회계책임의 이행 및 경제적·사회적·정치적 의사결정에 필요한 정보로서 조직의 재정상태, 운영성과, 현금흐름에 관한 정보로 요약된다. 따라서 재무회계의 기본적인 목적은 재정상태, 운영성과, 현금흐름에 관한 정보를 제공하는 것이다.

이러한 목적을 달성하기 위한 재무보고의 주요한 수단으로 재무제표(financial statements)가 이용된다. 오늘날 재무보고의 기본적 목적을 달성하기 위한 기본재무제표로 재정상태를 보고하는 재정상태표, 재정운영성과를 보고하는 재정운영표, 순자산의 변동 상태를 보여주는 순자산변동표, 현금흐름을 보고하는 현금흐름표, 주석(notes)의 작성이 요구되고 있다.

이들 보고서는 정부의 관리자가 정부회계기준을 준거해서 작성하도록 되어 있는데, 시민과 행정공무원 간에는 주인－대리인 관계(principal－agent relationship)가 성립한다. 이때 정보의 비대칭 관계가 나타나는데, 이런 경우에 대리인의 도덕적 해이 문제가 발생할 수 있다. 따라서 회계기준의 준거 여부를 감시하기(monitoring) 위해서는 감사(auditing)가 필요하다. 감사에는 내부감사와 외부감사가 있다. 우리나라 국가회계는 감사원에 의한 내부감사를 받고 있고, 지방회계는 독립

적인 회계전문가인 공인회계사에 의해 검토를 받고 있다.[1)]

2) 관리회계의 목적

관리회계의 목적은 행정공무원의 행정의사결정목적에 적합한 정보를 제공하는 것이다. 내부관리자에게 목적적합한 정보가 무엇인지를 알기 위해서는 정부와 행정에 대해 알아야 한다.

일반적으로 정부는 시민에게 서비스를 제공하는 운영(operation) 기능을 수행한다. 이를 위해 자금과 인력이 보조를 해야만 한다. 따라서 정부 기능은 운영・인사・재무 기능으로 구분된다. 이때 운영이 주기능이고 인사와 재무는 보소 기능이 된다. 회계목적으로 정부활동은 경상활동, 투자활동, 재무활동으로 구분된다.

행정(public administration)은 공공경영(public management)으로 정부목적의 달성을 위해 정부활동을 기획(planning), 실행(doing), 통제(controlling)하는 과정이다. 따라서 행정공무원의 기능은 정부목적의 달성을 위해 정부일반(전체) 또는 운영・인사・재무와 같은 부문활동에 대한 기획・실행(조직화와 지휘)・통제활동을 수행하는 것이다. 정부 전체에 대한 일반관리는 최고경영층이, 부문에 대한 관리는 부문관리자가 담당한다. 이와 같은 관리에는 항상 의사결정을 수반하게 된다.

의사결정(decision making)은 일상적과 비일상적, 정형적과 비정형적, 전략적과 관리적(또는 업무적)인 것으로 구분할 수 있다. 이것들을 비교하면 일상적인 의사결정은 정형적・관리적・업무적인 것이며, 비일상적인 의사결정은 비정형적・전략적인 것이 보통이다. 따라서 경영자의 의사결정은 크게 비일상적 의사결정, 정책결정, 장기계획과 일상적인 계획과 통제로 분류된다.

관리회계에서는 전자의 목적을 위해 정보를 제공하는 분야를 의사결정회계(decision-making accounting) 또는 차액회계(differential accounting)라 하고, 후자의 목적을 위해 정보를 제공하는 분야를 성과평가회계(performance evaluation

---

1) 공공부문에 적용되는 감사기준에는 「공공감사기준」(감사원규칙), 「지방자치단체 재무제표 검토기준」(행정안전부 훈령), 「공공기관의 회계감사 및 결산감사에 관한 규칙」(감사원규칙)이 있고, 민간부문에 적용되는 감사기준에는 한국공인회계사회에서 제정한 「회계감사기준」이 있다.

그림 1-1 행정관리 과정

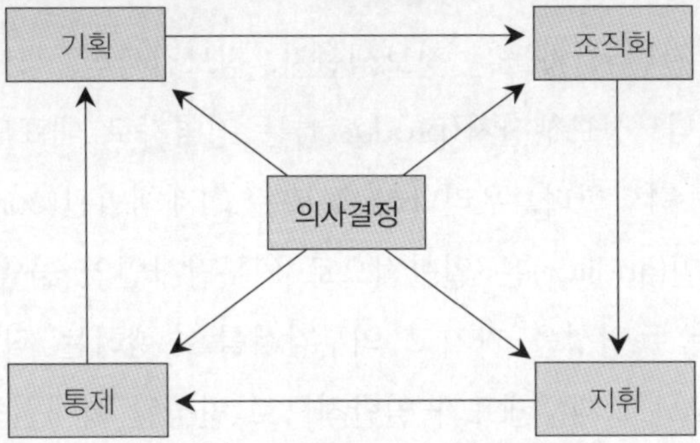

accounting) 또는 책임회계(responsibility accounting)라고 한다. 이 경우 정보는 주로 원가정보(cost information)를 이용한다. 따라서 관리회계와 원가회계(cost accounting)는 유사한 학문 분야이나, 관리회계는 원가정보의 이용에, 원가회계는 원가정보의 산출에 초점을 둔다. 원가회계는 재무회계목적과 관리회계목적을 위해 원가정보를 제공한다. 예를 들어 재무회계목적을 위해 재정운영표의 작성에 필요한 원가정보를 산출해 제공하고,[2] 관리회계목적을 위해 예정가격의 작성에 필요한 원가정보를 산출해 제공한다.[3]

제 2 절 정부회계기준

1. 정부회계기준의 의의

회계기준(accounting standards)이란 회계행위를 하는 데 준거해야 할 지침을

2) 국가회계의 「원가계산지침」이나 지방회계의 「원가계산준칙」은 재무회계목적을 위한 원가정보를 산출하기 위한 것이다.
3) 「국가를 당사자로 하는 계약에 관한 법률 시행규칙」 제6조에서 제9조나 「지방자치단체를 당사자로 하는 계약에 관한 법률 시행규칙」 제6조에서 제9조의 원가계산에 의한 예정가격의 결정 조항들은 관리회계목적을 위한 원가정보를 산출하기 위한 것이다.

말하는데, 회계원칙(accounting principles)이라고도 한다. 회계기준은 본질적으로 재무회계기준을 가리킨다.

재무회계행위와 관련된 자들은 정보생산자, 정보감사인, 정보이용자의 세 집단으로 분류할 수 있다. 정보생산자(producer)는 경영자로 대표되는데 실제로는 정부의 회계담당자가 담당한다. 우리나라 정부는 회계책임관(controller) 제도를 두고 있다. 정보감사인(auditor)은 일반적으로 외부감사인인 공인회계사(CPA)를 말한다. 공인회계사는 독립성을 가지고 외부감사를 수행하는 직업적 회계전문가로 재무제표를 검사하고 그 재무제표가 일반적으로 인정된 회계원칙에 따라 작성되었는지에 대해 감사의견(적정의견, 한정의견, 부적정의견, 의견거절)을 표명한다. 정보이용자(user)는 시민 등의 외부의 불특정 다수인으로 구성되어 있다. 이들 3자의 이해관계는 서로 다르기 때문에 이들의 이해관계를 조정해서 회계기준을 제정해 회계행위를 하는 데 준거토록 할 필요가 있다. 이와 같이 해서 설정된 회계기준을 일반적으로 인정된 회계원칙(generally accepted accounting principles: GAAP)이라고 한다.

정부회계기준은 국가에 따라 부문중립적으로 기업과 정부가 동일한 회계기준을 제정해서 운용하거나 민간부문과 공공부문을 구분해서 기업회계기준과 공공부문 회계기준(예를 들어, 국제공공부문회계기준)을 제정해 운용하는 경우가 있다. 또한 공공부문회계기준을 중앙정부회계기준과 지방정부회계기준으로 이원화해서 운용하는 경우가 있다. 우리나라의 현행 정부회계기준은 「국가회계기준에 관한 규칙」(이하 국가회계기준)과 「지방자치단체 회계기준에 관한 규칙」(이하 지방회계기준)으로 구성되어 있다.

2. 정부회계기준의 체계

현재 우리나라 정부의 재무회계행위에 지침이 되는 회계기준은 형식상으로 국가회계기준과 지방회계기준으로 이원화되어 있다.

1) 국가회계기준

국가회계는 「국가회계법」을 근거로 해서 제정된 기획재정부령 「국가회계기준에 관한 규칙」에 의해 이루어진다.[4)]

「국가회계법」은 2007년 10월 17일 제정되어 2009년 1월 1일에 시행되었는데 국가회계와 이와 관계되는 기본적인 사항을 정해 국가회계를 투명하게 처리하고, 재정에 관한 유용하고 적정한 정보를 생산 · 제공하는 것을 목적으로 하고 있다. 기본적인 사항에는 국가회계의 원칙, 회계연도, 국가회계에 관한 사무의 관장, 회계책임관의 임명, 국가회계제도심의위원회의 설치, 회계처리의 기준, 결산 등이 있다.

이 법에서는 국가회계에 관한 사무는 기획재정부장관이 총괄하고, 중앙관서의 장과 기금관리주체는 그 소관의 회계에 관한 사무를 관리하도록 했다. 여기에서 중앙관서의 장은 「헌법」이나 「정부조직법」, 그 밖의 법률에 따라 설치된 중앙행정기관의 장, 국회 사무총장, 법원행정처장, 헌법재판소 사무처장 및 중앙선거관리위원회 사무총장을 말하고, 기금관리 주체는 법률에 따라 기금(제3조 제2호의 기금을 말한다)을 관리 · 운용하는 자(기금의 관리 업무나 운용 업무를 위탁받은 자를 제외한다)를 말한다. 또한 중앙관서의 장은 그 소관에 속하는 회계업무를 총괄적으로 수행하도록 하기 위해 회계책임관을 임명해서 제24조에 따른 내부통제 등 회계업무에 관한 사항, 회계 · 결산 및 분석에 관한 사항, 제1호 및 제2호의 업무와 관련된 공무원에 대한 지도 · 감독, 그 밖에 회계업무의 수행에 관해 대통령령으로 정하는 사항에 관한 업무를 수행하도록 하고 있다.

이 법에서는 또한 국가회계업무의 수행과 관련해 기획재정부에 국가회계제도심의위원회를 두어 국가회계제도와 그 운영, 국가회계의 처리 또는 결산 관련 법령의 제정 · 개정 및 폐지, 국가와 지방자치단체 및 공공기관(「공공기관의 운영에 관한 법률」 제4조부터 제6조까지의 규정에 따라 지정 · 고시된 공공기관을 말한다) 간 회계제도의 연계, 그 밖에 국가회계제도의 운영에 관한 사항으로서 대통령령으

---

4) 우리나라에서는 중앙정부회계(central government accounting)를 국가회계라고 하는데, 이것은 우리나라의 여러 법규에서 중앙정부를 국가라고 지칭하고 있어서 일관성을 갖기 위한 것으로 보인다.

로 정하는 사항을 심의하도록 하고 있다.

이 법에서 핵심적인 것은 제11조(국가회계기준)로 제1항에서 국가의 재정활동에서 발생하는 경제적 거래 등을 발생사실에 따라 복식부기 방식으로 회계처리하도록 규정해 국가회계에 발생주의(accrual basis)와 복식부기(double entry book keeping) 방식을 도입한 것이다. 따라서 이 법에 따라 제정된 「국가회계기준에 관한 규칙」은 「국가회계법」 제11조 제1항에 따라 국가의 재정활동에서 발생하는 경제적 거래 등을 발생사실에 따라 복식부기 방식으로 회계처리하는 데에 필요한 기준을 정함을 목적으로 하고 있다.

「국가회계기준에 관한 규칙」은 2009년 3월 19일 제정되어 시행되었는데, 총 7장 58조 부칙으로 되어 있으며, 적용 범위는 「국가재정법」 제4조에 따른 일반회계, 특별회계 및 같은 법 제5조에 따른 기금의 회계처리에 대해 적용한다. 「국가재정법」 제4조에 따른 일반회계, 특별회계 및 같은 법 제5조에 따른 기금으로서 중앙관서별로 구분된 것이 국가회계실체이다.

이 규칙의 해석과 실무회계 처리에 관한 사항은 기획재정부장관이 정하는 바에 따른다. 이 규칙에서 정하는 것 외의 사항에 대해서는 일반적으로 인정되는 회계원칙과 일반적으로 공정하고 타당하다고 인정되는 회계관습에 따른다. 따라서 국가회계는 다음과 같은 체계를 가지고 있다.

그림 1-2 국가회계기준의 체계

국가회계법
↓
국가회계기준에 관한 규칙
↓
국가회계예규
↓
일반적으로 인정되는 회계원칙과
일반적으로 공정하고 타당하다고 인정되는 회계관습

2) 지방회계기준

지방회계는 「지방회계법」과 「지방자치단체 회계기준에 관한 규칙」에 따라 이루어진다.[5)]

「지방회계법」은 2016년 5월 29일 제정되어 시행 2016년 11월 30일에 시행되었는데, 지방자치단체의 회계 및 자금관리에 관한 기본적인 사항을 정해 지방자치단체의 회계를 투명하게 처리하고, 자금을 효율적으로 관리하도록 하는 것을 목적으로 하고 있다. 이 법의 적용 범위는 「지방자치법」 제126조 및 「지방재정법」 제9조에 따른 일반회계 및 특별회계, 「지방자치단체 기금관리기본법」 제2조에 따른 기금이다.

이 법에 규정된 기본적인 사항에는 지방자치단체회계의 원칙, 회계연도, 지방자치단체의 회계에 관한 사무의 관장, 회계책임관의 임명, 지방회계제도심의위원회 설치, 회계처리의 기준, 결산 등이 있다.

이 법에서는 행정안전부장관은 지방자치단체의 회계에 관한 사무가 국가회계와 연계되어 효율적이고 통일적으로 처리될 수 있도록 관련 제도의 발전 방안, 과학적인 관리기법 등을 연구 · 개발해 시행하도록 하고, 지방자치단체의 장은 해당 지방자치단체의 회계에 관한 사무를 총괄 · 관리하도록 하고 있다. 또한 지방자치단체의 장은 그 소관에 속하는 회계업무를 총괄적으로 수행하도록 하기 위해 회계책임관을 임명해서 제46조에 따른 회계관계공무원에 대한 지도 · 감독, 제51조에 따른 내부통제 등 회계업무에 관한 사항, 회계 · 결산 및 분석에 관한 사항, 그 밖에 회계업무의 수행에 관해 대통령령으로 정하는 사항에 관한 업무를 수행하도록 하고 있다.

이 법에서 핵심적인 것은 제12조(지방회계기준)로 제1항에서 지방재정활동에 따라 발생하는 경제적 거래 등을 발생사실에 따라 복식부기 방식으로 회계처리하도록 규정해 지방회계에 발생주의와 복식부기 방식을 도입한 것이다. 이에 따라 정부회계에 재무회계라는 영역이 나타나게 된 것이다. 종전에 적용되어온 전통적인 예산회계(budgetary accounting)는 현금주의와 단식부기 방식을 사용해 왔는데,

---

5) 우리나라는 지방정부회계(local government accounting)라는 용어보다는 지방회계, 지방자치단체회계라는 용어를 사용하고 있다.

이런 방식에 의한 회계는 일반적으로 인정된 재무회계원칙으로 볼 수 없기 때문에 재무회계와 구별된다.

이 법에서 지방회계 관련 주요 정책, 회계 및 결산제도, 지방회계 법령의 제정·개정 사항 등을 심의하기 위해 행정안전부장관 소속으로 지방회계제도심의위원회를 두도록 규정하고 있다.

「지방자치단체 회계기준에 관한 규칙」은 「지방회계법」보다 먼저 2006년 10월 17일에 제정되어 2007년 1월 1일에 시행되었는데(「지방회계법」 제정 이전에는 「지방재정법」에 근거를 두었다) 제53조(재무회계의 결산), 제5조(일반원칙)에서 지방자치단체의 회계처리와 재무보고는 발생주의·복식부기 방식에 의하도록 하고 있다.

「지방자치단체 회계기준에 관한 규칙」은 총 8장 61조 부칙으로 되어 있는데, 지방자치단체의 회계처리 및 재무제표 보고의 통일성과 객관성을 확보함으로써 정보이용자에게 유용한 정보를 제공하고, 지방자치단체의 재정투명성과 공공책임성을 제고함을 목적으로 하고 있다.

이 규칙은 지방자치단체가 수행하는 모든 일반적인 거래의 재무보고(회계처리와 재무제표 보고)에 대해 적용한다. 이 규칙의 실무회계처리에 관한 구체적인 사항은 행정안전부장관이 정하고, 이 규칙으로 정하는 것과 제2항에 따라 행정안전부장관이 정한 것 외의 사항에 대해서는 일반적으로 인정되는 회계원칙과 일반적

그림 1-3 지방회계기준의 체계

지방회계법
↓
지방자치단체 회계기준에 관한 규칙
↓
지방자치단체 재무회계 운영규정
↓
일반적으로 인정되는 회계원칙과
일반적으로 공정하며 타당하다고 인정되는 회계관습

으로 공정하며 타당하다고 인정되는 회계관습에 따른다. 따라서 지방회계는 앞의 [그림 1-3]과 같은 체계를 가지고 있다.

요 약

1. 정부회계는 정부실체의 경제활동에 관한 정보를 측정해 그 실체의 이해관계자가 회계책임의 이행을 평가하고, 경제적·사회적·정치적 의사결정을 합리적으로 할 수 있도록 전달하는 과정 또는 기능을 말한다.
2. 정부는 법규에 따라 목적을 달성하기 위해 또는 특정 활동을 수행하기 위해 자원을 분리해서 독립적 회계를 함으로써 펀드회계fund accounting)를 한다. 여기에서 펀드는 재정실체(fiscal entity)와 회계실체(accounting entity)로서의 요건을 갖춘 것이다. 이것은 정부회계실체는 기업과는 다르게 다실체(multiple entity)가 있다는 것을 의미한다. 우리나라 정부에는 일반회계, 특별회계, 기금과 같은 회계실체가 있다.
3. 경제활동(economic activity)은 재화나 용역을 생산하거나 소비하는 활동을 말하는데, 정부의 경제활동은 경상활동, 투자활동, 재무활동으로 구분한다.
4. 정보(information)는 특정 의사결정 목적에 이용하기 위해 원시적인 자료를 목적적합하게 처리해 놓은 것이다. 현재 우리나라 정부의 회계정보시스템은 컴퓨터에 의한 회계정보시스템으로 국가회계정보시스템은 디지털예산회계시스템인 d-Brain, 지방회계정보시스템은 e-호조가 사용되고 있다.
5. 정부회계 정보이용자에는 시민, 시민중개인, 의회, 행정공무원, 프로그램 관리자, 감독기관, 투자자 및 채권자가 있다.
6. 회계과정(accounting process)은 회계정보를 인식해서 화폐가치로 측정하고, 기록·분류·요약해서 전달하는 과정으로 구성되어 있다.
7. 회계의 목적은 외부보고(재무보고)목적과 내부보고목적으로 나뉜다. 외부보고목적의 회계를 재무회계라고 하고, 내부보고목적의 회계를 관리회계라고 한다. 따라서 외부보고목적을 재무회계목적, 내부보고목적을 관리회계목적이라고 한다.
8. 회계기준(accounting standards)이란 회계행위를 하는 데서 준거해야 할 지침을 말하는데 회계원칙(accounting principles)이라고도 한다. 회계기준은 본질적으로 재무회계기준을 가리킨다. 현재 우리나라 정부의 재무회계행위에 지침이 되는 회계기준은 형식상으로 지방회계기준과 국가회계기준으로 이원화되어 있다.

Chapter 01 연습 문제

주관식

1. 정부회계의 의의에 대해 설명하시오.
2. 경제실체의 유형에 따라 경제활동이 어떻게 다른지 설명하시오.
3. 정보와 자료의 차이점을 설명하시오.
4. 정부의 이해관계자의 유형을 식별하고, 이들의 정부와 관련된 의사결정에 대해 설명하시오.
5. 회계과정에 대해 설명하시오.
6. 정부회계의 목적에 대해 설명하시오.
7. 재무회계와 관리회계에 대해 설명하시오.
8. 공인회계사와 회계책임관의 직능에 대해 설명하시오.
9. 회계기준의 의의에 대해 설명하시오.
10. 정부회계기준의 체계에 대해 설명하시오.

객관식

01. 다음 중 정부의 내부이해관계자는?

① 시민 ② 시민중개인 ③ 시민단체
④ 의회 ⑤ 행정공무원

02. 회계과정 중 재무제표에 반영할 측정대상을 식별하고, 측정시점을 결정하는 과정은?

① 인식 과정 ② 측정 과정 ③ 기록 과정
④ 분류 · 요약 과정 ⑤ 보고 과정

03. 다음 중 일반목적 재무제표를 작성해 보고하는 회계 분야는?

① 예산회계 ② 재무회계 ③ 관리회계
④ 책임회계 ⑤ 차액회계

04. 경영자의 경영기획과 통제를 위한 정보를 제공하는 회계 분야는?

① 재무회계 ② 관리회계 ③ 원가회계
④ 세무회계 ⑤ 회계감사

05. 독립된 직업적 회계전문가로서 재무제표에 대해 검사하고 의견을 표명할 수 있는 자격을 가진 외부감사인은?

① 공인 내부감사인(CIA)
② 공인관리회계사(CMA)
③ 공인회계사(CPA)
④ 세무사
⑤ 원가관리사

06. 재무회계행위를 하는 데 준거해야 할 기본적 지침을 말하는 것은?

① 재무보고 개념체계 ② 회계의 기본가정 ③ 회계기준
④ 회계절차 ⑤ 회계관습

정답 및 해설

1. ⑤ 행정공무원은 정부조직이 내부에서 행정관리를 담당하고 있는 내부이해관계자이다.
2. ① 인식은 어떤 항목을 식별해 재무상태표나 포괄손익계산서에 반영하는 과정으로 경제활동을 관찰해서 측정대상과 측정시점을 결정하는 것이다.
3. ② 재무회계는 불특정다수의 외부이해관계자에게 일반목적 재무제표를 작성해서 보고하는 회계 분야이다.
4. ② 관리회계는 경영의사결정에 필요한 정보를 제공하는 분야이다.
5. ③ 공인회계사는 외부감사를 위한 자격을 가진 직업적 회계전문가이다.
6. ③ 회계기준은 재무회계행위를 하는 데 준거해야 할 지침을 말하는데, 회계원칙이라고도 한다.

Chapter 02

정부재무보고의 개념체계

개 관

재무회계이론은 회계기준을 중심으로 해서 전개된다. 이러한 회계기준을 제정하는데 이론적 기초를 제공하는 역할을 하는 것을 개념체계라고 하는데, 회계에서 헌법과 같은 것이다.

재무보고의 개념체계는 재무보고의 목적, 기본가정, 유용한 재무정보의 질적 특성, 재무제표의 요소, 재무제표 요소의 인식, 재무제표 요소의 측정, 서비스노력과 달성 등으로 구성되어 있다. 이 개념체계는 재무보고의 목적으로부터 출발해 상호간에 관계를 가지고 있다.

Chapter 02 정부재무보고의 개념체계

제 1 절 재무회계의 개념체계

재무회계과정은 회계기간 중에 정부에서 발생하는 경제적 사건인 자산 · 부채 · 순자산의 증감과 수익 · 비용의 발생을 인식해, 화폐가치로 측정하고, 장부상에 기록 · 분류 · 요약해 이해관계자에게 보고하는 일련의 과정으로 구성되어 있다. 이때 인식 · 측정 · 기록 · 보고는 회계기준에 따라 처리된다. 따라서 재무회계이론은 회계기준을 중심으로 해서 전개된다. 이러한 회계기준을 제정하는 데 이론적 기초를 제공하는 역할을 하는 것을 개념체계(conceptual framework)라고 한다. 따라서 개념체계는 재무회계에서의 헌법과 같은 것이다.

현재 우리나라 정부회계기준에서는 별도로 재무회계의 개념체계를 제시하고 있지 않고, 기준 내의 일반원칙에서 일부분의 개념을 단편적으로 제시하고 있다. 보통 재무회계의 개념체계는 재무제표 또는 재무보고의 목적, 기본가정, 재무제표의 질적 특성, 재무제표의 요소, 재무제표 요소의 인식, 재무제표 요소의 측정 등으로 구성되어 있다.

제 2 절 정부재무회계의 목적

정부재무보고의 기초를 제공하는 개념은 공공회계책임(public accountability)과 의사결정 유용성(decision usefulness)이다. 회계의 목적은 실체의 자원제공자의 대리인의 수탁관리책임(stewardship)의 해소를 위한 설명의무 또는 보고책무를 의미하는 회계책임에 대한 정보제공목적에서 출발해 1960년에 와서 의사결정에 유용한 정보의 제공 목적으로 확대되었다. 미국 지방회계기준위원회(GASB)는 회계책임을 정부재무보고의 초석(cornerstone)이라고 설명하고 있다.

회계책임정보의 내용에 대해서는 다양한 견해가 있지만 미국회계학회(AAA)는 공공부문의 회계책임의 내용을 다음의 네 가지로 구분하고 있다.

① 재무자원에 대한 회계책임

② 법규 및 관리정택의 준수에 대한 회계책임

③ 운영의 효율성과 경제성에 대한 회계책임

④ 정부 프로그램 활동의 결과(달성, 효익, 유효성)에 대한 회계책임

우리나라의 정부재무회계의 목적은 국가회계기준에서는 재무제표(financial statements)의 목적으로, 지방회계기준에서는 재무보고(financial reporting)의 목적으로 제시되어 있는데, 두 기준 모두 재무회계의 목적을 합리적인 의사결정을 하는 데에 유용한 정보의 제공과 공공회계책임의 이행 여부의 평가를 위한 정보의 제공을 제시하고 있다. 또한 공공회계책임의 이행 여부의 평가를 위한 정보의 유형에 대해 설명하고 있다.

국가회계기준에서 재무제표의 목적은 (1) 국가의 재정활동에 직접적 또는 간접적으로 이해관계를 갖는 정보이용자가 국가의 재정활동 내용을 파악하고, 합리적으로 의사결정을 할 수 있도록 유용한 정보를 제공하는 것, (2) 국가가 공공회계책임을 적절히 이행했는지를 평가하는 데 필요한 ① 국가의 재정상태 및 그 변동과 재정운영결과에 관한 정보, ② 국가사업의 목적을 능률적, 효과적으로 달성했는지에 관한 정보, ③ 예산과 그 밖에 관련 법규의 준수에 관한 정보를 제공하는 것

이다.

지방회계기준에서 재무보고의 목적은 (1) 지방자치단체와 직·간접적 이해관계가 있는 정보이용자가 재정활동내용을 파악해 합리적인 의사결정을 하는 데에 유용한 정보를 제공하는 것, (2) 지방자치단체가 공공회계책임을 적절히 이행했는가 여부를 평가하는 데에 필요한 ① 재정상태·재정운영성과·현금흐름 및 순자산 변동에 관한 정보, ② 당기의 수입이 당기의 서비스를 제공하기에 충분했는지 또는 미래의 납세자가 과거에 제공된 서비스에 대한 부담을 지게 되는지에 대한 기간 간 형평성에 관한 정보, ③ 예산과 그 밖의 관련 법규의 준수에 관한 정보를 제공하는 것이다.

두 기준에서의 공공회계책임의 이행 여부의 평가를 위한 정보의 유형을 정리하면 <표 2−1>과 같다.

표 2-1 공공회계책임의 이행 여부의 평가를 위한 정보의 유형

국가회계기준	지방회계기준
① 국가의 재정상태 및 그 변동과 재정운영결과에 관한 정보 ② 국가사업의 목적을 능률적, 효과적으로 달성했는지에 관한 정보 ③ 예산과 그 밖에 관련 법규의 준수에 관한 정보	① 재정상태·재정운영성과·현금흐름 및 순자산 변동에 관한 정보 ② 당기의 수입이 당기의 서비스를 제공하기에 충분했는지 또는 미래의 납세자가 과거에 제공된 서비스에 대한 부담을 지게 되는지에 대한 기간 간 형평성에 관한 정보 ③ 예산과 그 밖의 관련 법규의 준수에 관한 정보

제 3 절 기본가정

재무회계의 목적을 달성하기 위해 재무회계기준이 형성된다. 재무회계의 목적 달성을 위해 재무회계 기준을 정립하는 데는 여러 가지 제약이 따르므로 몇 가지 가정이나 전제를 하지 않으면 안 된다. 이러한 가정이나 전제를 기본가정(basic assumption)이라고 한다.

기본가정의 내용이 무엇이 되어야 하는가에 관해서는 여러 가지 견해가 있다. 먼저 기업회계기준을 보면 「한국채택국제회계기준」의 재무보고 개념체계에서는 기본가정으로 계속기업을 들고 있다. 「일반기업회계기준」의 재무회계 개념체계에서는 기업실체, 계속기업 및 기간별 보고를 들 수 있다. 기본가정에 발생기준을 포함시키기도 하는데, 발생기준은 전통적으로 회계기준에 포함시키고, 계속기업은 기본가정에 포함시켜 왔다.

국가회계기준에서는 '일반원칙'에서 국가의 회계처리는 복식부기·발생주의 방식으로 한다고 하여 복식부기·발생주의회계를 기본가정으로 하고 있다. 발생기준을 적용해 작성한 재무제표는 현금의 수지를 수반한 과거의 거래뿐만 아니라 미래에 현금을 지급해야 하는 의무와 현금의 수취가 기대되는 자원에 대한 정보를 이용자에게 제공한다. 발생주의는 회계기간의 가정 하에 나타난 개념이고, 회계기간은 계속기업의 가정 하에 나타난 개념이다.

제 4 절 유용한 재무정보의 질적 특성과 일반원칙

1. 유용한 재무정보의 질적 특성

질적 특성(qualitative characteristics)은 재무보고서를 통해 제공되는 정보가 이용자에게 유용하기 위해 갖춰야 할 속성으로 이해가능성, 신뢰성, 목적적합성, 적시성, 일관성, 비교가능성이 있다. 정부회계에서 특별히 근본적인 질적 특성은 이 중에서 적시성과 이해가능성이다.

① 이해가능성(understandability): 이용자가 경영 및 경제활동과 회계에 대한 합리적인 지식을 가지고 있으며 관련 정보를 분석하기 위해 합리적인 노력을 기울일 의지가 있는 것으로 가정할 때 이용자가 그 정보를 쉽게 이해할 수 있어야 한다는 것이다.

② 신뢰성(reliability): 정보가 유용하기 위해서는 신뢰할 수 있어야 것으로 신뢰

성 있는 정보란 그 정보에 중요한 오류나 편의가 없고, 그 정보가 나타내고자 하거나 나타낼 것이 합리적으로 기대되는 대상을 충실하게 표현하고 있다고 이용자가 믿을 수 있는 정보를 의미한다. 신뢰성을 갖기 위해서는 충실한 표현(faithful representation), 형식보다 실질의 우선(substance over form), 중립성(neutrality), 신중성(prudence), 완전성(completeness)과 같은 질적 특성을 가지고 있어야 한다.

③ **목적적합성(relevance)**: 정보가 유용하기 위해서는 이용자의 의사결정에 목적적합해야 한다는 것으로, 목적적합한 정보란 이용자가 과거, 현재 또는 미래의 사건을 평가하거나 과거의 평가를 확인 또는 수정하도록 도와주어 경제적 의사결정에 영향을 미치는 정보를 말한다. 즉, 예측가치와 피드백가치를 갖고 있는 정보이다. 정보의 목적적합성은 정보의 성격과 중요성(materiality)에 따라 영향을 받는다.

④ **적시성(timeliness)**: 적시성은 의사결정에 영향을 미칠 수 있도록 의사결정자가 정보를 제때에 이용 가능하게 하는 것을 의미한다. 일반적으로 정보는 오래될수록 유용성이 낮아진다. 그러나 일부 정보는 보고기간 말 후에도 오랫동안 적시성이 있을 수 있다. 예를 들어, 일부 정보이용자는 추세를 식별하고 평가할 필요가 있을 수 있기 때문이다.

⑤ **일관성(consistency)**: 재무보고서는 지속적으로 일관성이 있어야만 한다. 즉, 한번 회계원칙이나 보고방법이 적용되면 모든 유사한 거래와 사건에 사용되어야 한다는 가정이 있어야 한다는 것이다. 재무보고에서 일관성의 개념은 평가방법, 회계의 기준, 재무보고실체와 같은 많은 영역으로 확대된다. 회계원칙이 변동되거나 보고실체가 변경되었다면 변동의 영향뿐만 아니라 변동의 성격과 이유가 공개되어야 한다.

⑥ **비교가능성(comparability)**: 이용자는 정부의 재무상태와 성과의 추세를 식별하기 위해 재무제표를 기간별로 비교할 수 있어야 한다. 이용자는 또한 다른 정부의 상대적인 재무상태와 성과 및 재무상태 변동을 평가하기 위해 기업 간 재무제표를 비교할 수 있어야 한다. 따라서 유사한 거래나 그 밖의 사건의 재무적 영향을 측정하고 표시할 때 한 정부 내에서 그리고 당해 기업의 기간별로 일관된 방법이 적용되어야 하며, 정부 간에도 일관된 방법이 적용되어야 한다.

2. 일반원칙

우리나라의 경우 개념체계 대한 공식적인 문건은 없으나 유사한 것으로 「국가회계법」과 「지방회계법」상의 국가회계의 원칙과 지방자치단체회계의 원칙, 그리고 지방회계기준과 국가회계기준에서의 일반원칙이 있다. 여기에는 신뢰성의 원칙, 명료성의 원칙, 충분성의 원칙, 계속성의 원칙, 중요성의 원칙, 실질 우선의 원칙이 있다.

① 신뢰성의 원칙: 회계처리는 신뢰할 수 있도록 객관적인 자료와 증거에 따라 공정하게 이루어져야 한다.

② 명료성의 원칙: 재무제표의 양식, 과목 및 회계 용어는 이해하기 쉽도록 간단 명료하게 표시해야 한다.

③ 충분성의 원칙: 중요한 회계방침, 회계처리기준, 과목 및 금액에 관해서는 그 내용을 재무제표에 충분히 표시해야 한다.

④ 계속성의 원칙: 회계처리에 관한 기준 및 추정은 기간별 비교가 가능하도록 기간마다 계속해 적용하고 정당한 사유 없이 변경해서는 아니 된다.

⑤ 중요성의 원칙: 회계처리와 재무제표 작성을 위한 계정과목과 금액은 그 중요성에 따라 실용적인 방법으로 결정해야 한다.

⑥ 실질우선의 원칙: 회계처리는 거래사실과 경제적 실질을 반영할 수 있어야 한다.

제 5 절 재무제표의 요소

재무제표의 요소(elements of financial statements)는 거래나 그 밖의 사건의 재무적 영향을 경제적 특성에 따라 대분류한 것으로 재무상태표 요소인 자산, 부채 및 순자산과 재정운영표 요소인 수익과 비용이다. 자산, 부채, 순자산, 수익, 비용에 대한 정의는 다음과 같다.

① 자산(assets): 정부가 통제하고 있고 미래 경제적 효익이나 서비스로 구현된 자원이다. 국가회계기준에서 자산은 과거의 거래나 사건의 결과로 현재 국가회계 실체가 소유(실질적으로 소유하는 경우를 포함한다) 또는 통제하고 있는 자원으로서, 미래에 공공서비스를 제공할 수 있거나 직접 또는 간접적으로 경제적 효익을 창출하거나 창출에 기여할 것으로 기대되는 자원을 말한다. 자산은 유동자산, 투자자산, 일반유형자산, 사회기반시설, 무형자산 및 기타비유동자산으로 구분해 재정상태표에 표시한다. 지방회계기준에서 자산은 회계 실체가 소유하고 이들 자산을 일정 기간 보유하거나 사용함으로써 공공서비스 잠재력이나 경제적 효익을 창출할 수 있는 자원을 말한다. 자산은 유동자산, 투자자산, 일반유형자산, 주민편의시설, 사회기반시설, 기타 비유동자산으로 분류한다.

② 부채(liabilities): 정부가 특정 사건이나 발생하거나 요구가 있을 때 확정일에 또 다른 실체에게 자산이나 서비스를 제공할 현재 의무이다. 국가회계기준에서 부채는 과거의 거래나 사건의 결과로 국가회계실체가 부담하는 의무로서, 그 이행을 위해 미래에 자원의 유출 또는 사용이 예상되는 현재의 의무를 말한다. 부채는 유동부채, 장기차입부채, 장기충당부채 및 기타비유동부채로 구분해 재정상태표에 표시한다. 지방회계기준에서 부채는 과거 사건의 결과로 회계실체가 부담하는 의무로서 그 이행을 위해 미래에 자원의 유출이 예상되는 현재시점의 의무를 말한다. 부채는 유동부채, 장기차입부채 및 기타비유동부채로 분류한다.

③ 순자산(net assets; net position): 정부에서 인식된 총자산과 총부채 사이의 산술적 차이이다. 국가회계기준에서 순자산은 자산에서 부채를 뺀 금액을 말하며, 기본순자산, 적립금 및 잉여금, 순자산조정으로 구분한다. 지방회계기준에서 순자산은 회계실체의 자산에서 부채를 뺀 나머지 금액을 말한다. 순자산은 지방자치단체의 기능과 용도를 기준으로 고정순자산, 특정순자산 및 일반순자산으로 분류한다.

④ 수익(revenues): 자산의 유입이나 증가, 부채의 감소, 또는 보고기간 중에 정부의 순자산의 증가로 인한 양자의 결합이다. 국가회계기준에서 수익은 국가의 재정활동과 관련해 재화 또는 용역을 제공한 대가로 발생하거나, 직접적인 반대급부 없이 법령에 따라 납부 의무가 발생한 금품의 수납 또는 자발적인 기부금 수령 등에 따라 발생하는 순자산의 증가를 말한다. 수익은 그 원천에 따라 교환수익과 비

교환수익으로 분류한다. 지방회계기준에서 수익은 자산의 증가 또는 부채의 감소를 초래하는 회계연도 동안의 거래로 생긴 순자산의 증가를 말한다. 다만, 관리전환이나 기부채납 등으로 생긴 순자산의 증가는 수익에 포함하지 아니한다.

⑤ 비용(expenses): 자산의 유출이나 감소 또는 부채의 증가, 또는 보고기간 중에 정부의 순자산의 감소로 인한 양자의 결합이다. 국가회계기준에서 비용은 국가의 재정활동과 관련해 재화 또는 용역을 제공해서 발생하거나, 직접적인 반대급부 없이 발생하는 자원 유출이나 사용 등에 따른 순자산의 감소를 말한다. 지방회계기준에서 비용은 자산의 감소나 부채의 증가를 초래하는 회계연도 동안의 거래로 생긴 순자산의 감소를 말한다. 다만, 관리전환 등으로 생긴 순자산의 감소는 비용에 포함하지 아니한다.

제 6 절 재무제표 요소의 인식

1. 인식의 의의

인식(recognition)은 어떤 항목을 재무상태표나 재정운영표에 반영하는 과정으로 해당 항목을 서술하는 계정명칭과 화폐금액으로 기술하고 그 금액을 재무상태표 또는 재정운영표 총계에 산입하는 것을 포함한다. 인식을 위해서는 재무제표 요소의 정의에 부합하고, 그 항목과 관련된 미래경제적 효익이 기업에 유입되거나 기업으로부터 유출될 가능성이 높으며, 그 항목의 원가 또는 가치를 신뢰성 있게 측정할 수 있어야 한다.

2. 재무제표 요소별 인식

1) 자산의 인식

자산은 미래 경제적 효익이 기업에 유입될 가능성이 높고 해당 항목의 원가 또는 가치를 신뢰성 있게 측정할 수 있을 때 재무상태표에 인식한다.

국가회계기준에서 자산은 공용 또는 공공용으로 사용되는 등 공공서비스를 제공할 수 있거나 직접적 또는 간접적으로 경제적 효익을 창출하거나 창출에 기여할 가능성이 매우 높고 그 가액을 신뢰성 있게 측정할 수 있을 때에 인식한다. 현재세대와 미래세대를 위해 정부가 영구히 보존해야 할 자산으로서 역사적, 자연적, 문화적, 교육적 및 예술적으로 중요한 가치를 갖는 자산(유산자산)은 자산으로 인식하지 아니하고 그 종류와 현황 등을 필수보충정보로 공시한다. 국가안보와 관련된 자산은 기획재정부장관과 협의해 자산으로 인식하지 아니할 수 있다. 이 경우 해당 중앙관서의 장은 해당 자산의 종류, 취득시기 및 관리현황 등을 별도의 장부에 기록해야 한다.

지방회계기준에서 자산은 공공서비스의 잠재력을 창출하거나 미래의 경제적 효익이 회계실체에 유입될 것이 거의 확실하고 그 금액을 신뢰성 있게 측정할 수 있을 때에 인식한다. 문화재, 예술작품, 역사적 문건 및 자연자원은 자산으로 인식하지 아니하고 필수보충정보의 관리책임자산으로 보고한다. 부채는 회계실체가 부담하는 현재의 의무를 이행하기 위해 경제적 효익이 유출될 것이 거의 확실하고 그 금액을 신뢰성 있게 측정할 수 있을 때에 인식한다.

2) 부채의 인식

부채는 현재 의무의 이행에 따라 경제적 효익을 갖는 자원의 유출가능성이 높고 결제될 금액에 대해 신뢰성 있게 측정할 수 있을 때 재무상태표에 인식한다.

국가회계기준에서 부채는 국가회계실체가 부담하는 현재의 의무 중 향후 그 이행을 위해 지출이 발생할 가능성이 매우 높고 그 금액을 신뢰성 있게 측정할 수 있을 때 인식한다. 국가안보와 관련된 부채는 기획재정부장관과 협의해 부채로 인식하지 아니할 수 있다. 이 경우 해당 중앙관서의 장은 해당 부채의 종류, 취득시기 및 관리현황 등을 별도의 장부에 기록해야 한다.

지방회계기준에서 부채는 회계실체가 부담하는 현재의 의무를 이행하기 위해서 경제적 효익이 유출될 것이 거의 확실하고 그 금액을 신뢰성 있게 측정할 수 있을 때에 인식한다.

3) 수익의 인식

자산의 증가나 부채의 감소와 관련해 미래 경제적 효익이 증가하고 이를 신뢰성 있게 측정할 수 있을 때 재정운영표에 인식한다.

국가회계기준에서 교환수익은 수익창출활동이 끝나고 그 금액을 합리적으로 측정할 수 있을 때에 인식한다. 비교환수익은 해당 수익에 대한 청구권이 발생하고 그 금액을 합리적으로 측정할 수 있을 때에 인식한다.

지방회계기준에서 교환 거래로 생긴 수익은 재화나 서비스 제공의 반대급부로 생긴 사용료, 수수료 등으로서 수익창출활동이 끝나고 그 금액을 합리적으로 측정할 수 있을 때에 인식한다. 비교환거래로 생긴 수익은 직접적인 반대급부 없이 생기는 지방세, 보조금, 기부금 등으로서 해당 수익에 대한 청구권이 발생하고 그 금액을 합리적으로 측정할 수 있을 때에 인식한다.

4) 비용의 인식

자산의 감소나 부채의 증가와 관련해 미래 경제적 효익이 감소하고 이를 신뢰성 있게 측정할 수 있을 때 재정운영표에 인식한다.

국가회계기준에서 비용은 재화나 용역의 제공 등 국가 재정활동 수행을 위해 자산이 감소하고 그 금액을 합리적으로 측정할 수 있을 때 또는 법령 등에 따라 지출에 대한 의무가 존재하고 그 금액을 합리적으로 측정할 수 있을 때에 비용으로 인식하고, 과거에 자산으로 인식한 자산의 미래 경제적 효익이 감소 또는 소멸하거나 자원의 지출 없이 부채가 발생 또는 증가한 것이 명백한 때에 비용으로 인식한다.

지방회계기준에서 교환 거래에 따르는 비용은 반대급부로 발생하는 급여, 지급수수료, 임차료, 수선유지비 등으로서 대가를 지급하는 조건으로 민간부문이나 다른 공공부문으로부터 재화와 서비스의 제공이 끝나고 그 금액을 합리적으로 측정할 수 있을 때에 인식한다. 비교환 거래에 의한 비용은 직접적인 반대급부 없이 발생하는 보조금, 기부금 등으로서 가치의 이전에 대한 의무가 존재하고 그 금액을 합리적으로 측정할 수 있을 때에 인식한다.

제 7 절 재무제표 요소의 측정

1. 측정의 의의와 기준

측정(measurement)은 재정상태표와 재정운영표에 인식되고 평가되어야 할 재무제표 요소의 화폐 금액을 결정하는 과정이다. 측정기준은 시간과 공간(시장)의 결합에 의해 결정되는데 역사적 원가, 현행원가, 실현가능(이행)가치, 현재가치의 네 가지가 있다. 공정가액(fair value)은 합리적인 판단력과 거래 의사가 있는 독립된 당사자 간에 거래될 수 있는 교환가격을 말하는데 이 네 가지 중에 하나가 된다.

표 2-1 측정기준

시간 / 공간	과거	현재	미래
구입시장	역사적 원가	현행원가	
판매시장		실현가능(이행)가치	현재가치

① **역사적 원가(historical cost)**: 자산은 취득의 대가로 취득 당시에 지급한 현금 또는 현금성 자산이나 그 밖의 대가의 공정가치로 기록한다. 부채는 부담하는 의무의 대가로 수취한 금액으로 기록한다. 어떤 경우(예: 법인세)에는 정상적인 영업 과정에서 그 부채를 이행하기 위해 지급할 것으로 기대되는 현금이나 현금성자산의 금액으로 기록할 수도 있다.

② **현행원가(current cost)**: 자산은 동일하거나 또는 동등한 자산을 현재 시점에서 취득할 경우에 그 대가로 지불해야 할 현금이나 현금성자산의 금액으로 평가한

다. 부채는 현재 시점에서 그 의무를 이행하는 데 필요한 현금이나 현금성자산의 할인하지 아니한 금액으로 평가한다.

③ 실현가능(이행)가치(realisable(settlement) value): 자산은 정상적으로 처분하는 경우 수취할 것으로 예상되는 현금이나 현금성자산의 금액으로 평가한다. 부채는 이행가치로 평가하는데, 이는 정상적인 영업 과정에서 부채를 상환하기 위해 지급될 것으로 예상되는 현금이나 현금성자산의 할인하지 아니한 금액으로 평가한다.

④ 현재가치(present value): 자산은 정상적인 영업과정에서 그 자산이 창출할 것으로 기대되는 미래 순현금유입액의 현재할인가치로 평가한다. 부채는 정상적인 영업과정에서 그 부채를 상환할 때 필요할 것으로 예상되는 미래순현금유출액의 현재할인가치로 평가한다.

2. 정부회계기준상의 평가기준

1) 자산의 평가기준

국가회계기준에서 자산의 평가기준은 재정상태표에 표시하는 자산의 가액을 해당 자산의 취득원가를 기초로 해서 계상한다. 다만, 무주부동산의 취득, 국가 외의 상대방과의 교환 또는 기부채납 등의 방법으로 자산을 취득한 경우에는 취득 당시의 공정가액을 취득원가로 한다. 국가회계실체 사이에 발생하는 관리전환은 무상거래일 경우에는 자산의 장부가액을 취득원가로 하고, 유상거래일 경우에는 자산의 공정가액을 취득원가로 한다.

재정상태표에 표시하는 자산은 이 기준에서 따로 정한 경우를 제외하고는 자산의 물리적인 손상 또는 시장가치의 급격한 하락 등으로 해당 자산의 회수가능가액이 장부가액에 미달하고 그 미달액이 중요한 경우에는 장부가액에서 직접 빼서 회수가능가액으로 조정하며, 장부가액과 회수가능가액의 차액을 그 자산에 대한 감액손실의 과목으로 재정운영순원가에 반영해서 감액명세를 주석으로 표시한다. 다만, 감액한 자산의 회수가능가액이 차기 이후에 해당 자산이 감액되지 아니했을 경우의 장부가액 이상으로 회복되는 경우에는 그 장부가액을 한도로 하여 그 자산에 대한 감액손실환입 과목으로 재정운영순원가에 반영한다. 「군수품관리법」에 따라 관리되는 전비품 등의 평가 기준은 국방부장관이 따로 정하는 바에 따를 수 있다.

지방회계기준에서 자산의 평가기준은 재정상태표에 기록하는 자산의 가액은 해당 자산의 취득원가를 기초로 해서 계상함을 원칙으로 한다. 다만, 교환, 기부채납, 관리전환, 그 밖에 무상으로 취득한 자산의 가액은 공정가액을 취득원가로 한다.

재정상태표에 기재하는 자산은 자산의 진부화, 물리적인 손상 및 시장가치의 급격한 하락 등의 원인으로 인해 해당 자산의 회수가능가액이 장부가액에 미달하고 그 미달액이 중요한 경우에는 이를 장부가액에서 직접 차감해 회수가능가액으로 조정하고 감액 내역을 주석(註釋)으로 공시한다. 이 경우 회수가능가액은 해당 자산의 순실현가능액과 사용가치 중 큰 금액으로 한다.

2) 부채의 평가기준

국가회계기준에서 부채의 평가기준은 재정상태표에 표시하는 부채의 가액을 이 기준에서 따로 정한 경우를 제외하고는 원칙적으로 만기상환가액으로 평가한다.

지방회계기준에서 부채의 평가기준은 부채의 가액은 회계 실체가 지급 의무를 지는 채무액을 말하며, 채무액은 이 기준에서 정하는 것을 제외하고는 만기상환가액으로 함을 원칙으로 한다.

제 8 절 서비스노력과 달성

1. 서비스노력과 달성의 의의

기업의 경영성과는 궁극적으로 기업의 손익계산서상의 순이익(net income)이라는 단일 지표를 통해 평가할 수 있다. 이 단일 지표를 통해 기업경영의 효율성과 효과성까지도 평가할 수 있다. 따라서 기업의 재무회계 개념체계에는 자본유지개념(capital maintenance)이 중요한 주제이다. 반면에 정부나 비영리조직의 재무제표에는 순이익에 대응하는 단일 지표가 없다. 즉, 기업의 손익계산서에 해당하는 정부의 재정운영표는 사업의 원가와 회수된 원가 정보를 포함한 재정운영결과만을 보여줄 뿐이다. 그것들은 정부가 서비스를 제공함으로써 시민이나 유권자들의 복지를 유지하거나 개선하기 위한 도움을 주는 데 성공했는지의 정도를 결정하는 데 필요한 정보를 모두 제공하지 않는다. 따라서 정부나 비영리조직에는 이를 보완할 성과정보가 필요한데, 이런 정보 유형이 서비스노력과 달성(service efforts and accomplishments: SEA) 정보이다. 외국의 경우 일반적으로 SEA정보를 일반목적 외부재무보고(general purpose external financial reporting: GPEFR)의 범주에 포함시키고 있다.

우리나라는 국가회계와 지방자치단체회계 모두 결산보고서의 하나로 재무제표와 함께 성과보고서를 포함시키고 있다. 즉, 국가회계의 경우 「국가재정법에」 따라 예산요구서를 제출하는 52개 중앙관서가 예산요구서를 제출할 때에 다음 연도 예산의 성과계획서 및 전년도 예산의 성과보고서를 기획재정부에 제출하도록 하고 있다. 이에 따라 기획재정부는 매년 '성과계획서 작성지침'과 '성과보고서 작성지침'을 작성해 제시하고, 중앙관서에 이에 따라 작성하고 있다. 그러나 이 성과보고서의 성격이 GPEFR의 범주에 속하는지는 판단할 수가 없는데, 현재 우리나라의 경우 정부의 재무보고목적에 대한 개념서가 제정되어 있지 않기 때문이다.

2. 서비스노력과 달성의 측정

일반적으로 재무보고목적을 위한 SEA성과측정치는 서비스노력측정치, 서비스달성측정치, 서비스노력과 서비스달성 관련 측정치의 3요소(elements)로 구분한다.

서비스노력측정치에는 투입(inputs), 과정(processes), 품질(quality)이 포함되고, 서비스달성측정치에는 산출(outputs), 결과(outcomes, results)가 포함된다. 서비스노력과 서비스달성 관련 측정치에는 효율성(efficiency), 유효성(effectiveness)이 포함된다.

대부분의 회계기준 제정기관들은 개념서에서 SEA 측정치를 모두 서비스노력측정치, 서비스달성측정치, 서비스노력과 서비스달성측정치의 세 가지 범주로 구분했으나 기획재정부는 성과보고서에 이러한 범주로 구분하지 않고, 투입지표, 과정지표, 산출지표, 결과지표로 분류한다.

요 약

1. 재무회계 개념체계는 재무보고의 목적으로 출발해 기본가정, 유용한 재무정보의 질적 특성, 재무제표의 요소, 재무제표 요소의 인식과 측정, 서비스 노력과 달성으로 구성되어 있다.
2. 재무보고는 합리적인 의사결정을 하는 데에 유용한 정보의 제공과 공공회계책임의 이행 여부의 평가를 위한 정보의 제공을 목적으로 하고 있다.
3. 재무제표는 계속실체를 기본가정으로 하고 있으며, 이 가정에서 회계기간 개념이 파생했고, 여기에서 다시 발생주의 개념이 나타났다.
4. 정부의 재무보고에서 제무제표가 유용하기 위해 갖춰야 할 주요 질적 특성으로는 이해가능성, 신뢰성, 목적적합성, 적시성, 일관성, 비교가능성이 있다. 유사한 것으로 일반 원칙에는 신뢰성의 원칙, 명료성의 원칙, 충분성의 원칙, 계속성의 원칙, 중요성의 원칙, 실질우선의 원칙이 있다.
5. 재무제표의 요소는 재정상태표의 자산, 부채, 순자산과 재정운영표의 수익, 비용이다.
6. 재무제표 요소의 인식기준은 재무제표 요소의 정의에 부합하고, 미래 경제적 효익의 유입(유출) 가능성이 높으며, 신뢰성이 있는 측정이어야 한다.
7. 재무제표 요소의 측정 기준으로는 역사적 원가, 현행원가, 실현가능가치(이행가치) 및 현재가치가 있다.
8. 재무보고목적을 위한 SEA성과 측정치는 서비스노력측정치, 서비스달성측정치, 서비스노력과 서비스달성 관련 측정치의 3요소(elements)로 구분한다. 서비스노력측정치에는 투입(inputs), 과정(processes), 품질(quality)이 포함되고, 서비스달성측정치에는 산출(outputs), 결과(outcomes, results)가 포함된다. 서비스노력과 서비스달성 관련 측정치에는 효율성(efficiency), 유효성(effectiveness)이 포함된다.

연습 문제

주관식

1. 재무회계 개념체계의 의의에 대해 설명하시오.
2. 재무보고의 목적에 대해 설명하시오.
3. 유용한 재무정보의 질적 특성에 대해 설명하시오.
4. 재정상태표의 요소에 대해 설명하시오.
5. 재정운영표의 요소에 대해 설명하시오.
6. 재무제표 요소의 인식에 대해 설명하시오.
7. 재무제표 요소의 측정에 대해 설명하시오.
8. 서비스노력과 달성에 대해 설명하시오.

객관식

01. 재무회계 개념체계의 최상위 개념은?

① 재무보고의 목적
② 재무제표의 질적 특성
③ 재무제표의 요소
④ 재무제표 요소의 인식
⑤ 재무제표 요소의 측정

02. 정부회계에서 특별히 중요한 질적 특성으로 적절한 것은?

① 이해가능성 ② 목적적합성 ③ 신뢰성
④ 일관성 ⑤ 비교가능성

03. 지방회계기준과 국가회계기준에서의 일반원칙 중 유용한 재무정보의 질적 특성 중 목적적합성과 관련성이 있는 것은?

① 신뢰성의 원칙 ② 명료성의 원칙 ③ 충분성의 원칙
④ 계속성의 원칙 ⑤ 중요성의 원칙

04. 자산의 증가 또는 부채의 감소를 초래하는 회계연도 동안의 거래로 생긴 순자산의 증가를 말하는 것은?

① 자산 ② 부채 ③ 순자산
④ 수익 ⑤ 비용

05. 자산의 평가기준 중에서 동일하거나 또는 동등한 자산을 현재 시점에서 취득할 경우에 그 대가로 지불해야 할 현금이나 현금성자산의 금액으로 평가하는 기준은?

① 역사적 원가 ② 현행원가 ③ 실현가능가치
④ 이행가치 ⑤ 현재가치

정답 및 해설

1. ① 재무회계 개념체계는 재무보고의 목적으로부터 출발한다.

2. ① 정부회계에서 특별히 중요한 질적 특성은 적시성과 이해가능성이다.

3. ⑤ 정보의 목적적합성은 정보의 성격과 중요성에 따라 영향을 받는다.

4. ④ 수익은 자산의 유입이나 증가, 부채의 감소, 또는 보고기간 중에 정부의 순자산의 증가로 인한 양자의 결합이다.

5. ② 현행원가는 현재 구입시장에서 재취득하거나 재조달할 경우에 지불해야 할 금액을 말한다.

Chapter 03

재무제표

개 관

재무보고의 수단에는 일반목적 재무제표, 보충정보, 기타 재무보고수단이 있다. 이 중 핵심적인 것은 일반목적 재무제표이다.

일반목적 재무제표에는 일정 시점에서의 재정상태를 나타내 주는 재정상태표, 일정 기간 동안의 운영성과를 나타내 주는 재정운영표, 일정 기간 동안의 순자산의 변동을 나타내 주는 순자산변동표, 일정 기간 동안의 현금의 흐름 상태를 나타내 주는 현금흐름표가 있다. 이들 재무제표는 각기 독립적인 것은 아니며 상호간에 연계되어 있다.

Chapter 03 재무제표

제1절 재무제표의 의의와 종류

재무보고서 이용자가 회계책임을 평가하고, 자원배분, 투자 및 기타 결정을 하는 데 사용되는 정보에는 재무보고(financial reporting) 정보와 기타 정보가 있다.

재무보고의 수단에는 일반목적 재무제표(general purpose financial statements), 보충정보(supplementary information), 기타 재무보고수단(other means of financial reporting)이 있다. 이 중 핵심적인 것은 일반목적 재무제표이다.

「국가회계법」과 「지방회계법」에서는 결산보고서의 구성을 (1) 결산개요, (2) 세입·세출결산, (3) 재무제표, (4) 성과보고서로 하고 있다. 이 중에서 핵심적 재무보고 수단은 재무제표(financial statements)이다. 재무제표는 재정상태표, 재정운영표, 순자산변동표로 구성하되, 재무제표에 대한 주석을 포함한다. 이 밖에 국가회계기준과 지방회계기준에서 재무제표의 부속서류에 필수보충정보와 부속명세서를 포함시키고 있다.

정부의 재무제표에는 개별재무제표, 통합재무제표(government-wide financial statements)가 있다. 개별재무제표는 일반회계·특별회계·기금별로 작성되는 재무제표이다. 지방자치단체나 중앙관서는 개별재무제표를 통합해서 통합재무제표를 작성하고, 국가재무제표는 중앙관서재무제표를 통합해서 작성한다. 통합재무제표는 내부거래는 상계(제거)하고, 과목을 재분류해 금액을 조정해서 작성한다.

제 2 절 재무제표의 작성원칙

1. 국가회계기준의 재무제표 작성원칙

국가회계기준상의 재무제표의 작성원칙은 다음과 같다.

① 재무제표는 해당 회계연도분과 직전 회계연도분을 비교하는 형식으로 작성한다.

② 제1호에 따라 비교하는 형식으로 작성되는 두 회계연도의 재무제표는 계속성의 원칙에 따라 작성하며, 「국가회계법」에 따른 적용 범위, 회계정책 또는 이 규칙 등이 변경된 경우에는 그 내용을 주석(註釋)으로 공시한다.

③ 재무제표의 과목은 해당 항목의 중요성에 따라 별도의 과목으로 표시하거나 다른 과목으로 통합해 표시할 수 있다.

④ 재무제표를 통합해 작성할 경우 내부거래는 상계해서 작성한다.

2. 지방회계기준의 재무제표 작성원칙

지방회계기준상의 재무제표의 작성원칙은 다음과 같다.

① 지방자치단체의 재무제표는 일반회계 · 기타 특별회계 · 기금회계 및 지방공기업특별회계의 유형별 재무제표를 통합해서 작성한다. 이 경우 내부거래는 상계하고 작성한다.

② 유형별 회계실체의 재무제표를 작성할 때에는 해당 유형에 속한 개별 회계실체의 재무제표를 합산해 작성한다. 이 경우 유형별 회계실체 안에서의 내부거래는 상계하고 작성한다.

③ 개별회계실체의 재무제표를 작성할 때에는 지방자치단체 안의 다른 개별회

계실체와의 내부거래를 상계하지 아니한다. 이 경우 내부거래는 해당 지방자치단체에 속하지 아니한 다른 회계실체 등과의 거래와 동일한 방식으로 회계처리한다.

④ 재무제표는 당해 회계연도분과 직전 회계연도분을 비교하는 형식으로 작성되어야 한다. 이 경우 비교식으로 작성되는 양 회계연도의 재무제표는 계속성의 원칙에 따라 작성되어야 하며, 회계정책상의 변화 등 회계변경이 발생한 경우에는 그 내용을 주석(註釋)으로 공시해야 한다.

제 3 절 재정상태표

1. 재정상태표의 의의

재정상태표(statement of financial position)는 일정 시점의 정부의 재정상태를 나타내고 있는 재무제표로 대차대조표(balance sheet: B/S)라고도 한다. 재무상태표를 구성하고 있는 요소(elements)는 자산, 부채, 순자산이다. 재정상태란 자산(assets), 부채(liabilities), 순자산(net assets, net position)의 상태를 말한다.

재정상태표는 '자산=부채+순자산'의 형식으로 되어 있는데 좌측은 자원구조를 나타내며, 우측은 재무구조를 나타낸다. 자원구조는 자원의 운용상태를 보여주고, 재무구조는 자원의 조달원천을 보여준다.

국가회계기준에서 재정상태표는 재정상태표일 현재의 자산과 부채의 명세 및 상호관계 등 재정상태를 나타내는 재무제표로서 자산, 부채 및 순자산으로 구성된다. 자산은 유동자산, 투자자산, 일반유형자산, 사회기반시설, 무형자산 및 기타비유동자산으로 구분해 재정상태표에 표시한다. 부채는 유동부채, 장기차입부채, 장기충당부채 및 기타비유동부채로 구분해 재정상태표에 표시한다. 순자산은 기본순자산, 적립금 및 잉여금, 순자산조정으로 구분한다.

지방회계기준에서 재정상태표는 특정 시점의 회계실체의 자산과 부채의 내역 및 상호관계 등 재정상태를 나타내는 재무제표로서 자산·부채 및 순자산으로 구성된다. 자산은 유동자산, 투자자산, 일반유형자산, 주민편의시설, 사회기반시설, 기타비유동자산으로 분류한다. 부채는 유동부채, 장기차입부채 및 기타비유동부채로 분류한다. 순자산은 고정순자산, 특정순자산 및 일반순자산으로 분류한다.

2. 재정상태표 작성기준

(1) 유동성배열법

유동성배열법은 자산과 부채를 유동성이 높은 항목부터 배열하는 것을 말한다. 이 경우 유동성이란 현금으로 전환되기 쉬운 정도를 말한다.

(2) 총액주의

총액주의는 자산, 부채 및 순자산은 총액으로 표시하는 것을 말한다. 이 경우 자산항목과 부채 또는 순자산항목을 상계함으로써 그 전부 또는 일부를 재정상태표에서 제외해서는 아니 된다.

(3) 미결산항목 불산입

가지급금이나 가수금 등의 미결산항목은 그 내용을 나타내는 적절한 과목으로 표시하고, 비망계정(備忘計定)은 재정상태표의 자산 또는 부채 항목으로 표시하지 아니한다.

3. 재정상태표의 형식

재정상태표의 형식에는 계정식과 보고식이 있다. 계정식(account form)은 '자산=부채+순자산'이라는 형식에 따라 자산, 부채, 순자산의 항목 및 금액을 좌우의 두 란에 대조 표시해 쌍방의 합계가 일치하도록 하는 형식을 취한다. 보고식(report form)은 자산, 부채, 순자산의 항목 및 금액을 위에서 아래로 순차적으로 기재하는 형식을 취한다. 재무제표의 형식은 보고식을 원칙으로 하나 재정상태표의 경우 계정식도 허용하고 있다.

국가회계와 지방회계의 재정상태표의 형식을 예시하면 <표 3-1>과 <표 3-2>와 같다.

표 3-1 국가의 재정상태표

■ 국가회계기준에 관한 규칙 [별지 제1호 서식]

재정상태표

당기: 20×Y년 12월 31일 현재
전기: 20××년 12월 31일 현재

○○기금, ○부처, 대한민국 정부 (단위:)

	주석	20×Y		20××	
자산					
Ⅰ. 유동자산			×××		×××
1. 현금및현금성자산	×		×××		×××
2. 단기금융상품	×		×××		×××
3. 단기투자증권	×		×××		×××
4. 미수채권	×	×××		×××	
…		×××		×××	
5. 단기대여금	×	×××		×××	
…		×××		×××	
6. 기타유동자산	×		×××		×××
Ⅱ. 투자자산			×××		×××
1. 장기금융상품	×		×××		×××
2. 장기투자증권	×		×××		×××
3. 장기대여금	×	×××		×××	
…		×××		×××	
4. 기타투자자산	×		×××		×××
Ⅲ. 일반유형자산			×××		×××
1. 토지	×	×××		×××	
…		×××		×××	
2. 건물	×	×××		×××	

과목					
…		×××		×××	
3. 구축물	×	×××		×××	
…		×××		×××	
4. 기계장치	×	×××		×××	
…		×××		×××	
5. 집기 · 비품 · 차량운반구	×	×××		×××	
…		×××		×××	
6. 전비품	×	×××		×××	
…		×××		×××	
7. 기타일반유형자산	×	×××		×××	
…		×××			
8. 건설중인일반유형자산	×		×××		×××
Ⅳ. 사회기반시설			×××		×××
1. 도로	×	×××		×××	
…		×××		×××	
2. 철도	×	×××		×××	
…		×××		×××	
3. 항만	×	×××		×××	
…		×××		×××	
4. 댐	×	×××		×××	
…		×××		×××	
5. 공항	×	×××		×××	
…		×××		×××	
6. 하천	×	×××		×××	
…		×××		×××	
7. 상수도	×	×××		×××	
…		×××		×××	
8. 국가어항	×	×××		×××	
…		×××		×××	
9. 기타사회기반시설	×	×××		×××	
…		×××		×××	
10. 건설중인사회기반시설	×		×××		×××
Ⅴ. 무형자산			×××		×××
1. 산업재산권	×		×××		×××

과목	주석	당기	당기	전기	전기
2. 광업권	×		×××		×××
3. 소프트웨어	×		×××		×××
4. 기타무형자산	×		×××		×××
Ⅵ. 기타비유동자산			×××		×××
1. 장기미수채권	×	×××		×××	
2. …	×	×××		×××	
자산 계			×××		×××
부채					
Ⅰ. 유동부채			×××		×××
1. 단기국채	×	×××		×××	
…		×××		×××	
2. 단기공채	×	×××		×××	
…		×××		×××	
3. 단기차입금	×		×××		×××
4. 유동성장기차입부채	×		×××		×××
5. 기타유동부채	×	×××		×××	
…		×××		×××	
Ⅱ. 장기차입부채			×××		×××
1. 국채	×	×××		×××	
…		×××		×××	
2. 공채	×	×××		×××	
…		×××		×××	
3. 장기차입금	×		×××		×××
4. 기타장기차입부채	×		×××		×××
Ⅲ. 장기충당부채			×××		×××
1. 퇴직급여충당부채	×		×××		×××
2. 연금충당부채	×		×××		×××
3. 보험충당부채	×		×××		×××
4. 기타장기충당부채	×		×××		×××
Ⅳ. 기타비유동부채			×××		×××
1. 장기미지급금	×	×××		×××	

2. …	×	×××	×××
부채 계		×××	×××
순자산			
Ⅰ. 기본순자산		×××	×××
Ⅱ. 적립금및잉여금		×××	×××
Ⅲ. 순자산조정		×××	×××
순자산 계		×××	×××
부채와 순자산 계		×××	×××

210mmX297mm(백상지(120g/㎡)또는 백상지(80g/㎡)

표 3-2 지방자치단체의 재정상태표

■ 지방자치단체 회계기준에 관한 규칙 [별지 제1호 서식]

재정상태표

해당 연도 20××년×월×일 현재
직전 연도 20××년×월×일 현재

지방자치단체명 (단위 : 원)

과목	해당 연도(20××년)						직전 연도(20××년)					
	일반 회계	기타 특별 회계	기금 회계	지방 공기업 특별 회계	내부 거래	계	일반 회계	기타 특별 회계	기금 회계	지방 공기업 특별 회계	내부 거래	계
자산												
Ⅰ. 유동자산												
현금및현금성자산												
단기금융상품												
· · ·												
Ⅱ. 투자자산												
장기금융상품												
장기대여금												
· · ·												
Ⅲ. 일반유형자산												
토지												
건물												

건물감가상각누계액 · · ·												
Ⅳ. 주민편의시설												
도서관 주차장 · · ·												
Ⅴ. 사회기반시설												
도로 도시철도 · · ·												
Ⅵ. 기타비유동자산												
보증금												
무형자산												
자산 총계												
부채												
Ⅰ. 유동부채												
단기차입금 유동성장기차입부채 · · ·												
Ⅱ. 장기차입부채												
장기차입금 지방채증권												
· · ·												
Ⅲ. 기타비유동부채												
퇴직급여충당부채												
· · ·												
부채 총계												
순자산												
Ⅰ. 고정순자산 Ⅱ. 특정순자산 Ⅲ. 일반순자산												
순자산 총계												
부채와 순자산 총계												

210mm×297mm[일반용지 60g/㎡(재활용품)]

제 4 절 재정운영표

1. 재정운영표의 의의

재정운영표(statement of net cost)는 일정 기간에 있어서 정부의 회계실체가 수행한 사업(program)의 원가와 회수된 원가정보를 포함한 재정운영결과를 나타내는 재무제표로 기업회계의 (포괄)손익계산서에 해당하는 것이다.

재정운영표의 작성방법에는 기업회계의 손익계산서와 같이 수익에 비용을 대응(차감)시켜 순이익이나 순손실을 산출하는 방법과 사업(프로그램)의 총원가에 수익을 대응(차감)시켜 순원가(net cost)를 산출하고 순원가에 수익을 대응시켜 재정운영 결과를 산출하는 방법이 있다.

일반적으로 측정의 초점이 자본유지(capital maintenance)에 있는 기업형(사업형) 회계실체에서는 전자를, 측정의 초점이 소비(spending)에 있는 정부형(행정형) 회계실체에서는 후자를 채택한다. 우리나라는 순원가를 산출하는 방법을 채택하고 있다. 이는 우리나라가 사업(프로그램)예산제도를 채택하고 있는 것과 관련이 있다.

국가회계기준에서는 재정운영표를 회계연도 동안 수행한 정책 또는 사업의 원가와 재정운영에 따른 원가의 회수명세 등을 포함한 재정운영결과를 나타내는 재무제표로 기술하고 있고, 지방회계기준에서는 재정운영표를 회계연도 동안 회계실체가 수행한 사업의 원가와 회수된 원가 정보를 포함한 재정운영결과를 나타내는 재무제표로 기술하고 있다.

재정운영표를 구성하고 있는 요소는 수익(revenues)과 비용(expenses)으로 일정 기간에 발생된 비용을 실현된 수익과 인과관계에 의해 대응시켜 그 기간의 재정운영결과를 산출한 내용을 보여주고 있다. 재정운영표는 사업(프로그램)순원가, 재정운영순원가, 재정운영결과로 구분해 표시한다.

1) 사업(프로그램)순원가

사업(프로그램)순원가(net program cost)는 총원가에서 사업수익을 빼서 표시한다. 여기에서 총원가(gross cost)는 사업을 수행하기 위해 투입한 원가에서 다른 사업으로부터 배부받은 원가를 더하고, 다른 사업에 배부한 원가를 뺀 것이고, 사업(프로그램)수익(earned revenue)은 사업의 수행 과정에서 발생하거나 사업과 관련해 국가 · 지방자치단체 등으로부터 얻은 수익이다.

2) 재정운영순원가

재정운영순원가(net cost of operations)는 사업(프로그램)순원가에 관리운영비와 비배분비용을 가산한 금액에서 비배분수익을 차감한 금액이다. 관리운영비는 조직의 일반적이고 기본적인 기능을 수행하는 데 필요한 인건비, 기본경비 및 운영경비이다. 비배분비용(non distributable expenses)은 임시적 · 비경상적으로 발생한 비용 및 사업과 직접적 또는 간접적 관련이 없어 총원가에 배분하는 것이 합리적이지 아니한 비용이며, 비배분수익(earned revenues not attributed to program)은 임시적 · 비경상적으로 발생한 수익 및 사업과 직접적 관련이 없어 제1호 나목의 사업수익에 합산하는 것이 합리적이지 아니한 수익이다.

3) 재정운영결과

재정운영결과(net results of operations)는 재정운영순원가에서 일반수익(비교환수익)을 차감한 것이다. 일반수익은 세금과 같이 정부가 직접적인 반대급부 없이 지급을 요구할 수 있는 권력을 행사함으로써 발생한 비교환수익이다. 재정 운영 결과는 총비용에서 총수익을 차감한 순운영차액으로 기업회계의 당기순이익(net income)과 유사하지만 해석을 하는 데는 유의해야 한다. 비용보다 수익이 많으면 부(−)의 재정운영결과가 나타나는데 공공서비스를 충분히 제공하지 못했다고 해석할 수도 있다.

2. 재정운영표의 작성기준

1) 발생주의

재정운영표의 모든 수익과 비용은 발생주의 원칙에 따라 거래나 사실이 발생한 기간에 표시한다.

2) 중요성

수익과 비용은 그 발생 원천에 따라 명확하게 분류해야 하며, 해당 항목의 중요성에 따라 별도의 과목으로 표시하거나 다른 과목과 통합해 표시할 수 있다. 이 경우 해당 항목의 중요성은 금액과 질적 요소를 고려해 판단해야 한다.

3. 재정운영표의 형식

재정상태표의 형식은 기능별 재정운영표와 성질별 재정운영표가 있다. 기능별 재정운영표는 재무제표로, 성질별 재정운영표는 필수보충정보로 제공된다. 지방회계와 국가회계의 재정상태표의 형식은 유사하다. 국가회계에서 재정운영표는 <표 3-3>(중앙관서 또는 기금의 재정운영표)와 <표 3-4>(국가의 재정운영표)가 있다. 지방회계에서는 재정상태표를 예시하면 <표 3-5>(기능별 재정운영표), <표 3-6>(성질별 재정운영표), <표 3-7>(일반회계 재정운영표)와 같다.

표 3-3 중앙관서 또는 기금의 재정운영표

■ 국가회계기준에 관한 규칙 [별지 제2호 서식]

재정운영표

당기: 20×Y년 1월 1일부터 20×Y년 12월 31일까지

전기: 20××년 1월 1일부터 20××년 12월 31일까지

○○기금, ○○부처 (단위:)

	주석	20×Y			20××		
		총원가	수익	순원가	총원가	수익	순원가
Ⅰ. 프로그램순원가	×	×××	(×××)	×××	×××	(×××)	×××
1. 프로그램(A)		×××	(×××)	×××	×××	(×××)	×××
2. 프로그램(B)		×××	(×××)	×××	×××	(×××)	×××
3. 프로그램(C)		×××	(×××)	×××	×××	(×××)	×××
4. 프로그램(D)		×××	(×××)	×××	×××	(×××)	×××
5. …		×××	(×××)	×××	×××	(×××)	×××
Ⅱ. 관리운영비	×			×××			×××
1. 인건비				×××			×××
2. 경비				×××			×××
Ⅲ. 비배분비용	×			×××			×××
1. 자산처분손실				×××			×××
2. 기타비용				×××			×××
3. …				×××			×××
Ⅳ. 비배분수익	×			×××			×××
1. 자산처분이익				×××			×××
2. 기타수익				×××			×××
3. …				×××			×××
Ⅴ. 재정운영순원가(Ⅰ+Ⅱ+Ⅲ-Ⅳ)				×××			×××
Ⅵ. 비교환수익 등	X			×××			×××
1. 부담금수익				×××			×××
2. 제재금수익				×××			×××
3. 사회보험수익				×××			×××
4. 채무면제이익				×××			×××
5. 기타비교환수익				×××			×××
6. 기타재원조달 및 이전				×××			×××
Ⅶ. 재정운영결과(Ⅴ-Ⅵ)				×××			×××

210mmX297mm(백상지(120g/㎡)또는 백상지(80g/㎡))

표 3-4 국가의 재정운영표

■ 국가회계기준에 관한 규칙 [별지 제3호 서식]

재정운영표

당기: 20×Y년 1월 1일부터 20×Y년 12월 31일까지
전기: 20××년 1월 1일부터 20××년 12월 31일까지

대한민국 정부 (단위:)

	주석	20×Y		20××	
Ⅰ. 재정운영순원가			×××		×××
1. 대통령비서실			×××		×××
2. …			×××		×××
3. …			×××		×××
4. …			×××		×××
Ⅱ. 비교환수익 등			×××		×××
1. 국세수익	×				
(1) 국세수익		×××		×××	
(2) 대손상각비		×××		×××	
(3) 대손충당금 환입		×××	×××	×××	×××
2. 부담금수익	×		×××		×××
3. 제재금수익	×		×××		×××
4. 사회보험수익			×××		×××
5. 채무면제이익			×××		×××
6. 기타비교환수익			×××		×××
7. 기타재원조달 및 이전			×××		×××
Ⅲ. 재정운영결과(Ⅰ-Ⅱ)			×××		×××

210mmX297mm(백상지(120g/㎡)또는 백상지(80g/㎡))

표 3-5 기능별 재정운영표

■ 지방자치단체 회계기준에 관한 규칙 [별지 제2호 서식]

재정운영표

해당 연도 20××년×월×일부터 20××년×월×일까지
직전 연도 20××년×월×일부터 20××년×월×일까지

지방자치단체명 (단위 : 원)

과목	해당 연도(20××년)					직전 연도(20××년)				
	총원가	사업수익	순원가	내부거래	계	총원가	사업수익	순원가	내부거래	계
Ⅰ. 사업순원가										
일반공공행성 공공질서및안전 · · ·										
Ⅱ. 관리운영비										
1. 인건비 급여 · · · 2. 경비 도서 구입 및 인쇄비 · · ·										
Ⅲ. 비배분비용										
자산처분손실 기타비용 · · ·										
Ⅳ. 비배분수익										
자산처분이익 기타이익 · · ·										
Ⅴ. 재정운영순원가 (Ⅰ+Ⅱ+Ⅲ-Ⅳ)										
Ⅵ. 일반수익										
1. 자체조달수익 지방세수익 경상세외수익 · · · 2. 정부간이전수익 지방교부세수익 보조금수익 · · · 3. 기타수익 전입금수익 기타재원조달 · · ·										
Ⅶ. 재정운영결과(Ⅴ-Ⅵ)										

210mm×297mm[일반용지 60g/㎡(재활용품)]

표 3-6 성질별 재정운영표

■ 지방자치단체 회계기준에 관한 규칙 [별지 제5호 서식]

재정운영표(성질별)

해당 연도 20××년×월×일부터 20××년×월×일까지
직전 연도 20××년×월×일부터 20××년×월×일까지

지방자치단체명 (단위: 원)

과목	해당 연도(20××년)						직전 연도(20××년)					
	일반회계	기타특별회계	기금회계	지방공기업특별회계	내부거래	계	일반회계	기타특별회계	기금회계	지방공기업특별회계	내부거래	계
Ⅰ. 인건비												
급여 복리후생비 · · ·												
Ⅱ. 운영비												
소모품비 지급수수료 업무추진비 · · ·												
Ⅲ. 정부간이전비용												
시도비보조금 조정교부금 · · ·												
Ⅳ. 민간등이전비용												
민간보조금 출연금 · · ·												
Ⅴ. 기타비용												
자산처분손실 자산감액손실 · · ·												
Ⅵ. 비용총계												
Ⅶ. 자체조달수익												
지방세수익 경상세외수익 임시세외수익												
Ⅷ. 정부간이전수익												
지방교부세수익 보조금수익 · · ·												
Ⅸ. 기타수익												
전입금수익 기부금수익 · · ·												
Ⅹ. 수익총계												
Ⅺ. 재정운영결과(Ⅵ-Ⅹ)												

210mm×297mm[일반용지 60g/㎡(재활용품)]

표 3-7 일반회계 재정운영표

■ 지방자치단체 회계기준에 관한 규칙 [별지 제6호 서식]

재정운영표(일반회계)

해당 연도 20××년×월×일부터 20××년×월×일까지
직전 연도 20××년×월×일부터 20××년×월×일까지

지방자치단체명 (단위: 원)

과 목	해당 연도(20××년)			직전 연도(20××년)		
	총원가	사업수익	순원가	총원가	사업수익	순원가
Ⅰ. 사업순원가						
일반공공행정 일반행정 부서명 정책사업 · · · 공공질서및안전 · · ·						
Ⅱ. 관리운영비						
1. 인건비 급여 · · · 2. 경비 도서구입및인쇄비 · · ·						
Ⅲ. 비배분비용						
자산처분손실 기타비용 · · ·						
Ⅳ. 비배분수익						
자산처분이익 기타이익 · · ·						
Ⅴ. 재정운영순원가(Ⅰ+Ⅱ+Ⅲ-Ⅳ)						
Ⅵ. 일반수익						
1. 자체조달수익 지방세수익 경상세외수익 · · · 2. 정부간이전수익 지방교부세수익 보조금수익 · · · 3. 기타수익 전입금수익 · · ·						
Ⅶ. 재정운영결과(Ⅴ-Ⅵ)						

210mm×297mm[일반용지 60g/㎡(재활용품)]

제 5 절 순자산변동표

1. 순자산변동표의 의의

순자산변동표(statement of changes in net ssets)는 회계연도 동안 순자산의 변동 명세(증감 내역)를 표시하는 재무제표이다.

순자산변동표는 재정운영결과와 순자산의 변동을 기재한다. 순자산의 변동은 순자산의 증가와 순자산의 감소로 조정항목을 말한다. 순자산의 증가사항에는 전기오류수정이익, 회계기준변경으로 생긴 누적이익 등이 있고, 순자산의 감소사항은 전기오류수정손실, 회계기준변경으로 생긴 누적손실 등이 있다. 조정항목은 납입자본의 증감, 투자증권평가손익, 파생상품평가손익 및 기타 순자산의 증감 등을 포함한다.

2. 순자산변동표의 형식

국가회계에서 중앙관서 또는 기금의 순자산변동표는 기초순자산, 재정운영결과, 재원의 조달 및 이전, 조정항목, 기말순자산으로 구분해 표시한다. 중앙관서 또는 기금의 순자산변동표는 <표 3-8>과 같다. 중앙관서 또는 기금의 순자산변동표를 통합해 작성하는 국가의 순자산변동표는 기초순자산, 재정운영결과, 조정항목, 기말순자산으로 구분해 표시한다. 국가의 순자산변동표는 <표 3-9>과 같다. 조정항목은 납입자본의 증감, 투자증권평가손익, 파생상품평가손익 및 기타 순자산의 증감 등을 포함한다.

지방회계에서 유형별 재무제표를 통합해서 작성하는 지방자치단체의 재무제표 중 순자산변동보고서는 <표 3-10>과 같다.

표 3-8 중앙관서 또는 기금의 순자산변동표

■ 국가회계기준에 관한 규칙 [별지 제4호 서식]

순자산변동표

당기: 20×Y년 1월 1일부터 20×Y년 12월 31일까지
전기: 20××년 1월 1일부터 20××년 12월 31일까지

○○기금, ○○부처 (단위:)

	주석	기본순자산	적립금 및 잉여금	순자산조정	합계
Ⅰ. 기초순자산		×××	×××	×××	×××
1. 보고 금액		×××	×××	×××	×××
2. 전기오류수정손익	×	×××	×××	×××	×××
3. 회계변경 누적효과	×	×××	×××	×××	×××
Ⅱ. 재정운영결과			×××		×××
Ⅲ. 재원의 조달 및 이전			×××		ㅍ
1. 재원의 조달			×××		×××
(1) 국고수입			×××		×××
(2) 부담금수익			×××		×××
(3) 제재금수익			×××		×××
(4) 기타비교환수익			×××		×××
(5) 무상이전수입			×××		×××
(6) 채무면제이익			×××		×××
(7) 기타재원조달			×××		×××
2. 재원의 이전			×××		×××
(1) 국고이전지출			×××		×××
(2) 무상이전지출			×××		×××
(3) 기타재원이전			×××		×××
Ⅳ. 조정항목		×××	×××	×××	×××
1. 납입자본의 증감	×	×××	-	-	×××
2. 투자증권 평가손익	×	-	-	×××	×××
3. 파생상품 평가손익	×	-	-	×××	×××
4. 기타 순자산의 증감	×	×××	×××	×××	×××
5. …	×	×××	×××	×××	×××
Ⅴ. 기말순자산(Ⅰ-Ⅱ+Ⅲ+Ⅳ)		×××	×××	×××	×××

210mmX297mm(백상지(120g/㎡)또는 백상지(80g/㎡))

표 3-9 국가의 순자산변동표

■ 국가회계기준에 관한 규칙 [별지 제5호 서식]

순자산변동표

당기: 20×Y년 1월 1일부터 20×Y년 12월 31일까지
전기: 20××년 1월 1일부터 20××년 12월 31일까지

대한민국 정부 (단위:)

	주석	기본순자산	적립금 및 잉여금	순자산조정	합계
Ⅰ. 기초순자산		×××	×××	×××	×××
1. 보고금액		×××	×××	×××	×××
2. 전기오류수정손익	×	×××	×××	×××	×××
3. 회계변경 누적효과	×	×××	×××	×××	×××
Ⅱ. 재정운영결과			×××		×××
Ⅲ. 조정항목		×××	×××	×××	×××
1. 납입자본의 증감	×	×××	-	-	×××
2. 투자증권평가손익	×	-	-	×××	×××
3. 파생상품평가손익	×	-	-	×××	×××
4. 기타 순자산의 증감	×	×××	×××	×××	×××
5. …	×	×××	×××	×××	×××
Ⅳ. 기말순자산(Ⅰ-Ⅱ+Ⅲ)		×××	×××	×××	×××

210mmX297mm(백상지(120g/㎡)또는 백상지(80g/㎡))

표 3-10 지방자치단체 순자산변동보고서

■ 지방자치단체 회계기준에 관한 규칙 [별지 제4호 서식]

순자산변동표

해당 연도 20××년×월×일부터 20××년×월×일까지
직전 연도 20××년×월×일부터 20××년×월×일까지

지방자치단체명 (단위: 원)

과목	해당 연도(20××년)						직전 연도(20××년)					
	일반회계	기타특별회계	기금회계	지방공기업특별회계	내부거래	계	일반회계	기타특별회계	기금회계	지방공기업특별회계	내부거래	계
Ⅰ. 기초순자산												
Ⅱ. 재정운영결과												
Ⅲ. 순자산의 증가												
전기오류수정이익 회계기준변경으로 생긴 누적이익 · · ·												
Ⅳ. 순자산의 감소												
전기오류수정손실 회계기준변경으로 생긴 누적손실 · · ·												
Ⅴ. 기말순자산 (Ⅰ－Ⅱ＋Ⅲ－Ⅳ)												

210mm×297mm[일반용지 60g/㎡(재활용품)]

제 6 절 현금흐름표

1. 현금흐름표의 의의

현금흐름표(statement of cash flows)는 회계연도 동안의 현금자원의 변동(현금 유입과 현금 유출)에 관한 정보로서 자금의 원천과 사용 결과를 표시하는 재무제표이다. 현금흐름표는 발생주의에 기준해서 작성된 재무상태표 및 재정운영표가 직접적으로 제공하지 못하는 현금 변동의 원인에 대한 정보를 제공한다.

현금흐름표는 현금 유입과 현금 유출에 관한 현금흐름 정보를 경상활동, 투자활동 및 재무활동으로 구분 표시한다. 경상활동은 지방자치단체의 행정서비스와 관련된 활동으로서 투자활동과 재무활동에 속하지 아니하는 거래를 말한다. 투자활동은 자금의 융자와 회수, 장기투자증권 · 일반유형자산 · 주민편의시설 · 사회기반시설 및 무형자산의 취득과 처분 등을 말한다. 재무활동은 자금의 차입과 상환, 지방채의 발행과 상환 등을 말한다.

현금흐름표는 지방회계법의 재무제표에는 없고, 지방회계기준에서 재무제표로 인정하고 있는데 2014년 개정된 지방회계기준 부칙 제2조에 의거 행정안전부장관이 따로 정하는 회계연도부터 적용하도록 함으로써 현재 작성이 유예되고 있다.

2. 현금흐름표의 작성기준

현금흐름표는 회계연도 중의 순현금흐름에 회계연도 초의 현금을 더해 회계연도 말 현재의 현금을 산출하는 형식으로 표시한다.

현금의 유입과 유출은 회계연도 중의 증가나 감소를 상계하지 아니하고 각각 총액으로 적는다. 다만, 거래가 잦아 총 금액이 크고 단기간에 만기가 도래하는 경우에는 순증감액으로 적을 수 있다.

현물출자로 인한 유형자산 등의 취득, 유형자산의 교환 등 현금의 유입과 유출이 없는 거래 중 중요한 거래에 대해서는 주석(註釋)으로 공시한다.

3. 현금흐름표의 형식

현금흐름표의 형식은 <표 3-11>과 같다.

표 3-11 지방자치단체 현금흐름표

■ 지방자치단체 회계기준에 관한 규칙 [별지 제3호 서식]

현금흐름표

해당 연도 20××년×월×일부터 20××년×월×일까지
직전 연도 20××년×월×일부터 20××년×월×일까지

지방자치단체명 (단위: 원)

과목	해당 연도(20××년)						직전 연도(20××년)					
	일반회계	기타특별회계	기금회계	지방공기업특별회계	내부거래	계	일반회계	기타특별회계	기금회계	지방공기업특별회계	내부거래	계
Ⅰ. 경상활동으로 인한 현금 흐름												
1. 경상활동으로 인한 현금 유입액												
자체조달수익 정부간이전수익 · · ·												
2. 경상활동으로 인한 현금 유출액												
인건비 운영비 정부간이전비용 민간등이전비용 · · ·												
Ⅱ. 투자활동으로 인한 현금흐름												
1. 투자활동으로 인한 현금유입액												
대여금의 회수 장기투자증권의 처분 일반유형자산의 처분 · · ·												
2. 투자활동으로 인한 현금유출액												
대여금의 상환 장기투자증권의 취득 일반유형자산의 취득 · · ·												
Ⅲ. 재무활동으로 인한 현금흐름												
1. 재무활동으로 인한 현금유입액												
차입금의 차입 지방채증권의 발행 · · ·												
2. 재무활동으로 인한 현금유출액												
차입금의 상환 지방채증권의 상환 · · ·												
Ⅳ. 현금의 증가(감소)(Ⅰ+Ⅱ+Ⅲ)												
Ⅴ. 기초의 현금												
Ⅶ. 기말의 현금(Ⅳ+Ⅴ)												

210mm×297mm[일반용지 60g/㎡(재활용품)]

제 7 절 주석

1. 주석의 의의

주석(註釋, notes)은 정보이용자에게 충분한 회계정보를 제공하기 위해 채택한 중요한 회계정책, 회계과목의 세부 내역 및 재무제표에 중대한 영향을 미치는 사항을 설명한 것을 말한다.

주석은 독립된 재무제표가 아니고 재무제표의 필수적 요소로서 재무제표상의 해당 과목 또는 금액에 기호를 붙이고 난외 또는 별지에 동일한 기호를 표시해 그 내용을 간결 명료하게 기재하는 것이다. 재무제표상의 해당 과목 다음에 그 회계 사실의 내용을 간단한 자구(字句) 또는 숫자로 괄호 안에 표시하기도 하는데, 이것을 주기(註記, parenthetical disclosure)라고 한다.

2. 주석사항

1) 지방회계 기준에서 규정한 주석사항

이 규칙에서 규정한 주석사항은 다음과 같다.

① 회계정책상의 변화 등 회계 변경이 발생한 경우

② 현물출자로 인한 유형자산 등의 취득, 유형자산의 교환 등 현금의 유입과 유출이 없는 거래 중 중요한 거래

③ 자산의 진부화, 물리적인 손상 및 시장가치의 급격한 하락 등의 원인으로 인해 해당 자산의 회수가능가액이 장부가액에 미달하고 그 미달액이 중요한 경우에는 이를 장부가액에서 직접 차감해 회수가능가액으로 조정하고 감액 내역

④ 미수세금에 대한 대손충당금의 내역

⑤ 재고자산의 평가에 개별법, 이동평균법 등을 적용한 경우

⑥ 사회기반시설 중 유지 보수를 통해 현상이 유지되는 도로, 도시철도, 하천부속시설 등의 유지 보수에 투입되는 비용과 감가상각을 하지 아니한 이유
⑦ 퇴직금 지급규정, 퇴직금 산정 내역, 회계연도 중 실제로 지급한 퇴직금 등
⑧ 채권 · 채무의 명목가액과 현재가치의 차액은 현재가치 할인차금의 과목으로 하여 당해 채권 · 채무의 명목가액에서 빼는 방식으로 기록하고 적용한 할인율, 기간 및 회계처리방법 등
⑨ 우발이익의 발생이 확실하고 그 이익 금액을 합리적으로 추정할 수 있는 경우 우발상황의 내용
⑩ 회계정책 또는 회계추정을 변경한 경우에는 그 변경 내용, 변경 사유 및 변경이 해당 회계연도의 재무제표에 미치는 영향
⑪ 회계변경과 오류수정의 회계처리에 대한 사항

이 밖에 필요한 경우에는 다음 각 호의 사항을 주석(註釋)으로 공시한다.
① 지방자치단체 회계실체 간의 주요 거래 내용
② 타인을 위해 제공하고 있는 담보보증의 내용
③ 천재지변, 중대한 사고, 파업, 화재 등에 관한 내용과 결과
④ 채무부담행위 및 보증채무부담행위의 종류와 구체적 내용
⑤ 무상사용허가권이 주어진 기부채납자산의 세부 내용
⑥ 그 밖의 사항으로서 재무제표에 중대한 영향을 미치는 사항과 재무제표의 이해를 위해 필요한 사항

2) 국가회계기준에서 규정한 주석사항

이 규칙에서 규정한 주석사항은 다음과 같다.
① 재고자산의 평가 시 개별법, 이동평균법 등을 적용한 경우
② 비화폐성 자산을 압류 또는 몰수 당시의 감정가액 또는 공정가액 등으로 평가한 경우 그 평가된 가액
③ 퇴직금산정명세, 퇴직금추계액, 회계연도 중 실제로 지급한 퇴직금 등

④ 중요한 외화자산과 외화부채의 내용, 평가기준 및 평가손익의 내용

⑤ 우발자산의 경제적 효익의 유입 가능성이 매우 높은 경우

⑥ 회계정책을 변경한 경우에는 그 변경 내용, 변경 사유 및 변경에 따라 해당 회계연도의 재무제표에 미치는 영향

⑦ 전 회계연도 이전에 발생한 오류수정사항

이 규칙에서 규정한 주석사항 외에 필요한 경우에는 다음 각 호의 사항을 주석으로 표시한다.

① 중요한 회계처리방법

② 장기차입부채 상환계획

③ 장기충당부채

④ 외화자산 및 외화부채

⑤ 우발 사항 및 약정 사항(지급보증, 파생상품, 담보제공자산 명세를 포함한다)

⑥ 전기오류수정 및 회계처리방법의 변경

⑦ 순자산조정명세

⑧ 제1호부터 제7호까지에서 규정한 사항 외에 재무제표에 중대한 영향을 미치는 사항

제 8 절 재무제표의 부속서류

1. 필수보충정보

필수보충정보는 재무제표에는 표시하지 아니했으나, 재무제표의 내용을 보완하고 이해를 돕기 위해 필수적으로 제공되어야 하는 정보를 말한다.

1) 지방회계기준에서 규정한 필수보충정보

① 예산결산요약표
② 지방자치단체의 성질별 재정운영표
③ 일반회계의 재정운영표
④ 개별 회계실체(일반회계는 제외한다)의 재정운영표
⑤ 관리책임자산
⑥ 예산회계와 재무회계의 차이에 대한 명세서
⑦ 그 밖에 재무제표에는 반영되지 아니했으나 중요하다고 판단되는 정보

2) 국가회계기준에서 규정한 필수보충정보

① 유산자산의 종류, 수량 및 관리 상태
② 연금보고서
③ 보험보고서
④ 사회보험보고서
⑤ 국세징수활동표
⑥ 총잉여금·재정운영결과조정표
⑦ 수익·비용 성질별 재정운영표
⑧ 그 밖에 재무제표에는 반영되지 아니했으나 중요하다고 판단되는 정보

2. 부속명세서

부속명세서는 재무제표에 표시된 회계과목에 대한 세부 내역을 명시할 필요가 있을 때에 제공되어야 하는 추가적인 정보를 말한다.

1) 「지방자치단체 재무회계 운영규정」에서 규정한 부속명세서

① 일반유형자산 명세서

② 주민편의시설 명세서

③ 사회기반시설 명세서

④ 감가상각 명세서

⑤ 회계별 재무제표 총괄요약 명세서

이하는 주석으로 표시할 경우 부속명세서에서 생략 가능한 명세서이다.

⑥ 미수세금 명세서

⑦ 미수세외수입금 명세서

⑧ 대여금 명세서

⑨ 전출금 명세서

⑩ 장기투자증권 명세서

⑪ 기타 비유동자산 명세서

⑫ 장기차입부채 및 유동성 장기차입부채 명세서

2) 국가회계예규(재무제표의 표시와 부속서류의 작성에 관한 지침)에서 규정한 부속명세서

① 현금 및 현금성 자산 명세서

② 장 · 단기 금융상품 명세서

③ 단기투자증권 명세서

④ 장기투자증권 명세서

⑤ 장 · 단기 미수채권 명세서

⑥ 장 · 단기 대여금 명세서

⑦ 일반유형자산 명세서

⑧ 사회기반시설 명세서

⑨ 무형자산 명세서

⑩ 국채 및 공채 명세서

⑪ 차입금 명세서

⑫ 출연비 명세서

요 약

1. 재무보고의 수단에는 일반목적 재무제표, 보충정보, 기타 재무보고수단이 있다. 이 중 핵심적인 것은 일반목적 재무제표이다.
2. 재무제표는 재정상태표, 재정운영표, 순자산변동표, 현금흐름표로 구성하되, 재무제표에 대한 주석을 포함한다. 재무제표의 부속서류에 필수보충정보와 부속명세서가 있다.
3. 재정상태표는 일정 시점의 정부의 재정상태를 나타내고 있는 재무제표이다. 재정상태란 재정상태표를 구성하고 있는 요소인 자산, 부채, 순자산의 구성상태를 말한다.
4. 재정운영표 일정 기간에 있어서 정부의 회계실체가 수행한 사업(프로그램)의 원가와 회수된 원가정보를 포함한 재정운영결과를 나타내는 재무제표이다. 재정운영표를 구성하고 있는 요소는 비용과 수익으로 일정 기간에 발생된 비용을 실현된 수익과 인과관계에 의해 대응시켜 그 기간의 재정운영결과를 산출한 내용을 보여주고 있다. 재정운영표는 사업(프로그램)순원가, 재정운영순원가, 재정운영결과로 구분해서 표시한다. 재정상태표의 유형에는 기능별 재정운영표와 성질별 재정운영표가 있다.
5. 순자산변동표(statement of changes in net ssets)는 회계연도 동안 순자산의 변동명세(증감 내역)를 표시하는 재무제표이다.
6. 현금흐름표는 회계연도 동안의 현금자원의 변동에 관한 정보로서 자금의 원천과 사용 결과를 표시하는 재무제표이다. 현금흐름표는 현금 유입과 현금 유출에 관한 현금흐름 정보를 경상활동, 투자활동 및 재무활동으로 구분 표시한다.
7. 주석은 정보이용자에게 충분한 회계정보를 제공하기 위해 채택한 중요한 회계정책, 회계과목의 세부 내역 및 재무제표에 중대한 영향을 미치는 사항을 설명한 것을 말한다.
8. 필수보충정보는 재무제표에는 표시하지 아니했으나, 재무제표의 내용을 보완하고 이해를 돕기 위해 필수적으로 제공되어야 하는 정보를 말한다.
9. 부속명세서는 재무제표에 표시된 회계과목에 대한 세부 내역을 명시할 필요가 있을 때에 제공되어야 하는 추가적인 정보를 말한다.

Chapter 03

연습 문제

주관식

1. 일반목적 재무제표의 종류에 대해 설명하시오.
2. 재정상태표의 의의와 구성 요소에 대해 설명하시오.
3. 재정운영표의 의의와 구성 요소에 대해 설명하시오.
4. 순자산변동표 의의와 구성 요소에 대해 설명하시오.
5. 현금흐름표의 의의와 형식에 대해 설명하시오.
6. 주석에 대해 설명하시오.
7. 재무제표의 부속서류에 대해 설명하시오.

객관식

01. 재무제표 중 정부의 재정상태를 보고하기 위해 작성되는 것은?

① 재정상태표 ② 재정운영표 ③ 순자산변동표
④ 현금흐름표 ⑤ 주석

02. 독립된 재무제표가 아니고 필수적 요소는?

① 재정상태표 ② 재정운영표 ③ 순자산변동표
④ 현금흐름표 ⑤ 주석

03. 재무제표 중 정부의 재정운영성과를 보고하기 위해 작성되는 것은?

① 재정상태표 ② 재정운영표 ③ 순자산변동표
④ 현금흐름표 ⑤ 주석

04. 재정운영표의 하단에 있는 것은?

① 사업(프로그램)순원가　② 재정운영순원가　③ 재정운영결과
④ 기초순자산　⑤ 기말순자산

05. 다음 중 재정운영표의 작성기준은?

① 유동성배열법　② 고정성배열법　③ 총액주의
④ 미결산항목 불산입　⑤ 발생주의

06. 다음 중 필수보충정보로 제공되는 것은?

① 재정상태표　② 기능시 재정운영표　③ 성질별 재정운영표
④ 순자산변동표　⑤ 현금흐름표

정답 및 해설

1. ① 재정상태표는 자산, 부채, 순자산의 구성상태를 보고하는 재무제표이다.

2. ⑤ 주석은 재무제표상의 해당 과목 또는 금액에 기호를 붙이고 난외 또는 별지에 동일한 기호를 표시해 그 내용을 간결 명료하게 기재하는 것이다.

3. ① 재정운영표는 발생비용과 수익을 대응시켜 재정운영결과를 나타내는 재무제표이다.

4. ③ 재정운영표의 먼저 사업(프로그램)순원가를 구한 다음, 재정운영순원가를 구하고 마지막에 재정운영결과를 구하는 방식으로 배열된다.

5. ⑤ 재정운영표의 작성기준에는 발생주의와 중요성이 있다.

6. ⑤ 성질별 재정운영표는 필수보충정보로 제공된다.

Chapter 04

회계의 순환과정

개 관

회계의 순환과정은 거래의 발생으로부터 재무제표를 작성하기까지의 과정이다. 이 과정에서 기록을 위한 용구로 장부가 사용된다. 장부를 기입하는 방법으로는 복식부기 시스템이 사용된다. 복식부기는 거래를 기본적 회계 등식인 '자산 = 부채 + 자본'의 양변에 이중으로 기록하는 방법이다.

회계의 순환과정은 한 회계기간 중에 발생한 거래를 분개장에서 분개를 하고, 원장에 전기하는 과정을 반복한다. 기말에 가서는 그 기간 중에 기록되어 온 장부를 마감하고 이를 근거로 해서 재무제표를 작성하게 되는데 이러한 과정을 결산이라고 한다. 결산은 단순히 장부를 마감하는 것이 아니고 재무제표를 작성하기 위해 마감 전 일정한 절차, 즉 결산절차에 따라야 한다. 시산표를 작성해 이상이 없으면 결산보정 단계로 들어간다. 결산보정이 완료되면 장부를 마감하고 재무제표를 작성하면 한 회계기간의 회계 순환과정이 종료된다.

Chapter 04 회계의 순환과정

제 1 절 회계의 순환과정

회계의 순환과정(accounting cycle)은 거래의 발생으로부터 재무제표를 작성하기까지의 과정이다. 이 과정에서 기록을 위한 용구로 장부가 사용된다. 장부를 기입하는 방법으로는 복식부기시스템이 사용된다.

회계의 순환과정에서는 회계기간을 기초, 기중, 기말로 3구분한다. 즉, 기초와 기말 사이를 한 회계기간으로 하여 그 기간 중에 거래가 발생하면 이를 분석해 분개한 후 분개장에 기입하고 원장에 전기하는 과정을 반복한다.

기말에 가면 장부를 마감해 재무제표를 작성해야 한다. 이를 결산(closing)이라고 한다. 따라서 기말을 결산일이라고도 하는데, 재정상태표일 또는 보고기간말이라고도 한다. 결산은 약간 복잡한 절차가 필요하다. 회계의 순환과정을 개략적으로 요약하면 다음과 같다.

① 거래의 발생

② 거래의 분개와 분개장 기입

③ 원장 전기

④ 기말 결산(장부마감과 재무제표의 작성)

제 2 절 부기의 의의와 종류

부기(簿記, bookkeeping)란 장부기입(帳簿記入)의 약자로서 일반적으로 재무제표 작성 목적으로 특정 경제실체에서 발생한 경제적 사건을 일정한 기입원리에 따라 장부에 기록해 재무제표를 작성하는 기술을 말한다. 장부기입의 방법에는 단식부기와 복식부기가 있다.

단식부기(single entry bookkeeping)는 자산 · 부채 · 순자산 · 수익 · 비용의 증감을 일정한 원리나 원칙이 없이 어느 한쪽 측면에서만 파악해 기록 · 계산하는 불완전한 부기를 말한다. 단식부기는 기록방법이 간편하다는 장점이 있으나 조직적이고 체계적이지 못해 기장(記帳)의 정확성 여부의 검증이 곤란할 뿐만 아니라 손익의 원인을 알 수 없고, 재산의 현재 상태와 변화과정을 상세히 파악하기 어렵다는 단점이 있다. 복식부기(double entry bookkeeping)는 자산 · 부채 · 순자산의 증감이나 수익 · 비용의 발생을 일정한 원리와 원칙에 따라 조직적으로 기록 · 계산하는 방법을 말한다.

일정한 원리와 원칙이란 자산 · 부채 · 순자산의 증감이나 수익 · 비용의 발생을 '자산 = 부채 + 순자산'이라는 회계의 기본등식의 틀 안에서 이중으로 기록(double entry)함으로써 등식의 좌변(차변)과 우변(대변)이 일치하도록 하는 것인데 이를 대차평형의 원리라고 한다. 대차평형의 원리는 자기검증기능을 제공한다. 따라서 복식부기를 완전부기라고도 한다. 일반적으로 인정된 회계원칙에서 복식부기를 사용하도록 하고 있기 때문에 정규부기라고도 한다.

제 3 절 거 래

1. 거래의 의의

회계상의 거래(transactions)는 재무제표의 구성요소에 변화를 가져오는 경제적 사건(economic events)을 말한다. 따라서 정부회계에서 추정수익(estimated revenues), 세출예산(appropriations), 지출원인행위(encumbrance)와 같은 예산계정(budgetary accounts)은 재무제표의 요소에 변화를 가져오지 않기 때문에 회계상에서 거래로 취급하지 않는다. 거래는 보통 증빙서(voucher), 송품장(invoice), 전표, 청구서 등에 의해 식별된다.

재무제표의 요소(elements of financial statements)는 재정상태표를 구성하고 있는 자산 · 부채 · 순자산과 재정운영표를 구성하고 있는 수익 · 비용을 말한다. 이들 구성요소의 변화는 ① 자산의 증가, ② 자산의 감소, ③ 부채의 증가, ④ 부채의 감소, ⑤ 순자산의 증가, ⑥ 순자산의 감소, ⑦ 수익의 발생, ⑧ 비용의 발생의 여덟 가지 유형으로 나타난다. 이를 거래의 8요소라고 한다.

복식부기에서는 모든 거래가 이중성을 가지고 있는 것으로 처리하기 때문에 이들 8요소 중 한 항목과 다른 어느 항목이 결합한 형태로 나타난다. 따라서 거래의 8요소를 이용해 거래를 기본적 회계등식에 의해 이중으로 분석(분개)하게 된다.

2. 거래의 유형

정부실체의 거래에는 예산거래와 예산외거래가 있다.

예산거래는 현행 세입 · 세출예산으로 편성되어 집행되는 거래로 수입거래와 지출거래가 있다. 수입거래는 세입예산으로 편성된(지방세, 세외수입, 보조금, 지방채 등) 항목의 거래로 거래의 인식 및 회계처리 시점은 세입행위 시(징수결정, 감액, 수납, 과오납 환부 및 결손처분)이다. 지출거래는 세출예산으로 편성된(인건비, 물건비 등) 항목의 거래로 거래의 인식 및 회계처리 시점은 지출행위 시(검수 · 검사, 지급명령)이다.

예산외거래는 현행 세입 · 세출예산으로 편성되지는 않았으나 회계적 관점에서 회계처리가 요구되는 항목에 대한 거래로 결산보정거래와 기타 예산외거래가 있다. 결산보정거래는 지방채 만기 재분류, 수익 · 비용 항목 정리, 감가상각, 대손충당금 설정 등 재무제표 확정을 위해 처리되어야 하는 거래인데, 재무회계 결산을 위한 결산정리분개로 결산 시점에서 회계처리한다. 기타 예산외거래는 기부채납,

교환, 세입세출외 현금 등 예산외거래 중 결산보정거래를 제외한 거래로서 세입세출외현금과 기부채납 등의 거래로 거래가 발생하는 시점에서 회계처리한다.

3. 거래요소의 결합관계

복식부기는 '자산 = 부채 + 순자산'이라는 회계의 기본등식에 등식의 양변에 이중으로 기록하는 것이다. 순자산의 증감에 대해서는 기중에는 임시계정인 수익과 비용계정을 사용해 기록한다. 순자산을 증가시키는 거래는 수익으로 하고, 순자산을 감소시키는 거래는 비용으로 한다. 기말에 수익과 비용의 잔액을 순자산에 대체한다. 이에 따르면 회계의 기본등식은 다음과 같이 변형된다.

자산 = 부채 + 순자산 + 수익 − 비용

다시 비용을 등식의 좌변으로 이항하면 다음과 같은 등식으로 변형된다. 복식부기는 이 등식에 따라 거래를 이중으로 기록하는 것이다.

자산 + 비용 = 부채 + 순자산 + 수익

거래요소의 결합은 항상 좌변과 우변 또는 우변과 좌변만 가능하며 우변과 우변은 불가능하다. 거래의 8요소 결합관계를 보면 [그림 4−1]과 같다.

그림 4−1 거래요소의 결합관계

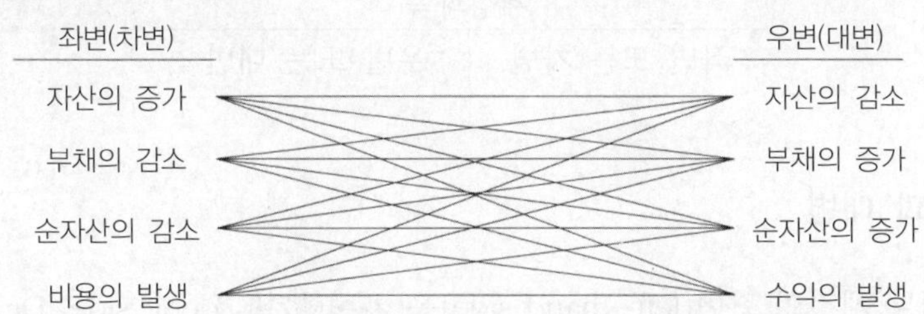

모든 거래는 거래의 8요소 간의 한 항목과 다른 항목이 결합되어 나타난다. 이와 같이 보면 거래요소의 결합 유형은 이론상으로 16가지가 있다.

기본적 회계 등식에 따라 거래를 분석해 좌변과 우변으로 분해해서 동시에 이중으로 기록하는 것을 분개(journalizing)라고 한다.

제 4 절 계정과 장부기입

1. 계정

1) 계정의 의의와 형식

계정(計定, account, a/c)은 자산 · 부채 · 순자산 · 수익 · 비용의 증감을 개별적으로 기록하기 위한 특정 항목을 말한다. 이들 특정한 항목은 재무상태표나 재정운영표에 보고할 목적으로 최종적으로 분류된 항목이다. 이때 계정은 중요성에 비추어 유사한 종류나 성질을 가진 항목별로 설정된다.

계정은 ① 계정과목(title of account), ② 좌변 또는 차변(left or debit side) 및 ③ 우변 또는 대변(right or credit side)의 세 부분으로 구성되어 있다. 계정은 정식의 표준식(standard form) · 잔액식(balance form)이 있으나 교육 목적으로는 약식 계정이 사용된다. 계정의 이들 부분의 배열은 영문자 T와 닮았기 때문에 T계정(T－account)이라고 한다. 계정의 기본적 형식은 다음과 같다.

계정과목	
좌변 또는 차변	우변 또는 대변

2) 차변과 대변

부기에서는 계정의 좌변(left－hand side)을 차변(借邊, debit side, Dr.; charge),

우변(right－hand side)을 대변(貸邊, credit side: Cr.)이라고 한다. 오늘날 이 명칭은 별다른 의미가 있는 것이 아니고 회계상의 관습과 규칙에 의한 것일 뿐이다. 차변과 대변이라는 용어는 기록 과정에서 반복적으로 사용된다. 따라서 약어로 차변은 (차), 대변은 (대)로 줄여 쓰기도 한다. 또한 계정의 좌측에 금액을 기록하는 것을 차기(借記, debiting)한다고 부르고, 계정의 우측에 기록하는 것을 대기(貸記, crediting)한다고 부른다.

계정의 양측을 비교했을 때 차변금액(debits) 합계가 대변금액(credits) 합계를 초과하면 계정은 차변잔액(debit balance)을 가졌다고 하고, 반대로 대변금액이 차변금액을 초과하면 대변잔액(credit balance)을 가졌다고 한다. 자산계정은 차변, 부채계정은 대변, 순자산계정은 대변, 비용계정은 차변, 수익계정은 대변에 정상잔액을 갖는다.

3) 계정기입법

복식부기는 거래를 차변과 대변에 동시에 이중으로 기록한다. 따라서 항상 차변과 대변이 일치하게 된다. 이것을 대차평형의 원리(equality of debits and credits)라고 하는데, 복식부기에서 거래를 기록하는 데 하나의 보편적인 기준을 제공한다.

자산	
증가 ↓ 정상잔액	

부채	
	증가 ↓ 정상잔액

순자산	
	증가 ↓ 정상잔액

수익	
감소	증가 (발생) ↓ 정상잔액

비용	
증가 (발생) ↓ 정상잔액	감소

계정기입 시에는 일정한 법칙이 있는데, 이는 전술한 거래의 8요소 결합관계와 같다. 계정 기입의 법칙에 따라 기입을 하면 기말에 가서 계정의 정상잔액(normal balance)이 나타나는데 이를 이용해 재무제표를 작성하게 된다. 즉, 재무상태표는 자산·부채·순자산 계정의 잔액을 가지고 작성하고, 재정운영표는 수익·비용의 잔액을 가지고 작성한다.

4) 계정의 분류

계정은 그 계정이 어떤 재무제표의 구성요소인가에 따라 재정상태표계정과 재정운영표계정으로 나뉜다.

재정상태표계정은 재정상태표를 구성하는 요소로서 자산·부채·순자산계정을 말한다. 이들 계정은 영구계정(permanent accounts) 또는 실제계정(real accounts)이다. 그 이유는 회계기말에 이들 계정의 잔액은 차기의 기초잔액으로 이월되기 때문이다.

재정운영표계정은 재정운영표를 구성하고 있는 요소로서 수익·비용계정을 말한다. 이들 계정은 임시계정(temporary accounts) 또는 명목계정(nominal accounts)이라고 불린다. 그 이유는 회계기말에 계정의 잔액이 순자산계정으로 대체되기 때문이다. 따라서 수익의 발생은 순자산의 증가를 초래하고 비용의 발생은 순자산의 감소를 초래한다. 수익과 비용이 임시계정이 되는 이유는 운영활동 과정에서 임시적으로 발생했다가 소멸되기 때문이다.

조직은 조직 자체의 계정과목표(chart of accounts: COA)를 가지고 있다. 계정과목표는 보통 자산·부채·순자산·수익·비용 계정의 순으로 번호가 매겨져 있다. 우리나라의 경우 회계과목총괄표라고 하는데, 예산과목과 연결을 위해 분개연계표(journalizing mapping table: JMT)를 사용한다.

2. 장부와 기장법

1) 장부의 의의

회계상에서 장부(books)는 회계상의 거래를 기록해 최종적으로 재무제표를 작성하기 위한 용구이다. 재무제표를 능률적으로 작성하고 회계상의 거래를 정확하고 신속하게 기록하기 위해서는 장부를 체계적으로 조직해야 한다. 이 경우 장부는 해당 기업의 실정에 맞게 조직되어야 한다.

장부는 주요부와 보조부로 나뉜다. 주요부(main books)는 계정 기입을 위해 필수적으로 요구되는 장부로서 분개장과 원장이 있다. 보조부(subsidiary books)는 주요부에 기록될 수 없거나 개략적으로 기록된 항목에 대한 보충이나 상세한 내역을 기록한 장부를 말한다. 보조부는 다시 보조기입장, 보조원장, 기타의 보조부로 나뉜다. 보조기입장은 거래를 발생 순서에 따라 기입하는 장부이고, 보조원장은 원장계정의 명세를 기입하는 장부이며, 기타의 보조부는 주로 비망적(備忘的)으로 작성되는 장부이다.

2) 분개장

분개(分介, journalizing)는 기본적 회계 등식에 따라 거래를 분석해 좌변과 우변으로 분해해서 동시에 이중으로 기록하는 것을 말한다. 예를 들어 은행에서 ₩5,000,000을 차입했을 경우 다음과 같이 분개한다.

(차) 현금 5,000,000	(대) 차입금 5,000,000
(자산의 증가)	(부채의 증가)

직원 월급 ₩10,000,000을 지급했을 경우 다음과 같이 분개한다.

(차) 급여 5,000,000	(대) 현금 5,000,000
(비용의 발생)	(현금의 감소)

분개는 분개장(journal)을 이용하는데, 이 장부는 거래를 계정에 대체하기 전에 최초로 발생 순서에 따라 기록하는 장부이다. 따라서 분개장은 원시분개를 위한 장부이다. 분개장은 각각의 거래가 특정 계정에 어떠한 영향을 미치는지를 보여준다. 분개장에는 일반분개장과 특수분개장이 있다.

3) 원장의 의의

분개장만 가지고는 재무제표를 작성할 수 없다. 따라서 특정 계정잔액의 변동에 관한 보든 정보를 한 곳에 모으는 용구가 필요하다. 이런 목적으로 작성되는 장부가 원장(元帳, ledger)이다. 한 조직이 유지하는 전체 계정군을 집합적으로 원장이라고 한다. 원장에는 총계정원장(general ledger)과 특수원장이 있다. 총계정원장은 자산·부채·순자산·비용·수익계정을 포함하고 있다. 총계정원장을 보통 원장이라고 한다.

회계의 순환과정에서 분개장의 분개는 원장으로 전기(posting)된다. 예를 들어 앞서 예로 든 두 가지 분개는 다음과 같이 전기된다.

현금

차입금 5,000,000	급여 5,000,000

차입금

	현금 5,000,000

급여

현금 5,000,000	

원장을 분개장과 비교하면 분개장은 전체적인 영향을 강조하는 하는데 비해, 원장은 특정 항목의 영향을 강조한다. 따라서 경영자는 원장의 정보를 관리에 이용할 수 있다.

원장은 재무상태표로부터 시작해서 보고서의 순서에 따라 배열되어야 한다. 즉,

자산 · 부채 · 순자산 · 수익 · 비용의 순으로 배열된다. 각각의 계정을 좀 더 쉽게 식별하기 위해서는 계정별로 번호가 매겨진다.

제 5 절 결 산

1. 결산의 의의

결산(closing)은 회계기간 말에 그 기간 중에 기록되어 온 각종 장부를 마감해 재무제표를 작성하는 것을 말한다.

회계기간은 일반적으로 분기, 반기, 연(年)으로 나눌 수 있다. 이 중 분기, 반기를 중간기간(interim periods)이라고 하며, 1년의 회계기간을 회계연도(fiscal year)라고 한다. 결산은 적어도 1년에 1회 이상은 해야 하며 중간기간에 가결산을 할 수도 있다. 회계기간을 1년으로 할 경우, 대부분은 역년(calendar year)을 채택해 1월 1일에서부터 12월 31일까지를 한 회계기간으로 한다.

결산은 회계기말에 하게 되는데 결산을 하는 시기를 결산기라 하고, 회계기간 말일을 결산일이라고 하는데 또는 보고기간말 또는 재무상태표일이라고도 한다.

2. 결산절차

장부를 마감해 재무제표를 작성하기 전에 몇 가지 단계를 거쳐야 하는데 이를 결산절차라고 한다. 결산절차는 상황에 따라 약간의 차이가 있을 수 있으나 기본적으로 다음과 같다.

1단계: 시산표를 작성한다.

2단계: 결산보정(정리)을 위해 결산정리목록표(inventory sheet)를 작성한다.

3단계: 결산보정(정리)목록표에 따라 보정분개(정리분개, 수정분개 또는 조정분개라고도 한다)를 해서 분개장을 기입한 후 해당 계정원장에 전기한다.

4단계: 보정(수정)후시산표를 작성한다.

5단계: 손익계정 또는 집합손익계정(income summary)을 설정해 임시계정인 수익과 비용에 속하는 계정의 잔액을 대체한다. 이를 위해 대체분개(마감분개)를 해서 분개장에 기입한 후 각 수익 · 비용 계정원장 및 집합손익계정원장에 전기하고 마감한다. 마감이 끝나면 집합손익계정의 잔액을 순자산계정에 대체한다. 이를 위해 대체분개를 해서 분개장에 기입하고 원장에 전기한다.

6단계: 원장의 자산 · 부채 · 순자산에 속하는 여러 계정을 마감한다. 마지막으로 분개장을 마감한다.

7단계: 이월시산표를 작성한다.

8단계: 결산보고서(재무제표)를 작성한다.

상기한 결산절차를 흔히 결산예비절차, 결산본절차, 결산보고서의 작성으로 구분하기도 한다. 결산예비절차는 보통 1단계에서 4단계까지를 말하며, 결산본절차는 5단계에서 7단계까지를 말한다.

3. 시산표

시산표(試算表, trial balance: T/B)는 특정 시점의 계정잔액목록표인데 관습적으로 회계기말에 작성된다. 시산표는 서식 또는 작성시점에 따라 분류할 수 있다. 서식에 따라서는 합계시산표, 잔액시산표, 합계잔액시산표로 나뉜다. 작성시점에 따라서는 결산 시에는 수정전시산표, 수정후시산표, 이월시산표로 구분된다. 또한 기중에는 작성시기에 따라 일계표, 주계표, 월계표로 구분되기도 한다.

시산표를 작성하는 이유는 시산표 등식(자산 + 비용 = 부채 + 순자산 + 수익)에 따라 전기 후에 대차가 일치하는지를 검사하기 위한 것이다. 복식부기제도 하에서는 차변계정 잔액합계와 대변계정 잔액합계가 일치해야 한다. 만약 양변의 합계가 일치하지 않는다면 분개기입이나 원장전기의 오류(errors)가 있기 때문이다. 시산표를 작성하면 이러한 오류를 쉽게 발견할 수 있을 뿐만 아니라 정산표(worksheet:

W/S)를 작성해 재무제표를 작성할 수 있다. 많이 사용되는 잔액시산표의 양식을 예시하면 다음과 같다.

잔액시산표

20××년 ×월 ×일부터

차변	원면	계정과목	대변

정산표는 잔액시산표를 기초로 하여 재무제표를 작성하기 위해 사용되는 다란식(多欄式)의 표이다. 정산표는 영구적인 회계장부가 아니며 하나의 보조적으로 운용되는 용구에 불과하다. 따라서 정산표의 작성은 선택적이다. 정산표는 작성되는 시점에 따라서 6위식, 8위식, 10위식으로 나눌 수 있다. 8위식 정산표의 양식을 예시하면 다음과 같다.

8위식 정산표

계정과목	잔액시산표		정리기입		재정운영표		재무상태표	
	차변	대변	차변	대변	차변	대변	차변	대변

4. 결산보정

1) 결산보정의 의의

결산을 위해서는 1단계로 시산표를 작성하게 된다. 작성된 시산표의 대차합계가 일치하면 일단은 기중의 분개기입이나 원장전기가 장부상으로 정확하게 이루어져 있다고 판단할 수 있다. 이때 유의해야 할 것은 분개기입이나 원장전기가 정확하게 이루어졌다 해서 바로 장부를 마감하면 안 된다. 그 이유는 기말 현재의 원장

각 계정에 나타난 자산 · 부채 · 순자산계정과 수익 · 비용계정의 금액 모두가 기말의 현재액을 적정하게 표시하고 있는 것이 아니기 때문이다.

오늘날 일반적으로 인정되는 회계의 인식기준은 발생주의이다. 그러나 조직은 기중에 발생주의에 의한 기록을 하지 못하고 있다. 그 이유를 예로 들면 다음과 같다.

① 소모품의 소모와 같은 것은 매일 분개되지 않는다. 그 이유는 매일 분개하는 것이 불편하기 때문이다.

② 건물과 설비의 부식으로 인한 가치 감소, 임차료나 보험료의 기간 경과 등은 기중에 기록되지 않는다. 그 이유는 매일 거래가 발생하는 결과로서 좀 더 시간의 경과에 따라 소멸되기 때문이다.

③ 차기까지 수령되지 않을 공과금과 같은 항목들은 기록되지 않는다.

이와 같은 이유 때문에 기업실체의 거래는 노출되는 거래와 노출되지 않는 거래로 구분된다. 노출되는 거래(explicit transactions)는 거의 매일 일상적인 기록을 하게 되는 현금의 수입과 지출, 외상매입, 외상판매와 같은 거래이다. 이러한 거래의 기록은 보통 여러 원천서류와 같은 명백한 증거를 가지고 있다. 반면에 발생주의 하에서 명백한 거래인데도 노출되지 않는 거래(inplicit transactions)가 있다. 예를 들어 시간의 경과나 사용에 의해 건물이나 차량운반구 등의 가치가 감소되는 경우, 화폐가치 변동으로 자산이나 부채의 가치 증감 등이 있다. 기중에 기업의 기록은 보통 현금의 수지와 같은 노출되는 거래에 대해서만 이루어진다. 다시 말하면 현금주의를 따르고 있다. 따라서 노출되지 않은 거래는 기록에서 제외된다. 이 상태에서 기말에 장부를 마감하게 되면 발생주의에 의한 정확한 재무제표를 작성할 수 없게 된다. 따라서 결산 시에는 발생주의에 따라 계정을 정리해 주어야 한다. 이와 같은 절차를 결산보정 또는 결산정리(adjustments)라고 한다. 결국 결산보정이란 발생주의에 따라 노출되지 않은 거래의 재무적 효과를 적절한 기간에 배분하는 과정으로 정의할 수 있다.

결산보정을 위한 분개를 보정분개(adjusting entry)라고 하는데 정리분개, 수정분개 또는 조정분개라고도 한다. 보정분개 시에는 결산보정목록표(inventory sheet)

를 작성하면 편리하다.

결산분개와 원장전기가 정확하게 이루어졌는지 검토하기 위해서는 시산표를 작성해야 하는데, 이를 수정후시산표라고 한다.

2) 결산보정의 유형

결산보정의 유형은 이연계정(prepayments)과 발생계정(accruals)으로 분류할 수 있다.

이연계정은 수익의 실현 전에 현금을 받았거나 비용의 발생 전에 현금을 지급한 경우로 이미 장부상에 기록이 있는데, 선급비용(prepaid expenses)과 선수수익(unearned revenues)이 있다.

① **선급비용**: 비용의 발생 전에 현금을 지급한 경우로 자산으로 기록한다.

② **선수수익**: 수익의 실현 전에 현금을 받은 경우로 부채로 기록한다.

발생계정은 수익이 실현되었으나 현금을 받지 못했거나 비용이 발생했으나 현금을 지급하지 못한 경우로 아직 장부상에 기록이 없는데 미수수익(accrued revenues)과 미지급비용(accrued expenses)이 있다. 예상계정이라고도 한다.

① **미수수익**: 수익이 실현되었으나 아직 현금을 받지 못한 것으로 자산으로 기록한다.

② **미지급비용**: 비용이 발생했으나 아직 현금을 지급하지 못한 경우로 부채로 기록한다.

(1) 선급비용

기말에 선급보험료 ₩12,000,000 중 ₩9,000,000이 당기에 경과되었다.

① 당초의 분개(보험료 지급 시):

(차) 선급보험료 12,000,000　　　　　(대) 현금 12,000,000

② 결산보정 분개:

(차) 보험료 9,000,000 (대) 선급보험료 9,000,000

(2) 선수수익

기말에 선수임대료 ₩6,000,000 중 ₩4,000,000이 당기에 경과되었다.

① 당초의 분개(임대료 수취 시):

(차) 현금 6,000,000 (대) 선수임대료 6,000,000

② 결산보정 분개:

(차) 선수임대료 4,000,000 (대) 임대료 4,000,000

(3) 미수수익

은행예금에서 당기 이자는 ₩900,000이 발생했다. 이자 수령일은 차기이다.

① 당초의 분개: 없음

② 결산보정 분개:

(차) 미수이자수익 900,000 (대) 이자수익 900,000

4) 미지급비용

발행한 공채이자는 ₩500,000이 발생했다. 이자 지급일은 차기이다.

① 당초의 분개: 없음

② 결산보정 분개:

(차) 이자비용 500,000 (대) 미지급이자비용 500,000

5. 장부의 마감

정리 기입이 끝나고 모든 기입이 정확하게 이루어졌다면 장부를 마감해야 한다. 장부의 마감은 재정운영표계정인 수익 · 비용계정을 먼저 마감하고, 다음으로 재무상태표계정인 자산 · 부채 · 순자산계정을 마감한다. 수익 · 비용을 먼저 마감하는 이유는 수익 · 비용계정은 임시계정으로 기말에 순자산계정으로 대체되기 때문이다. 원장이 마감되면 마지막으로 분개장을 마감한다.

1) 수익 · 비용계정의 마감

수익 · 비용계정은 임시계정으로 영구계정인 순자산계정에 대체되어야 한다. 그 이유는 수익은 순자산을 증가시키고 비용은 순자산을 감소시키는 성질을 가지기 때문이다. 따라서 기말에는 수익과 비용에 속하는 계정을 모아서 잔액을 산출해 순자산계정에 대체하게 된다. 수익과 비용을 집합시켜 잔액을 산출하기 위해서는 임시적으로 집합손익계정(income summary account)을 설정해야 한다. 수익 · 비용계정을 집합손익계정에 대체시키기 위해서 대체분개가 필요하다. 대체분개는 마감분개(closing entries)라고도 한다.

수익과 비용을 집합손익계정에 대체시키기 위해서는 수익의 경우는 차변에 해당 수익계정을 기록하고 대변에 집합손익계정을 기록한다. 비용의 경우는 차변에 집합손익계정을 기록하고 대변에 해당 비용계정을 기록한다. 이자수익과 이자비용의 대체분개의 예를 들면 다음과 같다.

• 이자수익의 경우:

(차) 이자수익 900,000 (대) 집합손익 900,000

• 이자비용의 경우:

(차) 집합손익 500,000 (대) 이자비용 500,000

대체분개는 분개장과 수익 · 비용계정 및 집합손익계정에 전기된다. 동시에 수익 · 비용계정을 마감한다. 집합손익계정은 마감했을 때 차변잔액이 생기면 순손실이 발생한 것이고, 대변잔액이 생기면 순이익이 발생한 것이다. 순이익이나 순손실은 순자산의 증감항목이므로 순자산계정에 대체되어야 한다. 순이익이 ₩400,000 발생했을 경우 순자산계정에 대변에 대체하기 위한 분개는 다음과 같다.

(차) 집합손익	400,000	(대) 순자산	400,000

2) 자산 · 부채 · 순자산계정의 마감

수익 · 비용계정과 집합손익계정을 마감한 후에는 영구계정인 자산 · 부채 · 순자산계정을 마감해야 한다. 자산 · 부채 · 순자산 계정원장을 마감하는 방법에는 영미식과 대륙식이 있으나 대륙식은 거의 시용되지 않는다.

영미식 결산은 원장 마감 시 자산 · 부채 · 순자산에 속하는 각 계정의 차변 합계와 대변 합계를 비교해 대차 차액을 계산한 후 잔액이 생긴 반대편에 '차기이월'이라고 적고 잔액을 기입함으로써 대차를 일치시키며 결산일의 다음날 날짜로 잔액이 생긴 편에 '전기이월'이라고 적는다. 이렇게 하면 일반적으로 자산은 차변, 부채와 자본은 대변에 전기이월이 기록된다. 비품자산계정 잔액이 ₩700,000인 경우 마감 시의 예를 들면 다음과 같다.

비　품

No. 15

8/1	현금	7,000,000	8/31		7,000,000
		7,000,000			7,000,000
9/1	전기이월	7,000,000			

3) 역분개

장부가 마감되고 재무제표가 작성되고 난 후에 차기에 발생한 거래를 기록하기 전에 결산 시에 했던 수정분개의 일부를 역으로 분개하는 경우가 있는데, 이를 역분개(逆分介, reversing entries)라고 한다. 역분개는 차기 초에 이루어지는데 선택적으로 이루어진다.

역분개의 목적은 수정분개와 관련해 계속되는 거래의 기록을 단순화하기 위한 것이다. 역분개는 미수수익이나 미지급비용과 같은 발생계정에 대해서 사용되고, 선급비용이나 선수수익과 같은 이연계정에 대해서는 사용되지 않는다.

요 약

1. 회계의 순환과정은 거래의 발생으로부터 재무제표를 작성하기까지의 과정이다. 회계의 순환과정을 개략적으로 요약하면 다음과 같다.
   ① 거래의 발생
   ② 거래의 분개와 분개장 기입
   ③ 원장 전기
   ④ 기말결산(장부마감과 재무제표의 작성)
2. 회계의 순환과정에서 기록을 위한 용구로 장부가 사용된다. 장부를 기입하는 방법으로는 복식부기시스템이 사용된다. 복식부기는 자산 · 부채 · 순자산의 증감이나 수익 · 비용의 발생을 일정한 원리와 원칙에 따라 조직적으로 기록 · 계산하는 방법을 말한다. 일정한 원리와 원칙이란 자산 · 부채 · 순자산의 증감이나 수익 · 비용의 발생을 '자산 = 부채 + 순자산'이라는 회계의 기본등식의 틀 안에서 이중으로 기록함으로써 등식의 좌변(차변)과 우변(대변)이 일치하도록 하는 것인데 이를 대차평형의 원리라고 한다.
3. 회계상의 거래는 재무제표의 구성요소에 변화를 가져오는 경제적 사상을 말한다. 정부실체의 거래에는 예산거래와 예산외거래가 있다. 예산거래는 현행 세입 · 세출예산으로 편성되어 집행되는 거래로 수입거래와 지출거래가 있다. 예산외거래는 결산보정거래와 기타 예산외거래가 있다.
4. 복식부기는 '자산 = 부채 + 순자산'이라는 회계의 기본등식에 등식의 양변에 이중으로 기록하는 것이다. 거래요소의 결합은 항상 좌변과 우변 또는 우변과 좌변만 가능하며 우변과 우변은 불가능하다.
5. 계정은 자산 · 부채 · 순자산 · 수익 · 비용의 증감을 개별적으로 기록하기 위한 특정한 항목

을 말한다. 이들 특정한 항목은 재무상태표나 재정운영표에 보고할 목적으로 최종적으로 분류된 항목이다. 부기에서는 계정의 좌변을 차변, 우변을 대변이라고 한다.

6. 회계상에서 장부는 회계상의 거래를 기록해 최종적으로 재무제표를 작성하기 위한 용구이다. 장부는 주요부와 보조부로 나뉜다. 주요부는 계정 기입을 위해 필수적으로 요구되는 장부로서 분개장과 원장이 있다. 보조부는 주요부에 기록될 수 없거나 개략적으로 기록된 항목에 대한 보충이나 상세한 내역을 기록한 장부를 말한다.
7. 결산은 회계기간 말에 그 기간 중에 기록되어 온 각종 장부를 마감해 재무제표를 작성하는 것을 말한다. 장부를 마감해 재무제표를 작성하기 전에 결산보정을 해야 한다. 결산보정의 유형은 이연계정(선급비용과 선수수익)과 발생계정(미수수익과 미지급비용)으로 분류될 수 있다.
8. 정리 기입이 끝나고 모든 기입이 정확하게 이루어졌다면 장부를 마감해야 한다. 장부의 마감은 재정운영표 계정인 수익・비용계정을 먼저 마감하고, 다음으로 재무상태표 계정인 자산・부채・순자산계정을 마감한다.
9. 장부가 마감되고 재무제표가 작성되고 난 후에 차기에 발생한 거래를 기록하기 전에 결산 시에 했던 수정분개의 일부를 역으로 분개하는 경우가 있는데, 이를 역분개라고 한다.

Chapter 04 연습 문제

주관식

1. 회계의 순환과정에 대해 설명하시오.
2. 복식부기의 기본원리에 대해 설명시오.
3. 회계상의 거래와 거래요소의 결합관계에 대해 설명하시오.
4. 계정의 의미와 계정기입법에 대해 설명하시오.
5. 비용과 수익이 임시계정인 이유에 대해 설명하시오.
6. 장부의 의의와 종류에 대해 설명하시오.
7. 결산의 의의와 결산절차에 대해 설명하시오.
8. 결산보정의 의의와 유형에 대해 설명하시오.
9. 시산표의 의의와 종류에 대해 설명하시오.
10. 역분개가 필요한 이유에 대해 설명하시오.

객관식

01. 다음 중 복식부기의 장점으로 적절한 것은?

① 현금주의에 기초하고 있어 정확한 수지 파악을 할 수 없다.
② 회계의 자의적인 행위를 배제하기 어렵다.
③ 기장의 정확성 여부의 검증이 곤란하다.
④ 자기검증기능을 가지고 있다.
⑤ 기록이 간편하다.

02. 다음 중 회계상의 거래가 아닌 것은?

① 직원의 월급을 지급하다.

② 금고에 있는 소액현금을 도난당하다.
③ 비품을 구입하고 대금을 지급하다.
④ 건물 화재로 손실이 발생하다.
⑤ 예산을 배정받다.

03. **A시는 공채 ₩50,000,0000을 발행하고 대금을 현금으로 받은 경우의 거래요소의 결합관계로 맞는 것은?**

① 자산의 증가-자산의 감소
② 자산의 증가-부채의 증가
③ 자산의 증가-자본의 증가
④ 자산의 증가-수익의 발생
⑤ 비용의 발생-수익의 발생

04. **다음 중 장부상의 거래는?**

① 소모품의 구입대금을 지급하다.
② 공채를 발행하다.
③ 기말에 감가상각비를 계상하다.
④ 건물임차료를 지급하다.
⑤ 지방자치단체가 소유한 건물을 관내 회사의 토지와 교환하다.

05. **회계의 기본등식으로 사용되는 재정상태표 등식은?**

① 자산＝부채＋순자산
② 자산－부채＝순자산
③ 자산＋비용＝부채＋자본＋수익
④ 기말순자산－기초순자산＝재정운영결과
⑤ 총수익－총비용＝재정운영결과

06. **특정 시점의 계정잔액목록표로 기록의 오류를 검증하기 위해 작성되는 것은?**

① 시산표　　② 정산표　　③ 분개장
④ 총계정원장　　⑤ 결산정리목록표

07. **다음 중 시산표 등식은?**

① 자산＝부채＋순자산
② 자산－부채＝순자산

③ 자산 + 비용 = 부채 + 순자산 + 수익
④ 기말순자산 - 기초순자산 = 재정운영결과
⑤ 총수익 - 총비용 = 재정운영결과

08. 회계 기말까지 당기 임차료를 지급하지 못했다. 결산 시에 이것을 보정해주지 않았다면 어떠한 현상이 나타나는가?

① 부채의 과대평가와 비용의 과소평가
② 부채의 과소평가와 비용의 과소평가
③ 부채의 과소평가와 비용의 과대평가
④ 자산의 과대평가와 비용의 과대평가
⑤ 자산의 과소평가와 순자산의 과대평가

09. 기말에 건물에 대한 감가상각비를 인식하지 않았다면 어떤 결과가 나타났겠는가?

① 자산의 과대평가와 비용의 과소평가
② 부채의 과대평가와 수익의 과소평가
③ 자산의 과소평가와 수익의 과소평가
④ 비용의 과소평가와 부채의 과소평가
⑤ 자산의 과소평가와 순자산의 과대평가

10. 기말에 선급보험료 ₩12,000,000 중 ₩9,000,000이 당기에 경과되었다. 이 거래에 대한 보정을 하지 않았다면 어떠한 현상이 나타나는가?

① 자산의 과대평가와 비용의 과소평가
② 부채의 과대평가와 수익의 과소평가
③ 자산의 과소평가와 수익의 과소평가
④ 비용의 과소평가와 부채의 과소평가
⑤ 자산의 과소평가와 순자산의 과대평가

정답 및 해설

1. ④ 복식부기는 '자산 = 부채 + 순자산'이라는 회계의 기본등식에 따라 등식의 좌변과 우변에 이중으로 기록하기 때문에 대차가 평형을 이루어 자기검증기능을 가지고 있다.

2. ⑤ 예산배정은 자산 · 부채 · 순자산이 증감하거나, 비용 · 수익이 발생하지 않기 때문에 회계상의 거래로 볼 수 없다.

3. ② 이 거래는 현금이라는 자산의 증가와 공채라는 부채의 증가가 결합한 거래이다.

4. ③ 감가상각비의 계상은 결산정리사항으로 실거래가 아니고 장부상의 거래이다.

5. ① 재정상태표 등식은 회계의 기본등식으로 복식부기에서 이중기록을 위한 기초를 제공하는 등식이다.

6. ① 특정 시점에 기록의 오류를 검증하기 위해 작성되는 용구는 시산표로 결산 시에는 수정전시산표, 수정후시산표, 이월시산표가 작성된다.

7. ③ 시산표등식은 회계의 기본 등식으로 복식부기에서 이중기록을 위한 기초를 제공하는 등식이다.

8. ② 임차료라는 비용을 과소평가하고, 미지급임차료라는 부채를 과소평가하는 결과를 초래한다.

9. ① 감가상각비라는 비용을 과소평가하고, 건물이라는 자산을 과대평가하는 결과를 초래한다.

10. ① 보험료라는 비용을 과소평가하고, 선급보험료라는 자산을 과대평가하는 결과를 초래한다.

Chapter 05

예산회계시스템

개 관

예산회계는 유동성 재무자원을 인식 대상으로 해서 정부의 재정활동을 기록·정리·보고하는 회계이다. 정부의 재정활동은 의회의 예산 승인에 의해 집행하는 특징이 있다. 예산회계는 재원배분 및 관리통제와 회계책임 확보에 매우 과학적이고 체계적인 회계시스템으로 발생주의 회계들 도입하더라도 필요한 재정관리시스템이다. 예산회계를 이해하는 데 반드시 필요한 회계연도 독립의 원칙이나 예산총계주의 원칙 등 기업회계와 다른 원칙이 적용되고 있다.

기업회계와 달리 정부회계는 회계직 공무원이어야 회계사무를 집행할 수 있다. 예산집행의 주된 내용을 이루는 지출의 관리는 지출원인행위·지출·출납 등과 이러한 행위를 기록 및 보고하는 일체의 관리행위를 말하는데 정부회계는 독특한 지출관리시스템을 가지고 있다. 또한 정부회계에서의 수입관리는 기업회계와 달리 관련 법령 등에 따라 징수결정과 수납을 하고 있다.

이 장에서는 예산회계의 기초로서 예산회계의 개념, 예산회계를 이해하는 데 반드시 필요한 원칙과 개념 등과 예산과목, 사업예산 등의 내용을 살펴본다. 아울러 지출관리와 수입관리 및 출납관리 등에 대해서도 살펴본다.

Chapter 05 예산회계시스템

제 1 절 예산회계의 기초

1. 예산회계의 의의

1) 예산회계의 개념

예산회계(budgetary accounting)는 예산과 회계를 함께 지칭하기도 하지만, 회계기법으로서 예산회계는 세입예산액, 징수액, 수납액, 세출예산액, 예산배정 및 지출원인행위, 지출액 등 예산의 집행 내용을 기록 및 반영하는 회계를 말한다. 이 회계의 주목적은 예산의 배분 및 역할을 강조하고, 통제와 회계책임을 확보하는 데 있다.

이 회계의 구조는 예산 · 수입 · 지출의 구조로 되어 있다. 이 회계의 특징은 수입 · 지출을 분리해서 기록하는 것이 보통의 방식이며, 예산이 회계의 중심이 되고 예산의 편성 및 배정으로부터 회계가 개시된다. 현금의 유입 · 유출이 일어나도 당해 회계실체의 예산에 속하지 아니하는 현금의 유출입(예: 보증금 · 공탁금)은 별도의 기금이나 현금으로서 예산회계의 적용에서 제외된다.

예산회계시스템은 유동재무자원(current financial resources)을 측정 대상으로 한다. 유동재무자원은 통상 현금을 의미하며, 현금을 수령하거나 빠른 시일 내에 현금화가 가능한 채권을 포함하고, 현금 등의 지급의무가 있는 채무도 재무자원의 차감할 항목으로 측정하는 경우가 있다.

2) 예산회계의 장 · 단점

예산회계는 재원배분 및 관리통제와 회계책임 확보에 매우 과학적이고 체계적인 회계시스템으로 발생주의 회계를 도입하더라도 반드시 필요한 재정관리시스템이다. 정부 및 지방자치단체의 재정활동은 예산이라는 특징이 있다. 즉, 의회의 예산편성으로 재정활동이 시작된다. 예산회계는 정부활동을 기능별, 사업별, 활동별로 구분하고, 이에 비목으로 예산액 및 집행액을 대비해서 기록 · 관리해 예산의 집행은 물론 예산 목적대로 사용했는지 여부에 대한 정보를 제공한다. 아울러 중기재정계획은 물론 재원배분과 예산편성의 기초정보를 제공한다.

정부회계를 개혁한 나라들도 예산회계와 발생주의회계를 같이 사용하는 이원화시스템을 운영하거나, 예산까지 발생주의로 하는 경우에도 예산이 회계의 일부가 되도록 하는 예산회계를 사용하고 있다.

그러나 정부회계의 예산회계 시스템은 비용(원가)에 관한 정보를 제공하지 못하므로 자산 구입 또는 자금을 대부하는 경우나 업무추진비를 지출한 경우에 자원의 소모 면에서는 현저하게 차이가 남에도 불구하고 이를 같은 지출로 처리한다. 즉, 자원의 소모에 대한 경제성 여부의 판단 및 의사결정과 관련된 회계정보를 제공하지 못하는 결함이 있다. 또한 자산이나 부채 등 경제적 자원을 회계과정에서 인식하지 아니하므로 자산이나 부채관리를 위한 체계적인 정보를 제공하지 못하는 문제점이 있다. 이러한 결함을 보완하기 위해 예산회계에 대한 보완수단으로 발생주의회계를 도입하고 있다.

2. 예산회계를 이해하는 데 필요한 개념

1) 회계연도독립의 원칙

회계연도는 회계의 정리 기술적인 차원에서 일정한 기간을 정하고 그 수지 상황을 명확히 하는 기간적 단위를 뜻하며 공공부문에서는 이를 예산연도라 한다.

회계연도독립의 원칙(annuality principle)은 각 회계연도 경비를 그 연도의 세입으로써 충당해야 한다는 원칙이다(「국가재정법」 제3조). 즉, 매 회계연도의 세출예산은 다음 연도에 사용할 수 없다. 이 원칙은 회계연도를 일정 기간으로 구획·설정해 수지의 균형을 도모하고 회계의 정리·구분을 명확히 설정함으로써 재정상의 효과적인 통제를 기하는 데 있다. 그러나 회계사무의 집행에서 거래가 모두 단시일에 종결되는 것은 아니며, 또한 정리구분이라는 기술적인 면으로 보아 이 원칙을 엄격하게 고수한다는 것은 실제 불합리한 경우가 있으므로 이 원칙에는 몇 가지 예외가 있다.

- 세출예산의 이월
- 결산상 잉여금의 이입
- 지난 연도 수입
- 지난 연도 지출

회계연도 소속구분은 원인이 발생한 날이 속하는 지출원인행위기준과 현실적으로 수입·지출이 이루어진 날이 속하는 연도를 기준으로 하는 현금주의가 있다(「국고금관리법시행령」 제4조, 「지방재정법시행령」 제2조 및 제3조). 세입의 경우는 다음날을 기준으로 회계연도 소속구분을 한다.

- 납기가 정해져 있는 수입은 납기 말일
- 고지서를 발행하는 수입은 고지서를 발행한 날
- 수시 수납한 것은 그 수납한 날

한편 세출의 경우 회계연도 소속구분은 다음과 같다.

- 국공채 등의 원리금은 지급 기일
- 지급 결정이 필요한 지출은 지급 결정한 날

• 실비보상 급여나 여비 등은 지급을 해야 할 사실이 생긴 날
• 사용료 · 보관료 · 전기료 등은 지급원인이 되는 사실이 있는 기간
• 공사 제조 · 물건 구입 등 상대방 행위가 완료한 후에 지급하는 것은 지급이 확정된 날

○ 출납정리기한

출납정리기한(complementary period)은 1회계연도에 속하는 세입 · 세출의 출납에 관한 사무의 정리기한을 말하며, 예산연도 내에 발생한 거래를 종결시키기 위해 예산연도가 지난 후 다음해 1월 20일까지 설정한 기간이다.

국가의 경우 출납공무원의 수입금 납부, 한국은행 등이 출납공무원의 수입금 수납 · 대체나, 한국은행의 세출금 지급, 출납공무원의 관서운영비 반납 등의 경우가 이에 해당한다.

지방자치단체의 경우 2개월의 출납폐쇄기한을 두고 있었으나 2014년 「지방재정법」 개정 시 이를 단축했다. 2016년 새로 제정한 「지방회계법」에서는 출납사무에 대해 다음과 같이 규정했다.

「지방회계법」 제7조(출납폐쇄기한 및 출납사무완결기한)

① 지방자치단체의 출납은 회계연도가 끝나는 날 폐쇄한다. 다만, 해당 회계연도의 예산에 포함된 경우로서 다음 각 호의 어느 하나에 해당하는 경우에는 다음 회계연도 1월 20일까지 수입 또는 지출 처리를 할 수 있다.
  1. 회계연도 말에 계약 이행이 완료되어 회계연도 내에 지출하기가 곤란한 경우
  2. 국가나 다른 지방자치단체 등으로부터 자금이 교부되지 아니하여 회계연도 내에 지출하기가 곤란한 경우
  3. 그 밖에 해당 회계연도 내에 지출 또는 수입 처리하기가 곤란한 경우로서 대통령령으로 정하는 경우

② 제44조에 따른 출납원이 제1항 각 호 외의 부분 단서에 따라 다음 회계연도 1월 20일까지 수납한 세입금은 같은 기한까지 지방자치단체금고에 납입할

수 있으며, 관서 운영에 드는 경비 또는 일상경비(이하 "일상경비 등"이라 한다)는 다음 회계연도 1월 20일까지 반납할 수 있다.
③ 해당 회계연도에 속하는 세입·세출의 출납에 관한 사무는 다음 회계연도 2월 10일까지 마쳐야 한다.

예산회계와 마찬가지로 발생주의 재무회계에서도 출납정리기한 및 출납폐쇄기한(예외 포함) 내에 발생하는 거래는 해당 회계연도에 발생한 거래로 보아 처리한다(「국가회계기준에 관한 규칙」 제6조 제2항, 「지방자치단체 회계기준에 관한 규칙」 제9조 제5항).

2) 예산총계주의 원칙

예산총계주의 원칙(principle of gross accounting)은 1회계연도의 수입을 세입으로, 지출을 세출로 해서 그 금액을 총액에 의해 예산에 계상하는 원칙으로 총괄성의 원칙 또는 완전성의 원칙이라고도 말한다.[1] 이에 대한 예외는 다음과 같다.[2]

- 수입대체경비
- 국가가 현물로 출자하는 경우 및 외국 차관을 도입하여 전대하는 경우
- 차관물자대의 경우 전년도 인출 예정분의 부득이한 이월 또는 환율 및 금리의 변동으로 인하여 세입이 세입예산을 초과하게 되는 때에는 세출예산을 초과하여 지출할 수 있다.
- 전대차관을 상환하는 경우 환율 및 금리의 변동, 기한 전 상환으로 인하여 원리금 상환액이 세출예산을 초과하게 되는 때에는 초과한 범위 안에서 세출예산을 초과 지출할 수 있다.

이 원칙은 기업회계의 총계주의 원칙과 다른 개념이다. 정부회계는 다수의 펀드

1) 「국가재정법」 제17조.
2) 「국가재정법」 제53조.

회계를 가지고 있으며 세입세출을 분리해 운영하기 때문에 세입회계에서 이자 등을 지급하는 경우에도 세입의 수입 과목에서 직접 차감하고 있으며, 재무회계의 경우에도 같은 방법으로 처리하게 된다.

재정운영표를 순원가 방식으로 택하는 경우에는 각 프로그램의 총원가에서 당해 프로그램이 벌어들인 수익을 직접 차감해 순원가(net cost)를 산출하는데, 영국이나 미국의 중앙정부의 경우 총계주의 원칙을 회계원칙으로 삼지 않고 있으며 우리나라도 동일하다.

3) 세입 · 세출 혼동 금지의 원칙(수입금 직접 사용 금지의 원칙)

국고통일의 원칙(consolidated fund principle)이라고도 하며, 모든 수입금은 통합국고(지방자치단체의 경우 금고)에 불입하고 모든 지출은 통합국고(금고)를 통해 예산 및 자금을 배정받아 지출하게 하는 것으로, 받은 수입금을 직접 사용할 수 없는 원칙이다.

이 원칙은 세입 · 세출의 예산제도상 분리를 의미하며, 국고통일(단일)주의를 채택할 경우 반드시 필요한 원칙이다. 즉, 각 중앙관서의 장은 법률에 특별한 규정이 없는 한 관장에 속하는 수입을 국고에 납부해야 하며, 이를 직접 사용하지 못한다. 예산총계주의 원칙이 계리에 관한 것인 반면 이 원칙은 자금의 구분 관리에 관한 것이다(「국고금관리법」 제7조).

이 원칙은 국가의 일반회계나 특별회계 중 우체국보험, 우체국예금, 양곡관리특별회계를 제외한 특별회계에 적용되는 원칙[3]이다. 그러나 별도의 자금을 운용하기로 한 기금이나 독립채산제로 운영해야 하는 지방자치단체, 공기업 등의 회계에는 적용되지 않는다. 또한 모든 정부회계를 국고통일의 원칙에 따라 집행하는 데는 비합리적인 경우가 있어 다음과 같은 예외를 인정하고 있다.

- 수입대체경비의 지출(「국고금관리법」 제8조)
- 선사용자금 조체수불(「국고금관리법」 제18조)

---

3) 「국고금관리법시행령」 제50조의 2 참조.

• 수입금 마련 지출[4](「정부기업법」 제19조)

각 중앙관서의 장이 일반회계나 기타 특별회계(우체국 보험특별회계 제외)의 수입금을 징수하거나 예산을 배정받아 집행하는 경우에는 국고통합계정에 불입하거나 예산 및 자금을 배정받아 집행하게 되는데, 이 거래는 순자산 증감거래로 처리해야 한다.

3. 예산과목

예산은 예산이 정한 목적대로 집행하도록 하기 위해 예산내용을 일정한 기준에 따라 구분하게 되는데, 이를 예산과목이라 한다. 우리나라 예산과목구조는 1961년 미국의 성과주의예산(performance budgeting) 체계를 받아들여 현재의 '장－관－항－목' 체계로 되어 있다.

원래 성과주의예산구조는 정부의 거래를 여러 범주(categories)로 분류하는 것이며, 예산을 기능별(function) · 사업별(program) · 활동별(activity) 및 비목성질별 또는 요소별(cost element)로 분류하는 것이다.

국가의 경우 세입세출예산은 독립기관 및 중앙관서의 소관별로 구분한 후 소관 내에서 일반회계 · 특별회계로 구분한다. 세입예산은 성질별로 관 · 항으로 구분하고, 세출예산은 소관별로 기능별 · 성질별 또는 기관별로 장 · 관 · 항으로 구분한다. 또한 예산의 구체적 분류기준과 세항, 각 경비의 성질에 관한 목의 구분은 기획재정부장관이 정하도록 되어 있다.[5] 장 · 관 · 항을 입법과목, 세항 · 목을 행정과목이라 한다.

국가의 세출예산과목은 프로그램예산을 도입하면서 분야(function), 부문(section), 소관부서(responsibility segment), 프로그램(program), 단위사업(activity) 및 비목(cost element) 체제로 사용하고 있다.

지방자치단체의 경우에는 분야, 부문, 소관 부서, 정책 · 사업, 단위사업, 세부사

---

4) 정부기업의 수입대체경비와 같음.
5) 「국가재정법」 제21조.

업(sub-activity), 비목으로 되어 있다. 즉, 프로그램이란 용어 대신에 정책·사업을 사용하고 있으며 세부사업을 두고 있어 재정관리에 더 효율적으로 되어 있다.

분야 및 부문에서 자원배분(resource allocation)의 규모는 정치적으로 결정된다. 프로그램은 각 소관부서의 활동이나 사업을 구체적으로 표현한 것이 아니고 사업이나 활동의 동질성 범주로 구분한 것이다. 프로그램은 항상 고정된 것이 아니고 가변적이다.

프로그램을 설정하는 데는 반드시 당해 부서의 활동 결과 얻을 수 있는 산출(output) 및 성과(outcome)별로 선명히 나타나도록 분류해야 한다. 프로그램을 너무 포괄적으로 설정하면 집행부서에서 임의로 사업을 실시할 수 있어 사업의 구체적 내용에 대해 국회나 의회의 예산심의를 피할 수 있다. 또한 프로그램을 세부사업, 즉 과업 단위로 과도하게 세분한 내용으로 설정하면 집행부서의 재정활동에 경직성을 초래하게 된다.

프로그램은 다시 단위사업과 세부사업으로 구분되는데, 국가의 예산에서는 단위사업으로 나타나고 세부사업은 산출기초로 관리되고 있다. 지방자치단체의 경우에는 예산에 세부사업까지 명시된다.

위의 분야, 부문 및 프로그램은 자원배분 관리에 목적을 두고 분류하는 데 비해 성질별 분류는 품목별 분류라고도 하며, 이는 비목요소별(cost element)로 예산을 산정함과 아울러 예산사용 용도별로 통제관리하기 위해 분류하는 방법이다.

국가 및 지방자치단체의 예산과목은 기업회계의 계정과목과 달리 자원배분 및 관리에 적합한 구조로 되어 있다. 기업회계는 단순히 당기의 성과(순이익) 계산에 초점을 두기 때문에 비목 성질별로 인건비나 제세공과금, 수선비 등으로 설정하지만 정부회계에서는 어떤 기능에, 어떤 부문에, 또한 어떤 부서에서 하는 프로그램과 활동 및 과업 등의 표시가 우선이고 그 이후에 비목의 성질별로 표시한다.

재무회계에서도 재정운영표의 프로그램이나 단위사업 세부사업의 순원가는 예산과목상의 프로그램 구분을 사용하게 된다.

4. 사업예산

사업예산 또는 프로그램예산시스템(program budget system)은 우리 정부가 2007년 회계연도부터 시행한 예산제도이다. 예산과목구조는 각 중앙관서의 기능(function)과 부문(section) 하에 각 책임조직(responsibility segment)별로 정책·사업, 즉 프로그램(program)을 설정하고 프로그램 달성을 위한 단위사업, 즉 활동(activity)별로 비목요소를 산출해 예산을 편성하는 것이다.

외형상으로는 종전의 '장－관－항－세항－목'의 구조와 유사하나 실제 예산편성 내용에서는 상당한 차이가 있나. 종전의 품목별예산제도는 주로 투입에 초점을 맞추고 비목통제 중심으로 운용했으나 사업예산제도는 사업의 산출물(output)이나 성과 결과(outcome) 달성을 목적으로 성과 중심으로 편성 및 관리하는 면에서 차이가 있다.

사업예산제도는 산출중심으로 전환해 사업의 중복성과 비효율을 제거해 산출결과에 초점을 맞춰 사업을 계획하고 통제중심에서 성과중심으로 전환하고 기존예산과 정책을 연결시키는 면이 특징이다. 또한 사업예산의 특징은 중장기 관점에서 재정운영을 하고 총액배분 자율편성시스템(top－down) 방식으로 운용하며 성과지향적 예산운영이라는 데 특징이 있다.

특히 현업기관에 종사하지 않는 관리직 인건비와 이들의 운영경비는 행정운영성경비로 분리해 별도 편성하고 있다. 지방자치단체의 경우에는 이를 행정운영경비라 한다. 특정 부서의 활동이라 하더라도 그 활동의 편익이 직접 시민의 편익에 영향을 주는 정책·사업과 관련되지 않고 조직 자체의 운영이나 관리에 소요되는 인건비와 기본경비는 사업비와 분리해 편성하고 있다. 재무회계에서는 국가기금 및 공공기금의 관리비용을 포괄해 행정운영성경비를 관리운영비로 처리하고 있다.

프로그램예산은 중앙관서의 정책·사업의 산출물이나 성과 결과를 중심으로 재무적 자원을 편성하고 집행하는 면에서는 투입 및 효과를 고려해서 국가자원의 효율적 사용을 위해 마련된 예산체계이다. 이 예산제도 하에서 예산회계의 결산은 프로그램별 현금지출액만 보여줄 뿐 자원 소모액, 즉 비용이나 프로그램의 원가에 대한 정보를 제공하지 못한다. 발생주의 재무회계는 프로그램의 예산구조에 맞춰

각 프로그램과 단위사업의 원가정보를 제공해 프로그램의 관리나 계획수립 및 자원배분, 즉 예산편성의 정보를 제공하는 것을 주목적으로 하고 있어 프로그램 예산과 발생주의회계는 불가분의 관계에 있다.

5. 회계관계직원

1) 회계직 공무원의 개념

국가의 경우 각 중앙관서의 장은 소관에 속하는 수입 및 지출의 회계사무를 관리하도록 되어 있으며, 기획재정부장관은 수입 및 지출에 관한 사무를 총괄관리하도록 되어 있다. 지방자치단체의 경우 각 자치단체의 장이 소관에 속하는 회계사무를 관리하도록 되어 있다. 그러나 이들이 사무를 직접 수행하는 것이 아니라 회계관계공무원에게 위임해서 처리하고 있다.

2) 회계직 분립 원칙

회계직 분립 원칙(separation of duty, segregation principle)은 정부회계에서 내부통제(internal control)의 가장 중요한 방법이며, 기본 목적은 명령직 · 출납직 등을 분립함으로써 상호 견제에 의해 오류 또는 부정을 막아 조직의 자산을 보호하는 데 있다. 즉, 근본은 회계처리 등에서 결재(authorizing), 처리(processing), 기록(recording), 검토(reviewing) 업무를 분리해 한 사람이 모든 일을 하지 못하게 하는 데 있다.

우리나라의 경우 수입관리에는 징수기관 · 수납기관의 분립, 지출관리에는 지출원인행위 · 지출 · 출납기관 상호간 겸직을 금지하고 있다. 즉, 수입징수관은 재외공관이나 정원의 감소로 인해 동일인이 직무를 겸해야 할 부득이한 사유가 있는 관서를 제외하고는 현금출납의 직무를 겸할 수 없으며, 또한 재무관 · 지출관 · 현금출납의 직무는 서로 겸할 수 없다. 지방자치단체의 경우도 같다.

회계직 분립 원칙은 본직자보다 보조자에 대해 엄격하게 적용해야 한다. 왜냐하면 본직자가 회계부정을 하려고 해도 장부 등 기장업무는 보조자가 담당하게 되므로 보조자와의 공모 없이는 회계부정이 매우 어려운 반면, 보조자의 경우 결의서 작성, 장부기장 등을 직접 처리하므로 본직자의 관리가 소홀하면 회계부정이 가능하기 때문이다.

3) 회계직 공무원의 종류

표 5-1 국가의 회계직

회계별	명령직	출납직
현금회계	수입징수관 재무관, 지출관, 계약관 선사용자금출납명령관 기금의 회계사무를 담당하는 자 국세환급금 지급명령관 관세환급금 지급을 명하는 자	현금출납공무원 • 수입금 • 관서운영경비 • 세입 · 세출 외 현금 • 수입대체경비
재무회계	회계책임관	
유가증권회계		유가증권 취급공무원
채권회계	채권관리관	
국유재산회계	재산관리관	
물품회계	물품관리관	물품출납공무원(물품사용공무원)
기타	기타 국가의 회계사무를 처리하는 자(대리자 · 분임자 · 보조자 포함)	

표 5-2 지방자치단체 및 정부투자기관

회계별	명령직	출납직
현금회계 재무회계	징수관 · 재무관 · 지출원 회계책임관	출납원 · 수입금, 일상경비, 세입 · 세출 외 현금, 수입대체경비
재산 · 물품회계	재산관리관 물품관리관	물품출납원
기타	국가회계의 각 회계직이 집행하는 회계사무에 준하는 사무를 처리하는 자 (대리자 · 분임자 · 보조자 포함)	
공공기관	회계사무 집행자 또는 회계책임자(관계 법령 · 정관 · 사규에 의하여 임명된 자): 공공기관에서는 각 회계직의 기능별로 담당이라는 명칭을 사용한다. - 지출원인행위담당, -지출담당, -수입담당, -출납담당 - 채권관리담당	

위의 회계관계직원 중 중요 회계직을 보면 다음과 같다.

○ **수입징수관(지방자치단체: 징수관)**

조세 기타 세입을 징수 결정하는 공무원을 말한다. 수입징수관은 법률 또는 명령으로 따로 정하는 경우를 제외하고는 세입징수기관의 경우에 각 관서의 장으로 하여금 담당하게 하고 있다. 예를 들면, 일선세무서의 수입징수관은 세무서장이 된다.

○ **재무관, 계약관**

계약이나 기타 지출원인행위를 하는 공무원을 말한다. 재무관은 배정된 예산을 집행할 권한이 있으며, 지출원인행위부를 비치하고 기록해야 한다.

한편, 계약관은 각 중앙관서의 장의 위임에 의해 계약사무(세입의 원인이 되는 계약을 포함)를 담당하는 공무원으로, 지출원인행위 중 계약사무만을 취급하는 점에서 재무관과는 다르다.

○ **지출관(지방자치단체: 지출원)**

재무관이 행한 지출원인행위에 대해 그 채무를 변제하기 위해 출납기관(한국은행 또는 체신관서, 금고)에게 지출을 요구·명령하는 공무원을 말한다. 통상 지출의 요구는 국가재정정보시스템에 의해 국고금 입금요구서 또는 국고금 대체입금요구서(정부계정 상호간에 국고금을 대체하는 경우)를 송부해 계좌이체 방법으로 하고 있다. 그러나 만약 정보통신매체 및 프로그램에 장애가 발생해서 계좌이체 방법으로 지급할 수 없는 경우에는 국고수표를 발행해 지급하도록 하고 있다.

지방자치단체의 경우 지출관은 지출원이라 하며, 경리관이 행한 지출원인행위에 대해 출납기관(금고 또는 출납원)에게 지급명령을 발행해 지출을 명령하는 공무원을 말한다.

○ **출납공무원**

법령이 정하는 바에 따라 물품·현금·유가증권 등의 출납 및 보관 등의 업무를 취급하는 공무원으로서, 현금출납공무원·물품출납공무원·유가증권취급공무원으로 구분된다.

○ **물품관리관, 물품사용공무원, 물품운용관**

물품관리관은 각 중앙관서의 장의 위임에 따라 물품관리계획서의 작성, 물품의 관리전환 · 분류 · 불용 결정 · 물품의 취득 및 매각을 위한 조치 등 물품관리에 관한 사무를 담당하는 공무원을 말한다. 물품사용공무원은 직무를 수행하기 위한 도구가 되는 물품을 용도에 따라 사용하는 공무원을 말하며, 예를 들면 오토바이를 사용하는 우편배달원 등이 있다.

한편, 물품운용관은 물품관리관의 위임에 따라 물품을 국가의 사무 또는 사업 목적과 용도에 따라 사용하게 하거나 사용 중인 물품의 관리에 관한 사무를 담당하는 공무원으로, 물품관리관에게 대출을 위한 출납명령의 청구, 사용 중 물품의 수선 · 개선 및 사용불능품에 대한 조치를 청구하는 공무원을 말한다.

○ **회계책임관**

회계책임관(chief accounting officer)은 발생주의 정부회계 도입과 함께 각 중앙관서의 회계 업무를 총괄적으로 수행하기 위해 「국가회계법」 제7조에서 새로이 마련한 직위이다. 회계책임관은 내부통제를 관리 · 감독함과 아울러 회계 · 결산 및 분석에 관한 사항, 소속기관의 내부통제 및 회계와 결산 업무를 수행하는 소속 공무원에 대한 지도 · 감독을 주 임무로 한다.

「국가회계법」에서 각 중앙관서의 장은 회계처리의 적정 여부와 결산보고서의 신뢰성을 평가하기 위해 회계책임관으로 하여금 이에 관한 사항을 관리 · 감독하게 하는 등 내부통제를 하도록 되어 있다. 한편, 우리나라 「공공감사기준」에서 감사인은 감사 대상기관의 내부통제를 포함한 관리통제에 대해 실정에 맞게 설계되고 적절하게 운용되는지를 파악해 관리통제의 위험을 평가해서 감사업무를 수행하도록 기준을 제시하고 있다. 특히 회계검사와 같은 합법성감사의 경우에는 내부통제를 평가하도록 되어 있다.

지방자치단체의 경우에도 「지방회계법」을 마련하면서 회계책임관을 신설했다. 즉, 「지방회계법」 제10조에서 지방자치단체의 장은 소관에 속하는 회계업무를 총괄적으로 수행하도록 하기 위해 회계책임관을 임명해야 하고 임무는 회계관계공무원에 대한 지도 · 감독, 내부통제 등에 관한 사항, 회계 · 결산 및 분석에 관한 사항 등을 관장하도록 했다.

○ **회계직의 대리 및 분임, 보조자**

대리(acting)는 당해 회계직 공무원이 질병 또는 출장 등의 사유로 상당 기간 자리를 비우게 될 때 그 업무 전체에 대해 대리하는 것이다. 수입징수관·재무관 등의 사무 중 일부의 대리는 허용되지 아니한다.

회계직 공무원의 분임은 일정한 사무의 범위 내에서 포괄적인 권한을 보유하고 독립해 회계사무를 집행하는 것으로, 현금의 수입 또는 지급이나 장부의 기입 등 사무의 일부를 보조하는 것과 다르다. 분임자(분임수입징수관·분임재무관)의 대리자는 임명될 수 있으나, 그 대리자(대리분임재무관)가 자기의 사무의 일부를 분장하기 위해 분임자를 임명할 수는 없다.

본직자의 회계사무 일부를 처리하는 자를 보조자라 한다. 본직자와 보조자의 사무관계는 법령의 지정, 직제 또는 직무상 권한이 있는 자의 명령에 의해 성립되며, 명령의 방식은 문서이든 구두이든 상관없다. 보조자는 본직자의 부하직원뿐만 아니라 타인의 부하직원도 될 수 있다.

보조의 범위는 본직자의 회계사무 일부에 한하며, 그 사무의 전부를 보조할 수 없다. 보조자도 그가 처리한 회계사무에 대해 회계책임을 지게 된다. 회계직 공무원은 그 책임을 명백히 하고 재정보증의 실효성을 확보하기 위해 임시직 공무원을 회계직 공무원으로 임명해서는 안 된다.

제 2 절 지출회계

1. 지출의 개념

협의의 지출은 현금지급의 금액(amount of cash disbursement)을 뜻하며, 지출관이 계좌이체를 하거나 지출원이 지급명령을 발부하는 것을 말한다. 광의의 지출은 공공조직의 임무, 정책 및 사업의 목표달성을 위해 각종 재화 및 서비스를 획득하거나 활동에 소요되는 자금의 지급을 의미한다. 즉, 정부자금을 정부의 각종 활동을 위해 지출하는 데 필요한 의사결정과 모든 활동이 여기에 포함된다.

지출의 관리는 지출원인행위 · 지출 · 출납 등과 이러한 행위를 기록 및 보고하는 일체의 관리행위를 말한다. 즉, 국가 또는 지방자치단체 등의 채무를 부담하거나 또는 지급해야 할 금액을 결정하고 계좌입금요구서 또는 지급명령서를 발부하며, 현금의 출납을 포함한다.

지출은 기간적 개념을 사용할 때 세출이라 하며, 예산과 결부될 때 예산의 지출로 사용된다. 지급은 재무적 자원, 즉 금전의 유출을 의미한다. 또한 지출원인행위의 청산을 지급(outlay)이라 한다.

2. 지출원인행위

지출원인행위(encumbrance, obligation)란 세출예산 · 계속비 · 국고채무부담행위(지방자치단체의 경우 채무부담행위)의 범위 내에서 국가 또는 지방자치단체의 지출원인이 되는 계약, 기타의 채무부담행위를 말한다. 지출의 원인이 되는 계약은 국가 또는 지방자치단체의 채무를 부담하는 일체 계약을 의미하고, 기타 채무부담행위는 행정처분, 기타 관리행위 내지 국고(회계)행위로서 그 행위의 결과에 따라 일정한 금액을 지출할 것을 결정하는 행위를 의미한다.

지출원인행위는 원래 각 중앙관서의 장이나 지방자치단체의 장이 배정받거나 작성한 세출예산의 집행자가 되어 직접 집행하는 것이 원칙이나 재무관에게 이를 위임할 수 있으며, 실제로는 모두 위임해서 집행한다. 재무관은 예산집행권을 가진 자, 즉 예산집행자(budget holder)이므로 각 중앙관서의 장 또는 지방자치단체의 장은 이들에게 예산을 재배정해야 한다.

각 재무관은 그 배정된 예산 범위 내에서만 지출원인행위를 할 수 있다. 즉, 각 중앙관서의 장이 재무관으로 하여금 지출원인행위를 하게 할 때에는 배정된 예산의 범위 내에서 재무관별로 예산재배정계획서를 작성하고, 이에 따라서 세출예산을 재배정해야 하며, 이를 당해 지출관 및 기획재정부장관에게 통지해야 한다. 위의 예산재배정계획서는 물론 변경할 수 있으며 필요 시 상급 관서의 재무관으로 하여금 재배정받은 예산의 범위 내에서 그 하급 관서의 재무관에게 재배정(allotment)할 수 있다.

지출원인행위는 법령과 예산배정 범위 내에서만 할 수 있다. 이때 법령이라 함은 공무원보수규정 등과 같이 보수·여비·수당·보상 등을 다룬 각종 규정은 물론이고 사법상의 절차나 효력을 정한 민법 등의 법규를 포함한다. 원칙적으로 다음 연도에 걸친 지출원인행위는 할 수 없다.

계약관의 경우 계약 등을 통해 정부 등에 부담이 되거나 채무발생이 되는 행위, 즉 지출원인행위 또는 수입징수의 원인이 되는 행위를 할 수 있으나 그 범위는 계약행위만 위임되어 있으므로 예산집행권은 원칙적으로 없다. 즉, 계약관은 재무관과 달리 예산집행자가 아니다.

재무관이 지출원인행위를 한 때에는 지출결의서를 작성하고 지출원인행위부에 이를 기재하며, 지출원인행위에서 정한 지출의 시기가 도래하기 전에 지출결의서에 계약서, 검사조서, 기타 관련 서류를 첨부해서 지출관 또는 지출원에게 송부한다.

○ **지출결의서**

공공부문의 경우 지출결의서(voucher)는 지출의 과정 및 지급 내용에 관한 정보를 입증하고 그 내용을 담은 내부통제의 시스템으로 사용되는 양식을 말한다.

지출결의서는 예산집행권을 가지는 재무관이 지출을 위한 계약, 납품, 검수, 물품장부 등재 및 해당 예산과목의 지출원인행위부 등재 등의 내용을 기재한 후 지출관에게 지급 의뢰를 하고 지출관이 해당 지출의 적부를 검토해서 지출부에 등재하며, 예산과목 및 금액의 적부 등을 거쳐 계좌입금 요구나 국고수표 발행 또는 지급명령을 한 내용을 기재하도록 되어 있다.

지출결의서에는 지출에 관한 계약서·청구서 및 영수증 등 증거서류를 첨부해서 지출의 과정 및 지급 내용을 입증하는 관련 기록을 첨부해야 한다.

3. 지출의 절차

지출관은 각 중앙관서의 장으로부터 예산배정 통지 및 지출에 필요한 월별 지출한도액의 지시를 받고, 재무관으로부터 지출원인행위 관계 서류(지출결의서 및 그 부속서류)를 송부받아 채무를 조사·결정한 후 사업비에 대해서는 국가재정정보시스템에 의해 입금요구서를 발행받아 전자이체의 방법으로 지출하며, 관서운영경비의 경우에는 출납공무원에게 자금을 교부해 출납공무원이 지급한다.

지방자치단체의 경우 지출원은 지방자치단체의 장이 작성·시달한 예산배정계획서와 재무관의 지출원인행위 관계 서류를 송부받아 단체의 채무를 조사·결정한 후 금고에 대해 지급명령을 발하는 업무를 담당한다.

지출관 또는 지출원은 지출한도액 범위 내라 하더라도 지출원인행위에 관한 장부에 기재한 것이 아니면 지출할 수 없다. 이 의미는 지출원인행위가 있기 전에는 지출할 수 없으며, 지출원인행위로 확정된 것이 아니면 지출할 수 없다는 것이다. 또한 지출관 또는 지출원은 다음 사항을 조사·확인해야 한다.

- 당해 경비의 금액 산정의 적부
- 소속 연도와 세출예산 과목의 착오 여부
- 예산배정액과 지출한도액의 초과 여부
- 지출해야 할 시기의 도래 여부
- 정당한 채권자인지의 여부
- 시효 완성 기타 필요한 관계 서류의 정비 여부

만약 그 내용이 정확하지 못하다고 인정될 때에는 재무관에게 지출원인행위 관계 서류를 다시 송부해 그 시정을 요구해야 한다.

○ 전자자금 이체 및 국고수표

국가의 경우 지출관이 그 소관에 속하는 세출예산을 지출하고자 할 때에는 현금을 교부하는 대신 채권자 등에게 계좌이체로 지급함이 원칙이며, 이 경우 국가재정정보시스템에 의해 발행된 국고금 입금요구서 또는 정부 계정 상호간에 국고금을 대체하는 경우의 국고금 대체입금요구서를 한국은행 등에 송부해서 지출해야 한다. 이때 공중망을 이용해 자금 결제를 전산으로 이체하는 전자자금 이체(electronic fund transfer: EFT)를 하게 된다.

국고수표는 국가의 지급수단으로 한국은행을 지급인으로 하는 수표를 말한다. 계좌이체가 지출의 일반적인 방법이 되기 전까지 국고수표는 국가회계의 주요 지급 수단이었다. 만약 정보통신장애 등으로 이러한 계좌이체가 불가능한 경우 보조수단으로 수표를 발행해 채권자에게 교부하면 대물변제가 되어 원채무는 소멸하고 채권자는 수표상의 권리를 행사할 수 있게 된다(「국고금관리법시행령」 제30조).

국고수표는 소지인 출급식으로 발행하도록 되어 있다. 국고수표도 법적 성격에서는 일반수표와 다름이 없으므로 수표법상 필요한 사항은 물론 그 밖에 세출의 소속 연도 · 소관 · 수표 번호, 기타 필요한 사항을 기재해야 한다.

○ 지급명령

지급명령(warrant)이라 함은 지방자치단체의 지출원이 지출원인행위에 의해 지출이 확정된 금액을 지급하는 방법이다(「지방회계법시행령」 제34~36조).

지급명령제도는 지방자치단체에서 현금의 직접 지급에 따르는 사무의 번잡을 피하고 현금을 전문으로 취급하는 금고에 대행시킴으로써 현금 거래의 정확성을 기하는 데 목적이 있다.

지급명령은 현금지급명령 및 계좌지급명령의 2종이 있다.

현금지급명령은 금고에서 직접 채권자에게 지급할 때 발생하며, 계좌지급명령은 채권자의 예금계좌로 지급할 때 발생한다. 지방자치단체의 장은 금고와 협의해서 지급명령서를 전자적으로 송부하게 할 수 있다.

○ 지출금의 반납

정상적인 절차를 거쳐 지출된 세출을 계산착오 또는 기타 사유로 반납시키는 경우 지출된 세출의 예산과목에 반납하는 제도를 '지출금의 반납'이라 하는데, 반납(refund)은 반납액을 세출예산에 부활시키고 재차 세출예산으로서 사용하게 하자는 데 그 취지가 있다.

반납절차는 반납금이 세입에 귀속되는지 세출예산 과목에 반납되는지 여부에 불구하고 그 원인행위를 행한 지출관(지출원)이 취하게 된다. 반납을 할 수 있는 요건은 중대한 과실에 의한 과오납이 아니어야 하며, 반납이 지출된 연도의 출납정리기한 내에 행해진 경우여야 한다. 만약 반납요건이 되지 아니하면 수입금으로 처리해야 한다.

4. 지출의 원칙과 특례지출

지출은 다음과 같은 원칙이 있으며, 각 원칙은 각각 예외를 두고 있다.

① 지출은 정당한 채권자를 수취인으로 하는 경우가 아니면 계좌이체 또는 지급명령을 발부할 수 없다. 그러나 이 원칙은 다음과 같은 예외가 있다.

- 관서운영경비 및 일상경비의 교부
- 한국은행 · 체신관서 · 금융기관 등에 대한 자금 교부

② 당해 회계연도 개시 후가 아니면 지출할 수 없다. 그러나 이 원칙은 다음과 같은 예외가 있다.

- 예산 불성립 시의 예산집행
- 회계연도 개시 전 자금교부

③ 회계연도 소속 구분, 즉 회계연도독립의 원칙을 넘어 지출할 수 없다. 그러나 이 원칙은 다음과 같은 예외가 있다.

- 지난 연도 지출
- 예산의 이월

④ 확정채무가 존재하고 그 이행 시기가 도래하지 아니하면 지출할 수 없다. 그러나 이 원칙은 다음과 같은 예외가 있다.

- 선급
- 개산급

1) 위탁경비(한국은행 · 체신관서 등에 대한 자금교부)

국채의 원금 및 이자지급과 같이 경비의 성질상 지출관이 일일이 직접 채권자에게 지급하기보다는 한국은행이나 체신관서 및 기타 금융기관 등에 위탁해서 지급하는 것이 더 효율적이며, 이와 같이 중앙관서의 장이 위탁해서 지급하는 경비를 위탁경비라 한다. 원칙적으로 지출은 정당채권자가 아니면 지급할 수 없으나 위탁경비의 경우에는 이를 예외로 인정하고 있다.

위탁을 받은 금융기관 등은 교부받은 위탁경비의 출납에 관한 장부를 비치하고 다음 회계연도 1월 말까지 출납보고서를 작성, 위탁한 중앙관서의 장에게 제출해야 하며, 출납계산서를 작성해서 감사원에 제출해야 한다.[6]

이러한 위탁경비는 「국가유공자 예우 등에 관한 법률」, 「국민복지연금법」, 「공무원연금법」, 「군인보험법」, 「의무경찰대 설치 및 운영에 관한 법률」과 「산업재해보상보험법」 등에 의한 급여금, 보험금 및 반환금, 수출장려보조금 등 다수의 채권자가 있는 경우가 대부분이다.

2) 회계연도 개시 전 자금교부

회계연도 개시 전의 예산배정과 마찬가지로 회계연도 개시 전의 자금교부는 회계연도 독립의 원칙에서 예외에 해당한다(「국고금관리법」 제25조, 「국고금관리법 시행령」 제38조). 즉, 특별한 비목에 대해서는 회계연도 개시 전에 당해 연도의 경비로서의 자금을 교부함을 말한다.

회계연도 개시 전에 지출할 수 있게 한 것은 다음과 같은 경비이다.

- 외국에서 지급하는 경비
- 관서운영비
- 업무추진비 및 특수활동비, 국내여비 등

6) 「국고금관리법」 제43조 · 제44조, 「국고금관리법시행령」 제73조.

5. 지출의 회계처리

예산회계에서 예산집행자(budget holder)에 해당하는 재무관이 지출원인행위를 한 때에는 지출원인행위회계에 의해 지출원인행위부를 비치하고 거래 내용을 기록·관리해야 한다. 이 회계의 기준은 의무발생일, 즉 국가의 부담이 되는 행위를 한 시점이 되는 것이다. 물론 이 회계의 인식기준은 계약하거나 주문한 시점이 되며 발생주의회계, 즉 물품의 수령 시점은 아니다.

한편, 지출관 또는 지출원은 현금회계 기준으로 지출부를 비치하고 거래 사실을 기록해야 하며, 이 밖에도 보조부 및 원천징수징리부를 비치 기록해야 한다. 또한 지출원인행위 및 기타 지출의 근거가 되는 증빙서류를 편철해 5년간 보관해야 한다. 원칙적으로 그 정본은 감사원 계산증명규칙이 정하는 바에 따라 감사원에 송부하도록 되어 있으나 대부분이 증빙서 제출의 생략을 지정하고 있으므로 이에 따라 정본을 보관해야 한다.

재무관과 지출관은 매월 각각 지출원인행위액 및 지출액보고서를 작성해서 다음 달 5일까지 이를 그 중앙관서의 장에게 제출해야 하며, 각 중앙관서의 장은 다음 달 7일까지 기획재정부장관에게 제출해야 하는데, 국가재정정보시스템에 의해 장부 및 보고서를 작성해서 제출하도록 되어 있다.

기획재정부장관은 총세출부를 비치하고 각 중앙관서의 장이 제출한 지출원인행위액 및 지출액총보고서에 의해 이를 기재한다. 수입징수부 및 총수입부와 마찬가지로 이 세출부와 총세출부는 지출원인행위부 및 지출부와 각 중앙관서의 세출부의 통제장부이다. 이들 각 장부에 기재할 사항을 요약하면 <표 5-3>과 같다.

표 5-3 세출 관계 장부에 기재할 사항의 요약

예산과목 / 장부별	① 세출예산액	② 세출예산 결정 후 증감액	③ 세출예산 현액	④ 세출예산 배정액	⑤ 세출예산 재배정액
지출원인행위부					×
지출부					×
세출부	×		×	×	×
총세출부	×	×	×	×	

⑥ 세출예산 재배정현액	⑦ 지출원인 행위액	⑧ 지출액	⑨ 세출예산 잔액	⑩ 세출예산 배정 잔액	⑪ 세출예산 재배정 후 잔액
×	×				×
		×			×
		×	× ③-④	× ④-⑤	× ⑤-⑧
		×	× ③-⑧	× ④-⑧	

[내용]

① 국회의 의결을 얻어 공포된 예산

② 예산변동에 의한 증감액

③ 세출예산액의 누계

④ 기획재정부장관이 각 중앙관서에 배정한 금액

⑤ 중앙관서의 장 또는 재무관으로부터 재배정받은 세출예산액

⑥ 세출예산 재배정액의 누계

⑦ 재무관의 지출원인행위액

⑧ 지출관의 입금요구서 발행액

⑨, ⑩, ⑪은 예산액에서 배정액 또는 집행액의 차액을 의미하는데, 위의 표에 명시한 대로 각각 의미가 다르다.

제 3 절 수입회계

1. 수입의 개념

예산회계에서 수입(receipt)은 "세출의 재원이 되는 금전의 유입 또는 기금의 수입현금"을 의미한다. 따라서 세출의 재원이 될 수 있는 차입금이나 재산의 처분 또는 보조금 · 교부금 · 타 회계로부터의 이입 등 모든 금전수입을 포함한다.

금전의 유입이 일어난다 하더라도 세출의 재원이 될 수 없고 반납 또는 반환의

의무가 있을 때에는 수입이라 하지 아니한다. 예를 들면 세입·세출 외 현금에 해당하는 입찰 등 보증금 또는 공탁금의 수납 등과 같이 반납 의무가 있는 경우가 그것이다.

정부회계에서의 수입관리는 법령 또는 계약에 의한 일체의 채권 등을 확정하고 현금 수납에 이르기까지의 과정에 발생되는 일체 행위를 말한다. 즉, 국가 또는 지방자치단체의 세입의 원인이 되는 사실관계를 조사하고, 채무자, 금액 및 권리를 구체적으로 확정한 후 납입고지를 하여 현금을 받아들이고, 이러한 행위의 기록 및 보고를 포함하는 관리행위를 말한다.

정부 및 지방자치단체의 일반회계 수입 대부분은 조세에 의존하고 있고 그 과정은 크게 징수와 수납의 형태로 구분된다. 수입을 회계연도라는 기간적 개념에서 볼 때에는 세입이라 하며, 회계절차상으로 볼 때에는 징수와 수납으로 구분된다.

2. 수입의 절차

1) 징수결정

조세 기타 세입은 기획재정부장관 또는 중앙관서의 장, 지방자치단체의 장으로부터 수입징수사무를 위임받은 공무원인 수입징수관 또는 징수관이 아니면 이를 징수할 수 없다. 징수행위는 수입의 원인이 되는 권리의 내용을 조사해 수입금액

그림 15-1 수입의 절차

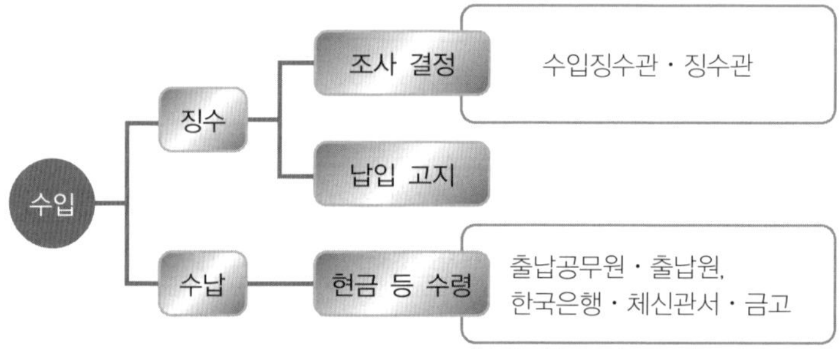

을 확정하고 채무자에 대해 납입의 고지를 하는 행위인바, 수입금을 확정하는 단계를 조사결정행위라 하고, 채무자에게 납입을 고지하는 단계를 납입고지행위라 한다. 즉, 수입징수관 또는 징수관은 법률·명령·조례·규칙 또는 계약 등 기타의 사유로 징수해야 할 권한이 발생했거나 발생의 통지를 받은 때에는 조사·결정해 납세의무자 기타 채무자에 대해 납입고지를 해야 한다.

수입징수결정결의서는 수입징수관이 수집된 과세자료에 따라 채무자(납세자), 세목, 금액의 산출 과정 및 고지 발부, 수납기관에의 통보 등에 관한 정보를 입증하고 그 내용을 담은 내부통제의 시스템으로 사용되는 양식을 말한다.

그 내용에는 신고서 또는 과세자료와 과세표준 및 세액 산출 과정, 공제 및 차감 납부할 세액 등에 관한 일련의 처리담당자, 검토자 등의 결재와 징수관의 결재, 고지서 발부자, 부과 사실의 통보자 등 처리자의 성명을 명시하도록 하고 있다.

2) 납입고지

납입고지는 고지서(告知書)에 의하는데 고지서란 수입징수관(징수관)이 납세의무자 등(채무자), 수입과목, 금액, 납부기한 및 납부 장소와 기타 필요한 내용을 기재해 납입을 알리는 문서를 말한다. 고지서는 통상 수입징수관이 발부하는 것이 원칙이나, 자진납부세금과 같이 납세자가 스스로 납세자 이름, 사업자등록번호(주민등록번호), 세목, 세액 및 징수관 등을 기재해 납부하는 경우도 있다. 다만, 출납공무원에게 즉시 납입하도록 하는 경우에는 말로써 고지할 수 있다(「국고금관리법 시행령」 제9조). 고지서는 위와 같은 납세자, 세목, 세액 등 이외에도 과세표준 및 산출 세액 등 법률에서 정해진 내용은 반드시 명기해야 하며, 이를 누락한 경우 무효가 되는 경우가 있다.

전통적으로 고지서의 송달은 우편이나 직접 송달의 방식으로 처리했으나 정보통신망의 발달로 '전자송달 방식'으로 할 수 있다. 전자송달 대행기관은 은행법에 의한 금융기관이나 체신관서 등이 전자송달에 필요한 시설을 갖춰 신청하는 경우 기획재정부장관이 이를 지정하게 된다. 납세의무자 등은 전자송달 대행기관에 전자우편 주소 등 소정의 사항을 기재해서 전산송달해 줄 것을 신청하게 된다. 한편,

중앙관서의 장은 그 소관에 속하는 납입고지에 관한 정보 중 수입과목, 납부할 금액, 납부기한 등 납입고지에 필요한 내용을 국가재정정보시스템에 의해 제공하도록 되어 있다.

3) 수납

수납(cash received, receipts) 행위는 현실적으로 채무자로부터 수입금을 받아들이는 행위를 말하는바 징수는 명령계통에, 수납은 출납계통에 속하는 행위이다. 출납계통에 속하는 사무를 집행하는 기관으로서는 수입금출납공무원(출납원), 선사용자금출납공무원, 기금출납공무원 등 직접 수입기관과 한국은행 · 체신관서 · 금고 등 위탁출납기관이 있다.

수입금출납공무원이 수입금을 수납한 때에는 납부자에게 영수증서를 교부하고 수입징수관에게 수납보고를 해야 한다. 국가 등의 세입은 현금에 의해 수납하는 것이 원칙이다.

4) 인명계정정리부, 일계전, 수납 후 사후결의

정부회계에서의 인명계정정리부는 수입징수관이 각 납세의무자에게 납입고지를 한 경우 각 납세자별로 세목 및 세액의 납부 여부를 관리하는 장부를 말한다. 인명계정정리부는 일인별 징수부, 체납액 정리부, 이월액 정리부로 구분된다. 일인별 징수부는 수입징수관이 각 납세자별로 고지일자, 납부일자, 세목, 세액을 기재한 장부로 그 후 납부한 내용을 관리해 기재하게 된다. 지정한 납부기간이 경과해도 납부하지 않고 체납한 경우 일인별 징수부에서 체납액 정리부로 이기된다. 체납액을 연도말이 경과해도 납부하지 않은 경우 이월액정리부로 이기(移記)된다.

수입징수계산서상의 미수납액의 명세는 인명계정정리부의 금액과 같아야 한다. 인명계정정리업무는 국세 및 지방세의 징수 관리에서 매우 중요하며, 관리 과정에서 내부통제가 제대로 되지 않는 경우 금전사고의 개연성이 매우 높다.

인명계정의 수납여부는 수납 연월일 및 금액을 기재하고 수동소인하거나 전산소인하는 방법이 있다.

일반적 의미의 일계표(일계전)는 매일매일 그날의 거래를 집계한 기록을 말한다. 공공부문에서 일계표는 국가 및 지방자치단체 세입업무의 회계처리에 사용된다. 즉, 납세의무자가 납부해 수납한 국고 또는 금고대리점으로부터 통보된 영수필통지서(사후결의 원부)를 각 세목별, 납기분별로 건수 및 금액을 집계해서 일계전을 작성하고, 그 일계전을 세목별로 집계해서 해당 일자의 수납금액을 집계한 일계전을 작성해 수납금액을 확정, 징수관에게 보고하게 된다.

수납 후 징수결정은 종전의 사후결의를 우리말로 순화한 것으로 수입징수관(징수관)이 납세의무자, 세목, 세액을 결정해 납입고지를 하지 않고, 납세자가 자진신고·납부한 내용이 정당한 경우 수납된 이후에 납세자, 세목, 세액을 확정하는 징수결정을 말한다. 실무에서는 세입일계표에 따라 수납된 금액을 당해 세목의 징수결정액으로 기재한 후 부과과에서 사후에 징수결정을 한 후에 당초 징수결정액의 금액을 확인하는 절차를 취하게 된다.

5) 체납처분

체납처분이란 국세나 지방세 징수에 있어 납세의무자가 체납을 했을 때 세금을 징수하기 위한 재산압류·매각·청산 등의 절차를 말한다.

재산압류는 체납자의 재산을 처분하는 것을 금지함으로써 체납액의 징수 대상을 확보하는 행정행위를 말한다. 압류재산의 매각은 통화를 제외하고 매각해서 금전으로 환산해야 하는데 공매가 원칙이다. 청산은 압류재산의 매각대금을 국세·가산금·체납처분비 등에 배분하는 것으로서, 청산잔금은 체납자에게 지급되고 부족하면 배분 순위와 금액을 정한다.

3. 과오납금의 반납

과오납금이란 납세의무자 또는 채무자가 계산착오 또는 납입의 원인이 되는 사실의 변경 또는 부존재 등의 사유나 조세제도상 과다납부된 세금이 있는 경우 초과납부 또는 납입된 금액을 말하며, 과납금과 오납금으로 구분할 수 있다.

과납금은 납부 또는 납입해야 할 정당한 금액을 초과해서 납부·납입한 때의 초과납부금을 말하며, 이는 납부 또는 납입 시에는 적법한 조세채무가 존재했으나, 신고 또는 부과의 잘못으로 후에 감액결정, 부과결정의 취소 등으로 납부 또는 납입이 부적법한 경우를 말한다.

오납금은 납부·납입하지 않아도 될 것을 착오로 납부·납입한 금액을 말하며, 납부 또는 납입 당시부터 조세채무가 존재하지 않은 것을 과세 또는 납부함으로써 명백히 부적법한 납부 또는 납입이 된 경우에 발생하게 된다.

과오납금은 세출예산에 구애됨이 없이 수입금으로 반환할 수 있는데(「국고금관리법」 제15조) 그 업무는 수입징수관이 한다. 과오납금을 반환하고자 할 때에는 과오납된 세입과목, 세입연도, 금액 등과 과오납금의 반환을 결정하고 그 결과를 과오 납부자와 한국은행 또는 금고 등을 취급하는 출납기관에 각각 문서로써 통지해야 한다.

세입·세출 혼동금지의 원칙에 의할 때는 과오납된 수입금의 반환은 당해 수입금액에서 직접 반환하지 못하고 세출예산에 계상해서 반환해야 하는데, 실제 이러한 과오납금에 대해 엄격히 그 원칙을 고수하는 경우 그 예산 계상방법도 문제이지만, 반납기간이 장기화되고 납세의무자 등의 불편을 초래하기 때문에 설정된 제도이다.

과오납금은 정부 및 지방자치단체에서 납세의무자의 성실 신고를 위한 가산세 제도를 두는 것과 같이 과오납한 후 일정 기간이 경과된 반납금은 그 이자를 계상해서 지급하도록 되어 있다.

조세제도상 과오납금이 발생되는 경우란 부가가치세에서 영세율제도 또한 건설기간 중 매입세액이 매출세액을 초과하는 경우, 소득세 또는 법인세 등에서도 원천징수제도 및 중간예납 등에 의해 실제 과세표준 및 세액의 계산에 의해 납부해야 할 세액보다 더 납부된 경우, 관세 등에서도 당해 물품이 수출용 원자재로 사용되거나 재수출된 경우 등 제도적으로 과오납이 발생되는 것을 말한다.

4. 지방자치단체 수입처리

지방세 부과는 조사결정과 납입고지로 이루어진다. 조사결정은 납세자의 과세요건이 발생된 사실의 신고, 등기, 등록, 준공, 면허, 소득 발생 등 세원 발생이 되는 과세자료를 수집해서 세입의 원인이 되는 사실 관계를 조사하고 채무자, 과세표준과 세액 등 권리를 구체적으로 확정하는 것이며, 납입고지는 이를 채무자에게 알리는 것이다.

지방세 징수는 수입금출납원 또는 위탁출납기관인 금고 및 금고 대행점에서 현금을 수령하는 것을 말하며, 이와 같이 출납기관이 수납한 세금을 수납액이라 한다. 징수부상 징수액은 부과부서의 징수 결정(결정 취소 등) 통보에 의해서만 기재해야 하고, 수납액은 금고 등의 영수필통지서에 의거 수납·소인해서 수납결의한 금액을 기재해야 한다. 미수납액은 징수 결정액과 수납액을 차감한 금액으로 기간 경과 전 미수납액과 체납액을 합한 금액이다.

5. 수입의 회계처리

수입징수관 또는 징수관은 징수부를 비치하고 수입징수에 관한 사항을 기록해야 한다. 이 수입(세입)징수부를 근거로 수입징수관은 매월 징수보고서를 작성한 후 부속명세서 및 참고서류를 첨부해 각 중앙관서의 장에게 제출하고 각 중앙관서의 장은 이를 근거로 수입부를 비치하고 수입징수총보고서를 작성, 이를 기획재정부장관에게 보고하며, 기획재정부장관은 총수입부를 기록한다.

수입부는 소속 수입징수관이 비치하는 징수부의 통제장부이며, 총수입부는 세입부들의 통제장부이다.

이들 각 장부에 기재할 사항을 요약하면 <표 5-3>과 같다.

표 5-3 징수부 · 수입부 · 총수입부에 기재할 사항

구분	예산과목	세입예산액 ①	징수 결정액 ②	수납액 ③	불납결손액 ④	미수납액 ⑤
징수부	-		○	○	○	○
수입부	-	○	○	○	○	○
총수입부	-	○	○	○	○	○

[관계식]

⑤=②-③-④

②=③+④+⑤

① 세입예산액은 국회의 의결을 얻어 공포된 예산액이다.

② 징수결정액은 수입징수관이 납입고지를 한 금액 또는 자진신고 납부 또는 원천징수분 수납과 같이 수납 전에 징수결정을 하지 아니하고 수납 후에 징수를 조정하는 '수납 후 조정' 또는 '수납 후 결의'분을 포함한다.

③ 수납액은 출납공무원 또는 한국은행(체신관서 포함)이 영수한 금액을 기재한다.

④ 불납결손액에는 납입자의 소재 불명, 무재산 등 국세징수법 등에 의해 결손처분한 금액을 기재한다.

⑤ 미수납액은 아직 납입이 되지 못한 것을 각각 기재한다. 지난 연도분에 대한 수납, 불납결손액은 각각 「③ 및 ④」란에 기재하는 것과 동시에 ②의 징수결정액란에 기재해야 한다.

제 4 절 출납관리

출납공무원은 법령이 정하는 바에 따라 물품, 현금, 유가증권 등의 출납 및 보관 등의 업무를 취급하는 공무원으로서 현금출납공무원, 물품출납공무원과 유가증권

취급공무원으로 구분된다. 물품관리관은 그가 소속하는 관서의 공무원에게 그 관리하는 물품 또는 군수품의 출납·보관·사용에 관한 사무를 위임할 수 있다.

1. 관서운영경비 및 일상경비

관서운영경비는 국가회계에서만 사용되며 지출관이 채권자 등에게 금융기관의 예금계좌로 이체해서 지급하기 적합하지 아니하고 외국이나 벽지와 같이 지리적 특성이나 소액 및 청중 상용경비와 같이 신속한 경비 집행이나 현금 취급이 필요한 경비로서 출납공무원으로 하여금 집행하도록 한 경비를 말한다. 관서운영경비는 관서운영경비출납공무원이 지급원인행위를 하고 지급하는데, 종전의 일상경비출납공무원(그 이전의 전도자금출납공무원)은 폐지되었다.

1) 관서운영경비의 대상

- 관서운영비, 특수활동비, 업무추진비 중 기획재정부령이 정하는 금액(건당 500만 원) 이하의 경비
- 외국 채권자에게 외국에서 지급하는 경비(재외공관 경비 등)
- 여비, 비정규직 보수, 현금으로 지급하기 적당한 현역병사 봉급, 여비 등

2) 관서운영경비의 지급

관서운영경비 출납공무원에 대한 자금 교부는 매월마다 교부함을 원칙으로 하나 필요 시 3개월분 범위 내에서 교부할 수 있다. 관서운영경비 출납공무원은 금융기관에 개설된 국고예금에 예치 관리해야 하며 2개 이상 계좌를 사용해서는 안 된다.

관서운영경비출납공무원은 예산 범위 내에서 지급원인행위 및 지급 결의를 하도록 되어 있다. 지급은 정부구매카드를 사용해 지급하며, 카드로 지급할 수 없는 경우에는 계좌이체 또는 자동이체로 지급하고 현역병사의 봉급이나 수수료, 업무

추진비 중 월정직책급, 운영비, 여비 등은 현금으로 지급할 수 있다.

정부구매카드는 신용카드업자에 대해 정보통신시스템을 이용해 예산과목별 사용 한도, 사용 내역 등에 대한 정보를 국가와 당해 신용카드업자가 상호 제공할 수 있는 설비를 갖추고 약정 체결카드를 사용하게 되는데, 카드사용공무원은 출납공무원으로 본다.

3) 반납 등

관서운영경비의 사용잔액은 다음 회계연도 1월 20일까지 지출관에게 반납해야 하며, 재외공관의 경우 사용잔액은 다음 회계연도의 해당 재외공관에 교부할 관서운영경비에서 차감하는 것으로써 반납에 갈음할 수 있다.

관서운영경비 중 지급원인행위를 하고 지급하지 아니한 금액이나 직전 회계연도에 사용한 정부구매카드 사용금액 중 그 대금을 지급하지 아니한 금액, 재외공관의 시설비 중 지급원인행위를 하고 지급되지 아니한 경비 등 관서운영비 사용잔액을 다음 연도에 이월해서 사용할 수 있다

4) 일상경비

일상경비 출납은 지방자치단체에서 두고 있는 출납제도이다. 자치단체의 일상경비출납원은 당해 기관장 등의 지출원인행위를 거치도록 되어 있어 일상경비에 대한 지급원인행위를 하기 위해 분임재무관의 임명이 필요하다.

일상경비의 범위에 대해서는 「지방회계법시행령」에 출납원이 취급하는 것이 편리한 경비가 규정되어 있다.

- 교통이나 통신이 불편한 지방에서 지급하는 경비
- 여비, 일반운영비
- 각 관서가 시행하는 공사 · 제조 또는 조림에 소요되는 경비 등

일상경비의 교부는 지출의 특례이므로 그 교부의 한계가 정해져 있는 경비는 물론 기타의 경비도 이를 무제한 교부할 수 있는 것은 아니다. 지방자치단체의 경우

에는 경비의 성질에 따라 1,000만 원에서 2,000만 원 등 범위를 제한하고 있다. 일상의 경비에 대해서는 매 1개월 이내의 금액을 예정해 교부해야 하며, 외국에서 지급하는 경비, 교통이나 통신이 불편한 지방에서 지급하는 비용 또는 지급 장소가 일정하지 아니한 경비는 사무의 필요에 따라 3개월분 이내의 금액을 교부할 수 있도록 하고 있다. 기타 임시의 비용에 대해서는 소요금액을 예정해 사무상 지장이 없도록 가능한 한 분할해서 교부해야 한다.

일상경비의 관리에서 발생한 예금의 이자는 세입의 기타 이자수입으로 징수·결정해야 한다. 일상경비 출납공무원은 일상경비를 지급할 때는 지출원과 같이 지급 시기 도래 여부, 정당한 채권자인지 여부, 청구 금액이 정당한지 여부, 시효 등의 검토와 원천징수 등을 해야 하며, 일상경비의 보관 사유가 없어진 경우, 폐지된 경우, 사용잔액이 있는 경우에는 정산해야 한다.

2. 세입 · 세출외 거래

세입 · 세출외 거래(non-budgetary transactions)는 세입예산 또는 세출예산으로 계상되지 아니하고 이루어지는 현금 등의 수수 거래를 의미하며, 세입 · 세출외 거래를 통해 발생한 자산을 세입 · 세출외 자산이라 한다. 이러한 세입 · 세출외 거래는 법령에 따라 규정된 경우에만 인정된다.

1) 예산총계주의 원칙의 예외거래

「국고금관리법」 제34조와 「국가재정법」 제53조, 「정부기업예산법」 제13조 등의 규정에 의한 거래로서 성격상 국가에 귀속되는 거래이나 예외적인 사유가 인정되어 세입·세출외로 처리되는 거래이다.

① 국고(國庫)에 직접 수납되지 않는 거래(전대차관의 전대)
② 현금의 수지를 수반하지 않는 거래(현물출자)
③ 개발 촉진을 위해 인센티브의 방법으로 개발성과물의 사용을 별도 세입 · 세

출 외로 처리할 수 있는 거래(개발 성과물 사용에 따른 대가)

④ 자금의 운용을 위해 빈번한 자금의 유출입이 발생하는 경우(국고금 운용)

⑤ 기업특별회계의 회전자금

2) 세입 · 세출외 현금 관련 거래

(1) 우체국예금

우체국예금이란 「우체국예금 · 보험에 관한 법률」에 따라 체신관서(遞信官署)에서 취급하는 예금을 말한다. 「정부기업예산법」에 따라 우체국예금특별회계를 설치해 우체국예금사업의 예산 운용 등에 관한 사항을 규정하고 있다. 우체국예금특별회계의 세입은 예금과 대출의 금리 차이에 따른 이익(예대 마진) 등으로 구성되고, 세출은 인건비, 임대료 등으로 구성된다. 해당 항목에 대해서는 세입 · 세출예산편성 및 결산 수행이 이루어진다. 즉, 우체국예금과 관련해서 고객예금의 입금, 출금은 특별회계의 세입 · 세출에 반영되지 않으므로 관련된 자산과 부채는 세입 · 세출외 자산부채가 된다.

(2) 우체국보험적립금

우체국보험은 「우체국예금 · 보험에 관한 법률」에 따라 체신관서에서 피보험자의 생명 · 신체의 상해를 보험사고로 하여 취급하는 보험을 말한다. 우체국보험의 경우 「우체국보험특별회계법」에 따라 특별회계를 설치해서 우체국보험 사업을 운영한다.

우체국보험특별회계는 보험계약자가 납부한 보험료를 보험사업의 운영에 필요한 경비에 충당하기 위한 부가보험료와 순보험료로 구분해서 부가보험료 등을 세입으로 하며, 보험사업 업무 취급에 관한 비용 등 보험사업의 운영을 위해 지출되는 경비를 세출로 한다.

우체국보험특별회계법은 보험계약과 관련해서 보험금 · 환급금 등 보험급여를 지급에 충당하기 위해 세입 · 세출외의 자산인 우체국보험적립금을 조성해 운영함으로써 안정적인 운용수익을 확보할 수 있도록 하고 있는데, 보험료 중 적립금 조성에 충당되는 순보험료 등과 책임준비금에서 지급되는 보험금 및 환급금 등은 세입과 세출에 반영되지 않으며, 보험적립금과 책임준비금은 세입 · 세출외 자산부채가 된다.

(3) 세입 · 세출외 현금

예산과 관계없이 국가가 보관하는 공유 또는 사유의 현금으로 국가 소유가 아닌 현금을 의미하며 보관금, 복구비 및 각종 보증금, 공탁금 등으로 구분할 수 있다.

표 5-4 주요 세입 · 세출외 현금

항목	관련 법령
보관금	정부보관금취급규칙 제2조
입찰보증금	국가를 당사자로 하는 계약에 관한 법률 시행규칙 제43조, 제53조
하자보수보증금	국가를 당사자로 하는 계약에 관한 법률 시행규칙 제73조
신원보증금	공증인 정원 및 신원보증금에 관한 규칙 제3조
적부심보증금	검찰사건사무규칙 제37조
가납금	검찰징수사무규칙 제30조

보관금의 수입은 현금이나 정부보관금 영수증서에 의한 보관금 제출로써 이루어지고, 이때 출납공무원은 정부 보관금 영수증서를 그 납부자에게 교부해야 한다. 공탁금의 수입은 공탁법의 규정에 따라 수입이 이루어진다.

세입 · 세출 외 현금출납공무원의 보관금의 보관은 원칙적으로 이를 한국은행에 예탁해야 하지만 입찰보증금과 같이 수일 내에 환급을 요하거나 또는 기타 특별한 사유가 있을 때에는 직접보관, 즉 수중보관이 인정된다. 그 밖에 특별한 사유가 있으면 특별보관도 가능하다.

보관금에 대해서는 법률, 명령 또는 계약에 의하는 경우 이외에는 이자를 붙이지 아니하도록 규정하고 있어서 보관금의 이자는 기획재정부장관이 정하는 바에 따라 지급할 수 있고, 보관금의 이자를 정했을 때에는 그 취지를 공고해야 한다. 정부보관금 중 입찰보증금, 계약보증금, 하자보수보증금, 기타 경매보증금, 급여채권 가압류금 등은 보관시킨 자에게 이자를 지급해야 하는 것으로 되어 있다(「정부보관금취급규칙」 제4조).

공탁금에 대해서는 대법원 규칙이 정하는 바에 따라 이식을 붙일 수 있다. 법률 또는 명령에 의해서 정부가 보관하는 보관금은 법률로써 따로 규정한 것을 제외하고는 5년을 경과해도 환불의 청구가 없을 때에는 그 보관금은 국고에 귀속하게 된다.

3. 선사용자금(조체불)

종전의 조체불(繰替拂)이란 명칭을 변경한 것으로 출납공무원의 수중에 수입금, 세입·세출외 현금 또는 다른 목적에 제공될 세출금이 많이 있음에도 불구하고 특수한 과목에서는 긴급히 사용할 필요가 있으나 자금이 부족한 경우에 여유가 있는 자금을 입체·사용하고 후일 지출관으로부터 정당한 과목에서 자금을 받아 입체한 과목에 보전하도록 해서 원상화하는 특례지출의 일종이다.

선사용자금 보전은 정당 채권자에 대한 지출이 아니므로 특례지출의 하나이다. 선사용자금은 주로 사업을 경영하는 정부기관(기업특별회계)에서 사업 운영을 원활히 하고 보유자금을 최대한 활용하는 자금 운용 방식의 방법으로서 긴급히 필요한 자금을 상호 조체 사용하는 것이 필요하다는 데서 출발한 것이다.

또한 조체 사용한다 하더라도 그 회계경리에서는 별 지장을 초래할 우려가 없기 때문에 인정하고 있으며, 통상 사업기관 중 교통이 불편한 지방에 흩어져 있는 관서의 출납공무원이 선사용 자금출납 명령관의 명을 받아 당시 보관하고 있는 수입현금을 필요한 세출금의 지급에 충당하고 사후에 이를 보전하게 하는 것이다.[7]

4. 시효

시효(時効, prescription)란 시간의 경과에 따라 권리의 취득 또는 상실을 가져

7) 「국고금관리법」 제18조, 「국고금관리법시행령」 제4장 참조.

오는 법률상의 제한을 말한다. 즉, 일정한 사실상태가 계속되고 있는 경우 그 사실이 진실한 권리관계와 합치하느냐 않느냐를 따지지 않고 그 사실상태를 그대로 존중해서 그것을 가지고 권리관계를 인정하려는 제도이다.

금전의 지급을 목적으로 하는 국가 및 지방자치단체의 권리로서 시효에 관해 다른 법률에 규정이 없는 것은 5년간 행사하지 아니할 때에는 시효로 인해 소멸한다.[8] 국가 및 지방자치단체에 대한 권리로서 금전의 급부를 목적으로 하는 것도 이와 같다.

이에 대한 예외로서 국채의 이자 중 1년 이내 기간에 정기적으로 지급되는 이자의 경우에는 3년으로 하며,[9] 지방채 중 증권 발행의 방법에 의한 지방채는 「상법」 제487조의 시효를 준용하도록 되어 있는데, 「상법」 제487조에서 사채상환청구권은 10년, 이자 등의 청구권은 5년으로 규정하고 있다.[10]

소멸시효의 기초가 되는 권리의 불행사라는 사실상태는 이와 상충되는 일정 사유가 생기면 그때까지 진행되었던 사실상태는 중단되고, 이미 진행되었던 시효기간은 무효가 되며 그때부터 새로운 기간이 다시 진행된다. 시효를 중단시킬 수 있는 시효중단 사유는 다음과 같다.

- 청구: 재판상의 청구, 파산 절차에의 참가, 법원의 지급명령, 화해를 위한 소환 및 임의 출석
- 압류 · 가압류 · 가처분
- 승인: 시효의 이익을 받을 자가 시효로 인해 권리를 상실하는 자에 대해 상대방의 권리가 존재함을 알고 있다는 뜻을 표시하는 것
- 납입의 고지: 국가 및 지방자치단체가 법령이나 조례의 규정에 의해 행하는 납입의 고지
- 회계관계직원에 대한 변상명령: 소속 장관의 변상명령서나 감사원의 판정에 의한 변상명령서가 변상책임이 있는 회계관계직원에게 송달된 때

---

8) 「국가재정법」 제96조, 「지방재정법」 제82조.
9) 「국채법」 제17조.
10) 「지방재정법」 제12조 제2항.

요 약

1. 예산회계는 세입예산액, 징수액, 수납액, 세출예산액, 예산배정 및 지출원인행위, 지출액 등 예산의 집행 내용을 기록 및 반영하는 회계를 말한다. 예산배정과 재배정을 거쳐 예산 집행이 이루어지며, 집행 시에는 회계연도독립의 원칙, 수입금 직접 사용 금지의 원칙 등이 있다.
2. 예산은 예산이 정한 목적대로 집행하도록 하기 위해 예산 내용을 일정한 기준에 따라 구분하게 되는데, 이를 예산과목이라 한다. 우리나라 예산과목 구조는 장-관-항-목 체계로 되어 있다. 프로그램 예산을 도입하면서 이를 분야, 부문, 소관 부서, 프로그램, 단위사업(또는 세부단위사업) 및 비목체제로 사용하고 있다.
3. 사업예산 또는 프로그램예산시스템은 사업의 산출물이나 성과 결과 달성을 목적으로 성과 중심으로 기능, 부문, 프로그램, 단위사업 및 비목요소를 산출해서 예산을 편성하는 것이다.
4. 지출의 관리는 지출원인행위 및 지출·출납 등과 이러한 행위를 기록·보고하는 일체의 관리행위를 말한다. 지출원인행위에 의해서 지출의 절차가 시작되는데, 이에는 지출의 원칙들과 위탁경비, 회계연도 개시 전 자금교부 등의 특례지출이 있다.
5. 국가나 지방자치단체 회계업무를 수행 및 관리하기 위해 사무범위와 책임소재를 명확히 하기 위한 회계관리구조는 회계직 분립 원칙에 의해서 명령직과 출납직 등을 분립해 상호 견제에 의해 오류와 부정을 막고 있다.
6. 정부회계에서의 수입관리는 법령 또는 계약에 의한 일체의 채권 등을 확정하고 현금수납에 이르기까지의 과정에서 발생되는 일체의 행위를 말한다. 정부의 일반회계수입의 대부분은 조세에 의존하며, 그 과정은 크게 징수와 수납의 형태로 구분된다. 수입은 징수결정·납입고지·수납·체납처분 등의 과정을 거치며 과오납금은 반환된다.
7. 관서운영경비는 지출관이 채권자 등에게 금융기관의 예금계좌로 이체해서 지급하기 적합하지 아니하고 외국이나 벽지와 같이 지리적 특성이나 소액 및 청중 상용경비와 같이 신속한 경비 집행이나 현금 취급이 필요한 경비이다.

Chapter 05 연습 문제

주관식

1. 예산회계의 개념과 정부회계에서 예산회계의 장·단점을 설명하시오.
2. 국고 통일의 원칙에 대해 설명하시오.
3. 사업예산이란 무엇인지 설명하시오.
4. 회계직 분립 원칙에 대해 설명하시오.
5. 지출원인행위에 대해 설명하시오.
6. 징수결정과 납입고지에 대해 설명하시오.
7. 세입·세출외 거래의 의미와 그 사례를 설명하시오.

객관식

01. 다음 중 1회계연도에서의 일체의 수입을 세입으로, 일체의 지출을 세출로 하여 그 금액을 총액에 의해 예산에 계상하는 원칙은?

① 건전재정의 원칙
② 회계연도독립의 원칙
③ 예산총계주의 원칙
④ 한정성의 원칙
⑤ 수입금 직접 사용 금지의 원칙

02. 다음 중 예산회계에 대한 설명으로 적절하지 않은 것은?

① 예산회계는 예산과 회계를 함께 지칭하기도 하지만, 회계기법으로서 예산회계는 세입예산액, 징수액, 수납액, 세출예산액, 예산 배정 및 지출원인행위, 지출액 등 예산의 집행 내용을 기록 및 반영하는 회계를 말한다.
② 예산회계의 주목적은 예산의 배분 및 역할을 강조하고, 통제와 회계책임을 확보하는 데 있다.
③ 예산회계의 회계구조는 수입·지출의 구조로 되어 있다.

④ 예산회계의 특징은 수입 · 지출을 분리해 기록하는 것이 보통의 방식이다.
⑤ 현금의 유입 · 유출이 일어나도 예산에 속하지 아니하는 현금의 유출입(예: 보증금)은 예산회계의 적용에서 제외된다.

03. 회계연도 독립의 원칙에 대한 설명으로 적절하지 않은 것은?

① 회계연도는 회계의 정리 기술적인 차원에서 일정한 기간을 정하고 그 수지 상황을 명확히 하는 기간적 단위를 뜻한다.
② 공공부문에서는 이를 예산연도라 한다.
③ 회계연도독립의 원칙은 각 회계연도 경비를 그 연도의 세입으로써 충당해야 한다는 원칙이다.
④ 매 회계연도의 세출예산은 다음 연도에 사용할 수 없다.
⑤ 이 원칙은 회계의 정리 · 구분을 명확히 설정함으로써 재정상의 효과적인 통제를 기하는 데 있다.

04. 국가나 지방자치단체의 회계사무에 대한 내부통제를 관리 감독함과 아울러 회계 · 결산 및 분석에 관한 사항, 소속기관의 내부통제 및 회계와 결산업무를 수행하는 소속 공무원에 대한 지도 · 감독을 주 임무로 하는 기관은?

① 재무관 ② 감사관 ③ 경리관
④ 회계책임관 ⑤ 통합지출관

05. 지출원인행위제도에 대한 다음 설명으로 적절하지 않은 것은?

① 지출원인행위제도는 예산집행을 통제하기 위해 인정된 것이다.
② 지출원인행위의 대종은 계약이라 할 수 있지만, 계약 이외에도 보조금 결정, 활동에 소요되는 경비의 결정 등이 포함된다.
③ 지출원인행위는 법령과 예산배정 범위 내에서만 할 수 있다.
④ 일반예산의 경우에는 당해 연도에 지출을 하지 못할 지출원인행위를 할 수 없다.
⑤ 지출원인행위자는 원칙적으로 지출행위자와 분리해야 한다.

06. 다음 중 재무관 보조자의 행위가 아닌 것은?

① 계약 ② 납품검사 ③ 현장감독
④ 지출부 등기 ⑤ 예정가격 기초조사

07. 예산회계에서 수입에 대한 다음 설명으로 적절하지 않은 것은?

① 예산회계에서의 수입은 세출의 재원이 되는 금전의 유입 또는 기금의 수입한 현금

을 의미한다.

② 금전의 유입이 일어난다 하더라도 세출의 재원이 될 수 없고 반납 또는 반환의 의무가 있을 때에는 수입이라 하지 않는다.

③ 정부회계에서의 수입관리는 법령 또는 계약에 의한 일체의 채권 등을 확정하고 현금의 수납에 이르기까지의 과정에 발생되는 일체의 행위를 말한다.

④ 수입징수관의 수입의 인식은 예산회계가 현금주의이므로 현금이 수납된 시점에서만 장부에 기록한다.

⑤ 수입에서 징수행위는 수입의 원인이 되는 권리의 내용을 조사해서 수입금액을 확정하고 채무자에 대해 납입의 고지를 하는 행위를 말한다.

08. 다음 중 세입 · 세출외 현금이 아닌 것은?

① 공탁금 ② 농지복구비
③ 입찰보증금 ④ 금고예탁금
⑤ 가납금

09. 금전의 지급을 목적으로 하는 국가 및 지방자치단체의 권리로서 시효에 관해 다른 법률에 규정이 없는 경우 몇 년간 행사하지 아니할 때 시효로 인해 소멸하는가?

① 3년 ② 5년 ③ 7년
④ 10년 ⑤ 단기 3년, 장기 5년

정답 및 해설

1. ③ 총괄성의 원칙 또는 완전성의 원칙이라 하며, 예산을 총액에 의해 계상하는 것은 총계주의 원칙이다.

2. ③ 예산회계의 회계구조는 예산 · 수입 · 지출구조로 되어 있다.

3. ④ 회계사무의 집행에서 거래가 모두 단시일에 종결되는 것은 아니며, 또한 정리구분이라는 기술적인 면으로 보아 이 원칙을 엄격하게 고수한다는 것은 실제 불합리한 경우가 있어 예외를 두고 있다. 세출예산의 이월, 결산상 잉여금의 이입, 지난 연도 수입 등이다.

4. ④ 회계책임관은 재무회계를 도입하면서 신설한 직제이다.

5. ④ 지출원인행위를 하고 부득이한 사유로 집행하지 못한 경우 사고이월로 처리하며 지출원인행위를 제한한 것은 아니다.

6. ④ 지출부 등기는 지출관의 보조행위이다.

7. ④ 수입징수관이 수입을 인식하는 시점은 징수결정 시점에서 장부에 기록한다.

8. ④ 금고예탁금은 세입 · 세출외 현금에 속하지 않는다.

9. ② 금전의 지급을 목적으로 하는 재정 시효는 5년이다.

Chapter 06

예산회계와 재무회계의 비교

개 관

통상 예산회계와 발생주의 재무회계와 근본적인 차이점은 인식기준, 기록방식과 편익 등에서 차이가 있다. 예산회계는 현금주의로 금전출납부와 같이 의사결정의 정보를 제대로 주지 못하는 것으로 알고 있는데, 정부재정관리에서는 예산의 중요성과 관리통제 때문에 모든 나라가 예산회계를 반드시 사용한다.

이 장에서는 예산회계와 재무회계의 근본적인 인식기준의 차이, 기록방식 등과 예산회계 및 재무회계가 주는 편익에 대해 살펴본다. 또한 예산회계의 처리과정과 재무회계의 처리과정을 살펴보고, 아울러 결산절차에 대해서도 구체적으로 살펴보기로 한다.

Chapter 06

예산회계와 재무회계의 비교

제 1 절 예산회계와 재무회계와의 차이

예산회계와 재무회계의 근본적인 차이는 인식기준과 기록방식 및 회계의 목적, 즉 편익의 차이에 있다.

1. 인식기준

정부회계에서 인식(recognition)이란 특정한 재무적·경제적 사건에 대해 금액, 시기, 과목 분류와 선행조건에 따라 거래의 분개를 결정하는 것을 말한다. 즉, 거래로서 구체화해 장부에 표기하는 것을 말한다.

어떤 사실과 그에 관한 정보가 회계정보로 인식되기 위해서는 다음과 같은 일정한 기본적인 기준을 만족시켜야 한다.

- 정의(definition): 재무제표 요소의 정의를 만족시킬 것
- 측정가능성(measurable): 충분한 신뢰성 있는 수치로 측정할 수 있을 것
- 목적적합성(relevance): 해당 항목에 관한 정보가 이용자의 목적에 적합할 것
- 신뢰성(reliability): 해당 정보가 구체적이고 충실하며 또는 검증 가능하며 중

립적일 것

회계베이스(basis of accounting)라 함은 회계실체가 자산, 부채, 수익, 비용(지출) 등을 회계로서 측정하고 기록해야 할 범위와 시점의 기준을 말한다. 즉, 회계의 목적에 부합한 회계시스템(회계구조)을 조직하고, 경제적 · 재무적 사건을 기록하는 시점의 기준을 말하며, 현금주의 · 발생주의 회계기준은 이 회계베이스의 개념에서 성립된다.

회계베이스와 인식은 거의 같은 의미로 사용되지만 엄밀하게 구분하면 회계베이스는 재무보고의 거래로서의 인식시점을 말하고, 인식은 회계상의 거래로 인식하는 특정한 조건을 말한다.

예산회계는 현금주의를, 재무회계는 발생주의를 채택하는 면에서 차이가 있다.

1) 현금주의

현금주의(cash basis)는 현금으로 편성되는 예산과 현금을 측정대상으로 하는 것을 말한다. 즉, 모든 거래대상에서 오로지 현금의 유입(inflow), 유출(outflow)과 관련된 증감과 그 증감의 원인이 되는 수입으로 받아들일 금액(발생주의회계의 수익)이나 원천별, 수납액, 지출의 기능별, 부문별, 사업(프로그램)별, 활동별 및 비목요소별로 측정 및 기록하는 회계시스템을 말한다.

예산회계의 현금주의는 국제회계사연맹(International Federation of Accountants: IFA)의 정의와 같이 현금을 측정대상으로 한다는 의미이며 그 인식기준에서는 발생주의나 의무기준 등 더 확장된 기준으로 인식하고 있다. 국가 및 지방자치단체의 세입결산서는 징수결정액, 수납액, 불납결손액 및 미수납액을 인식 · 기록하고 보고하는데, 징수결정액은 현금수취 없어도 받아들여야 할 수입금액(수익)을 인식하며 불납결손액은 현금수취와 관계없이 비용으로 인식하고 있다. 이러한 처리는 발생주의 재무회계로 처리하더라도 같은 인식기준을 사용한다.

예산회계는 재원배분 및 관리통제와 회계책임 확보에 매우 과학적이고 체계적인 회계시스템으로 발생주의회계를 도입하더라도 반드시 필요한 재정관리시스템이다. 정부회계를 개혁한 나라들도 예산회계와 발생주의회계를 같이 사용하는 이원화시스템을 운영하거나, 예산까지도 발생주의로 하는 경우에도 예산이 회계의 일부가 되도록 하는 예산회계를 사용하고 있다.

그러나 정부회계의 예산회계시스템은 자원소모에 대한 비용(원가)에 관한 정보를 제공하지 못하므로 자산 구입 또는 자금을 대부하는 경우나 업무추진비를 지출한 경우에 자원의 소모 면에서는 현저하게 차이가 남에도 불구하고 이를 같은 지출로 처리한다. 즉, 자원의 소모에 대한 경제성 여부의 판단 및 의사결정과 관련된 회계정보를 제공하지 못하는 결함이 있다. 또한 비유동자산이나 부채 등 경제적 자원을 회계과정에서 인식하지 아니하므로 자산이나 부채관리를 위한 체계적인 정보를 제공하지 못하는 문제점이 있다. 이러한 결함을 보완하기 위해 예산회계에 대한 보완수단으로 발생주의회계를 도입하고 있다.

2) 발생주의

발생주의(accrual basis)는 현금의 유·출입 시점과 관계없이 모든 경제적 자원의 변동에 따라 관련된 수익과 비용을 인식하는 것이며, 통상 정규부기에 의한 기업회계로 대표된다. 정부회계 분야에서는 1910년 이후 각국에서 재화와 용역을 제공하고 그 대가를 받거나 기금을 잠식하지 아니하며 계속 운영하는 사업성회계나 공기업회계에 적용해 왔다.

발생주의회계는 재무상태와 경영성과 및 이와 관련된 의사결정의 자료를 제공하는 데 목적이 있으며, 거래의 인식은 비용의 전환 시점으로 인식되는 발생주의를 기준으로 하고, 소득의 측정은 수익·비용의 기간적 측정(periodic measurement)을 내용으로 하는 대응의 개념(matching concept)을 적용하고 있다.

기업회계는 자산, 부채, 자본 및 수익, 비용으로 대분류하고 그 회계의 측정 목적을 자본유지(capital maintenance) 또는 경제적 자원(economic resources) 변동의 측정에 회계시스템의 초점을 맞추고 있다. 따라서 자금의 수지와 관계없이 당해 연도의 수익을 측정하며, 이 수익에 대응하는 감가상각비 등 자원의 경제적 가치소비액, 즉 비용을 계산하게 된다. 이와 함께 기업회계는 현금, 유가증권, 물품,

비유동자산 등 자산의 소유 형태와 부채의 내용 및 자본의 소유 형태 등 재정상태를 알려준다.

발생주의회계의 긍정적인 면을 보면 다음과 같다. 특히 기업회계 방식에 의한 발생주의회계는 다음과 같은 장점이 있다.

첫째, 발생주의회계는 경제적 재화 및 용역의 소비 · 전환 · 실현의 측정을 제공한다. 즉, 경영활동의 성과 결과를 손익계산서의 마지막 줄(bottom line)을 통해 측정할 수 있다.

둘째, 자산과 부채를 측정함으로써 포괄적인 재정상태를 알 수 있다. 정부회계에서의 현금회계는 현금 이외에 경제적인 자원을 측정하지 않고 있기 때문에 종합적인 재정상태를 제공하지 못하는 데 반해 기업회계구조의 발생주의회계는 종합적인 재정상태에 관한 정보를 제공한다.

그러나 기업회계 방식의 발생주의회계는 정부의 예산 편성 및 집행 등 재정관리에는 유용성이 그리 크지 않다. 발생주의회계는 당기순손익 산출 등 경영성과와 재무상태의 파악에 초점이 맞춰져 있으나 회계구조 내에 예산이 포함될 수 없으며 또한 계정과목이 재원배분 및 관리통제에는 불편한 점이 있기 때문이다. 이러한 사유로 1500년대의 정부회계시스템이 체계화되기 시작한 이후 1992년 뉴질랜드에서 발생주의회계를 도입하기 전까지 전 세계 모든 나라에서 정부의 일반회계 등 정부형 회계에는 예산회계를 사용해 왔다.

정부회계에서 발생주의회계 도입의 편익은 위에서 언급한 기업회계에서 사용하는 발생주의 회계의 편익과는 다른 측면에서 살펴볼 필요가 있다. 정부활동은 대가 없이 세금 등을 받아 대가 없이 지급하는 부분이 많고, 오히려 사업을 지연한 경우에는 당기순이익이 크게 나타나기 때문에 잉여분은 적절한 성과로 볼 수 없다. 즉, 손익계산서의 마지막 줄에 의해 성과를 파악할 수 없다.

또한 재정상태 측면에서도 바다나 연안, 해안, 모래사장, 섬, 습지, 강, 하천, 국립공원 등 가치가 매우 높지만 측정이 어려운 자연자산이나 유산자산, 가치평가가 어려운 전비품(戰備品)이나 사회기반시설 등의 자산이 있기 때문에 정확한 재정상태의 파악도 어렵기 때문이다. 결국 발생주의 정부회계 도입은 정부활동의 원가정보와 자산이나 부채관리를 위한 정보를 제공하는 데 있다고 할 것이다.

2. 기록방식

1) 단식부기

모든 거래는 자산, 부채, 자본, 수익, 비용 등에서 반드시 이중성을 띠고 있다. 단식부기(single entry bookkeeping)는 예산회계에서 비유동자산이나 소모액과 같은 경제적 자원은 측정하지 않지만, 현금이나 현금과 동등한 유가물 등 재무적 자원을 대상으로 해서 이중성을 띤 거래 중에서 현금이나 현금을 받을 권리, 예산을 집행할 권리 등을 중심으로 그 수입 원천이나 기능별 · 성질별 용도를 기록한다. 이처럼 재무적 자원의 증감에 관련된 예산 · 수입 · 지출을 대상으로 그 원천이나 기능 또는 용도별로 기록하기 때문에 단식부기에서는 자산, 부채 및 수익, 비용 등이 구분되지 않는다.

특히 대륙형 정부회계의 회계구조는 예산과 실제수입 및 지출, 지불요구와 실제 지불, 현금통제, 기타 지불수단 및 그 결과를 수직적인 축으로 제공할 수 있도록 고안되었다는 특징이 있다. 또한 수입과 지출을 분리해 기록할 수 있으며,[1] 이 중에서 수입은 예산액과 징수액 · 수납액 · 불납액 및 미수납액을 기록하고, 지출은 예산액 · 배정액 · 지출원인행위액 · 지출액 · 불용액 등으로 관련된 정보를 축적 기록할 수 있는 장점이 있다. 즉, 수평적 축으로 기록하는 것보다 예산집행을 복식부기로 기록함으로써 관련 정보를 더 많이 제공할 수 있게 된다.

많은 나라의 정부예산회계에서 단식부기를 채택하는 이유는 정부의 각 부처가 대부분 자체의 자금 원천을 가지지 못하고 활동의 자금을 승인된 예산에 의존하기 때문이다. 그 결과 이러한 부처들은 자금 유출(outflow)의 일방 기록만을 유지하게 되며, 세입징수관서에서 징수한 세금은 일반계정(general account) 또는 국고계정에 통합되어 운영하게 된다. 이 시스템은 회계에 대한 경험이나 전문적인 훈련 없이도 적은 인원의 기장 공무원만으로 국가 각 방면의 지급을 다루기 위한 목적에서 고안되었다고 할 수 있다.[2]

---

1) 우리나라 예산회계에서는 세입결산과 세출결산을 분리해서 결산한다.

2) A. Premchand, 1995, *Effective Government Accounting*, pp.50－51, International Monetary Fund, USA.

2) 복식부기

기업회계에서 사용되는 복식부기(double entry bookkeeping)는 자산, 부채, 자본과 수익 및 비용 등의 증감과 관련된 재무적·경제적 사건이 발생할 때 차변과 대변으로 나누어 이중으로 기입하는 방법이다.

대륙형 정부회계(cameral accounting system)는 스웨덴에서 1539년 이후 복식부기로 출발했으나, 1700년대 중반 단식부기로 전환되었다. 반면 영미형 국가의 예산회계(budgetary accounting system)는 단식부기를 사용하다가 1822년 영국에서 복식부기로 전환해 사용했는데, 그 회계구조는 현금 등 재무적 자원을 대상으로 수입(revenue, receipt) 및 지출(expenditure, outlay)의 구조를 취했다. 이러한 형태의 복식부기는 현행 미국 연방정부 및 지방자치단체에서 이원화 시스템 중 예산회계를 그대로 사용되고 있다. 영미형 예산회계 하의 복식부기는 대륙형 국가들의 단식부기에 비해 기록의 복잡성이 있으며, 예산회계가 요구하는 정보를 횡적인 축으로 제대로 제공하지 못해 불편하고 오히려 체계적이지 못한 면이 있다.

기업회계방식의 복식부기는 대차평형의 원리(principle of equilibrium)에 의해 오류가 발생한 경우 자기검증기능이 있다. 복식부기의 기록방법은 분개장(journal)과 원장(ledger)에 기록하는 것인데, 경제적 사건이 발생하면 해당 계정과목의 분개(entry)를 해서 명목상의 계정과목을 분개장에 기재하고 분개장으로부터 이를 다시 해당 원장에 전기(posting)하게 된다. 그러나 예산회계 하의 복식부기는 우리나라의 국유재산이나 채권의 증감기록과 자산이나 부채를 인식하지 않고 계정그룹으로 처리함으로써 자산이 누락되어도 회계처리과정에서 자동으로 검증되지는 않는다.

1990년대에 들어와서 뉴질랜드(1992)를 비롯한 영국(1998), 미 연방정부(1998), 미국 지방정부(2001), 캐나다(2002) 등 영미형 국가와 스페인(1995), 프랑스(2006) 등에서 기업회계구조(business accounting structure)의 경제적 자원을 측정하는 발생주의회계를 도입하기 시작했는데, 그 용도는 예산회계가 주지 못하는 자원 소모에 대한 정보와 자산, 부채를 회계처리 과정에서 인식하지 못하는 점 등을 보완하기 위한 것이다. 즉, 발생주의회계의 목적은 자원을 효율적으로 사용하기 위한 사업 등의 원가정보를 제공하고 또한 자산 및 부채의 관리에 필요한 정보를 제공하는 것이다.

3. 회계의 목적 및 예산회계, 재무회계의 편익

1) 회계의 목적

재무보고(financial reporting)는 보고실체의 재무적 거래 및 경제적 결과를 화폐적 단위로 기록·보고·해석하는 과정이다. 이러한 재무보고는 기본적으로 회계정보이용자의 의사결정에 도움이 되도록 해야 한다.

재무보고는 정부활동에 직접 또는 간접적으로 이해관계를 갖는 정보이용자가 정부의 재무보고를 통해 재정활동 내역을 파악하고, 자산관리·사업 수행·자원배분 등 재정에 관해 합리적으로 의사결정을 할 수 있도록 유용하고 적절한 정보를 제공해야 한다.

또한 재무보고는 정부가 회계책임을 원활히 수행할 수 있도록 도와주고, 재무보고 이용자들이 회계책임을 이해하고 평가하는 데 유용한 정보를 제공해야 한다. 책임성이란 어느 개인에게 재정상의 임무가 부여된 경우 그 임무를 어느 정도 충실하게 이행하고 있는가의 정도를 나타내는 것으로 전통적으로 타인의 재산의 수탁관리에 대한 책임 개념이라고 볼 수 있다. 일반적인 회계책임은 수탁관리책임(stewardship), 운영관리책임(management accountability) 및 재무보고책임(reporting accountability)을 포함한다.

2) 예산회계의 편익

(1) 예산의 집행 및 관리

재정은 예산으로써 국가 이념과 사업계획을 구체화한다. 예산은 국민 또는 주민의 대표에 의한 의회나 지방의회의 승인에 의해 회계연도 기준으로 확정되며, 확정된 예산은 집행부를 기속(羈束)하게 된다.

예산은 현금, 즉 재무적 자원(financial resources)을 통해 편성되고 재무적 자원의 획득과 지출에 관한 내용이 주를 이루며, 예산의 편성에 관한 정보는 재무적 자원의 배분에 관한 내용이 된다. 예산회계는 예산, 수입 지출의 구조로 되어 있다.

지출의 경우 예산으로부터 회계가 개시되며 지출예산의 기능별, 사업별 및 비목 요소별로 기록 관리함으로써 예산이 목적대로 제대로 집행될 것인지, 부족한지 여부 등 예산집행을 관리 통제하게 된다.

수입의 경우 받아들여야 할 예산추계액과 실제 납세의무자나 채무자가 납부해야 할 채권을 확정하고 수납액과 불납결손액은 물론 채무자별 미수납액을 관리하게 된다. 이러한 면에서 예산회계는 재정관리에서 매우 체계적이고 과학적으로 고안된 제도이다. 기업회계의 복식부기에 의하는 경우에는 예산과목으로 예산을 관리하거나 수직적 축으로 수입금을 관리하는 정보를 제공하는 긍정적인 면 때문에 전 세계 모든 국가 및 지방자치단체는 예산회계를 사용하게 된다.

(2) 회계책임성 확보

예산의 집행은 법률이나 주어진 예산을 목적대로 집행해야 하며, 특히 정부회계는 집행부가 법률이나 예산 목적에 따라 제대로 집행했는지, 집행부의 회계책임을 다했는지를 다루게 된다.

예산회계는 지출 시 그 용도를 명시해야 하기 때문에 복식부기에 비해 지출의 정보가 더 노출되므로 예산 목적 외로 사용이 쉽게 확인되기 때문에 회계책임성 확보에 많은 정보를 제공한다.

또한 수입의 경우에도 세목별로 개별 채무자별로 관리되기 때문에 수입금관리의 적부 확인이 더 용이하다.

(3) 재원배분 및 예산편성 기초자료 제공

예산회계는 예산과목과 예산액을 기초로 회계체계가 되어 예산액 대비 집행액을 그대로 제시하게 되기 때문에 중기재정계획 수립은 물론 예산편성의 가장 기본이 된다. 예산편성 업무는 2년간의 예산액과 집행액을 기초로 출발하게 된다.

또한 예산의 과목별 불용액이나 전용집행액, 이월액 등의 정보는 다음 해 예산편성은 물론 재원배분의 구체적 정보를 제공한다. 예산회계 없이는 국가나 지방자치단체에서 반드시 필요한 예산편성이 사실상 어렵다.

3) 재무회계의 편익

(1) 재정상태 정보 제공

재무회계는 예산회계의 회계처리과정에서 체계적으로 인식하지 않고 있던 자산이나 부채에 대한 종합적인 정보를 제공한다. 즉, 각 개별 회계실체의 재정상태는 물론 각 중앙관서와 정부 전체 또는 지방자치난체 전체의 자산 및 부채의 종합적인 재정상태정보를 제공한다.

프로그램수행을 위한 자산관리로 통제위주의 재산관리에서 인식하지 않던 자산사용에 대한 비용 및 원가를 부담하게 함으로써 자산의 무상재(free good)라는 인식을 불식시키고 효율적인 자산 사용을 유도한다.

새로 관리하는 사회기반시설의 정보나 자산에 대한 정보를 이용해 정보에 의한 사업계획 수립이나 대체, 보수, 투자계획 수립 등으로 사업계획 및 예산편성의 기초정보를 제공한다.

투자사업 등에 대한 건설가계정에 의거 당초 계획 대비 투자비 등을 관리해 자원의 낭비 방지 및 효율적인 투자관리를 하도록 한다.

회계처리과정에서 자산을 인식해 자산 망실이나 누락 방지, 장부 기재 누락 등 자산 부실관리를 방지한다.

정확한 회계정보에 의한 채무관리를 가능하게 하고 명시적 암묵적 부채에 대한 정보 제공으로 재정의 지속가능성이나 재정위험 노출도의 판단 정보를 제공한다.

(2) 원가정보 제공

발생주의회계는 사업이나 활동의 원가정보를 제공함으로써 사업관리자 및 예산배분 등 의사결정자에게 원가 및 효과를 고려해서 결정하는 방식을 제공하며, 계획대로 사업을 제대로 집행하는지 여부에 대한 모니터링 정보를 제공해 시행착오를 사전에 방지한다.

각 관서의 조직이 수행하는 모든 재무 관련 프로그램 및 단위활동과 세부활동에 대한 원가정보를 제공함으로써 예산편성, 사업계획 수립이나 장기 재정운영계획 수립의 기초 인프라 정보를 제공한다.

정부의 여러 정책·사업 중에서 재정사업도 성과관리체계를 운용하며, 이 관리체계에서 성과목표는 프로그램이 되고 관리목표는 단위사업이 된다. 재무회계의 프로그램 및 단위사업의 원가정보는 이들 성과평가의 목표설정은 물론 사후 성과평가를 가능하게 한다.

(3) 회계책임성 평가정보 제공 및 투명성 개선

프로그램이나 단위사업의 원가정보 제공 등으로 사업 추진이 제대로 되었는지 여부에 대한 집행 주체의 회계책임성 평가에 기여한다. 프로그램 등의 순원가 정보는 물론 관리운영비의 정보를 제공해 중앙관서 등에서 하는 일에 대한 원가는 물론 인건비나 관리운영경비 등의 증감이나 절약 여부 등 회계투명성 개선에 기여한다.

제 2 절 회계의 운영과정 및 결산

1. 정부회계의 운영과정

1) 이원화 시스템

우리나라의 정부회계는 예산회계와 재무회계를 같이 채택하는 이원화 시스템(two-track accounting system/dual-track accounting system)으로 처리하고 있다. 즉, 전산조직에 의해 예산의 집행 등에 대해 예산회계에 의한 회계처리를 하고, 그 내용을 재무회계에 의한 분개 처리를 해서 장부에 기재하며, 이를 근거로 각각 결산해 세입세출결산서나 재무제표를 만드는 것이다.

국가의 경우에는 디지털예산회계정보시스템인 국가재정정보시스템(dBrain)에 의해 재정정보를 관리하고 지방자치단체도 지방자치단체 재정정보시스템(e호조: e-hojo)으로 관리한다. 물론 국세 등의 징수전문기관, 즉 국세청이나 관세청에서 독자적인 수입 시스템을 가지고 있으며, 지방자치단체에서도 수입의 관리는 복잡하기 때문에 e호조와 분리해 징수 시스템을 가진다.

그러하더라도 재정의 집행 및 회계처리는 dBrain과 e호조에 의해 처리하게 된다.

2) 지출회계의 처리

1단계: 예산부서: 각 사업부서에 예산 배정
　　dBrain 및 e호조에 해당 사업비 예산 배정

2단계: 사업부서 사업계획 수립 및 지출원인행위 등의 요구
　　사업부서 → 재무관, 계약관 등

3단계: 재무관 등 계약체결이나 채무부담행위 시
　　계약부서 등 계약체결 시 지출원인행위 담당자 품의 → 승인권자 결재→ 등재

4단계: 검수나 선급금, 납품대가 지급, 급여, 보조금 등 지급 필요 시
　　지출결의서 작성 품의
　　각 관서 지출원인행위담당자(급여, 사업비, 보조금, 등) 지급품의결의서 작성(일자, 예산과목, 채권자, 채권자 계좌번호, 적요, 지급금액 등)
　　재무관 등 승인권자 결재(하드카피)
　　담당자 및 검토자, 결재자 각각 승인을 거쳐 전산조직에 기재

5단계: 승인된 지출결의서 지출관(지출원), 출납원 등에게 지출 의뢰
　　지출부서 담당자 지급 품의 → 지출관(지출원 승인)
　　사업자 등 계좌이체, 필요 시 현금 인출
　　담당자 및 결재자 전산조직에 기재

※ 전산조직에서는 담당자 및 결재권자가 승인된 영역만 처리할 수 있음.

지출에 필요한 지출결의서와 그 근거가 되는 서류(예: 계약서나 설계서, 검수조서 등)는 지출부서에서 증빙서류로 철해 5년간 보존함.

또한 지출관은 매월 말 또는 분기로 집행 내역을 출력해 지출계산서 등을 작성해 보고함.

3) 수입회계의 처리

수입회계는 정부징수결정분(예: 재산세)과 자진납부분(예: 부가가치세) 등의 경우 회계처리가 달라진다.

○ **정부징수결정분**

1단계

부과 부서에서 세목, 납세의무자, 과세표준 세액 납부기한 등을 조사

징수결의서 작성 담당자 → 징수관 등 결재

납입고지서 발부 → 징수결정부 기재

수입금출납공무원에 통보 → 징수부 등재

2단계

한국은행, 금고은행 등 수납 내용 통보

세목, 납세의무자, 세액

3단계

수입금 출납공무원 보조자 수납 소인

인별 징수부에서 수납 소인

미수납액 체납관리부에서 관리

○ **자진납부분**

1단계

납세의무자 자진납부 세금을 수납받은 한국은행, 금고은행 등 수납 내역 통보

2단계

부과 부서 납세의무자별 납부 내역 검토

납부된 분은 사후징수결정경의서 작성 → 징수관 등 결재
부족분 미납분은 정부징수결정분과 동일 절차로 처리
징수결의서 등 수입금출납공무원에 통보
3단계
수입금출납공무원 보조자 징수결정액과 수납액 대사
징수부에 등재 승인 요청 → 출납공무원 승인
징수부 처리

수입금 출납공무원은 매월 세입징수액계산서를 작성하고, 감시원 「계산증명규칙」이 정한 바에 따라 계산증명서류를 제출한다. 지방세의 경우 3월에 1회 작성한다.

4) 재무회계의 처리

재무회계는 재정관리에서 사업관리자나 지출원인행위자 등이 회계사무 처리의 일부로서 직접적으로 처리하는 것이 아니고, 이미 예산회계로 의사결정되고 처리된 재정집행 내용이나 재무회계에서 필요한 비예산집행의 거래내용을 복식부기 담당자가 전산조직에서 발생주의 복식부기로 전환하는 회계처리를 한다.

이 점은 기업회계에서는 사업비를 집행한 부서나 관계자가 직접 전산에 의해 장부 기록하는 것과 전혀 다르다. 즉, 구매나 부과, 수입, 계약, 지출 등을 하는 회계사무 집행자가 기재하는 것이 아니고 재무제표를 작성하기 위해 별도의 담당자가 회계처리하는 것이다.

○ 예산집행과 관련된 거래

예산의 지출원인행위나 지출행위가 기재되면 재무과 소속의 복식부기 담당자가 집행한 예산과목을 재무회계의 회계과목으로 전환하게 된다. 원래는 자동분개시스템에 의해 예산회계과목이 재무회계과목으로 그대로 전환하도록 되었다.

그러나 당초 시스템을 구축할 때부터 예산과목과 재무회계과목을 일치시키지 않아 담당자가 매 건별로 회계과목을 선택해서 처리해야 한다.

○ **수입회계**

수입회계의 관리는 징수기관이나 징수부서에서 관리하고 그 결과를 월말이나 분기말, 반기에 징수활동보고서나 징수결과를 전산조직에 입력해 총체적인 장부를 작성한다.

○ **비예산거래**

감가상각이나 미지급비용 등 예산집행과 관련되지 않은 거래는 복식부기담당자가 회계처리를 직접 입력해 처리한다.

복식부기담당자는 매월 시산표를 출력해 그 결과를 지출관(지출원) 및 재무관에게 보고한다.

2. 결산의 과정

1) 세입 · 세출결산

(1) 결산 마감

국가회계의 경우 각 수입징수관은 매월 수입징수부를 근거로 징수보고서를 작성한 후 이에 부속명세서 및 참고서류를 첨부하고, 재무관과 지출관은 매월 각각 지출원인행위액 및 지출액보고서를 작성해서 다음 달 5일까지 각 중앙관서의 장에게 제출하고, 각 중앙관서의 장은 이를 근거로 수입부 등을 작성해서 매월 기획재정부장관에게 보고하며, 기획재정부장관은 이 보고서를 근거로 총수입부 및 총지출부를 작성하고 있다. 실제로는 국가재정정보시스템에 의해 보고하고 있다. 또한 수입징수관 등은 감사원 「계산증명규칙」이 정하는 바에 따라 세입징수액계산서 및 지출계산서와 부속서류를 감사원에 송부하고 있다.

회계연도가 종료되면 세출금의 지출 · 반납 및 지급완료와 세입금의 출납정리를 하고 장부를 마감한다. 각 중앙관서의 장은 회계시스템에 의한 회계자료에 의거 매 회계연도마다 그 소관에 속하는 세입 · 세출결산보고서 등을 작성해서 다음 연도 2월 말까지 기획재정부장관에게 제출하도록 되어 있다. 각 기금의 경우에는 기금관리주체가 기금운용계획에 의한 수입·지출을 기록하다가 결산기말에 이르러 이를 마감하게 된다.

지방자치단체의 경우 징수관·재무관과 지출원 등은 세입징수액계산서와 지출계산서 등을 작성하고 출납폐쇄기간 및 출납정리기한에 지출·반납 및 출납정리를 하고 장부를 마감한다.

(2) 결산보고서의 작성

세입·세출결산서(statement of revenue and expenditure)는 측정대상을 재무적 자원인 예산과 현금 기준으로 하여 1회계연도에 수납된 세입액에서 지출된 세출액을 차감해 결산상 잉여금을 총괄적인 내용으로 보고하는 서류이다. 실제 내용에서는 세입결산보고와 세출결산보고를 각각 작성하게 된다.

세입결산보고서의 구조는 ① 세입예산액, ② 징수결정액, ③ 수납액, ④ 불납결손액, ⑤ 미수납액, ⑥ 세입예산액과 수납된 세입액과의 차이로 되어 있다. 이들의 관계는 ②=③+④+⑤이며, ⑥=①-③이 된다.

세입의 과목 구분은 수입 원천별로 구분하고 있다.

세출결산보고서는 회계연도 내의 예산과목, 즉 장·관·항·세항·목별로 각각 예산 금액이 얼마인데 이를 어떻게 집행했는지에 관한 정보를 제공하고 있다. 또한 예산이월액, 예비비 사용액, 전용금액 및 불용액에 관한 정보를 제공하고 그 사유를 알려주게 되며, 다음 해 예산편성에 기초자료를 제공하게 된다.

세출결산보고서의 구조는 ① 세출예산액, ② 전년도 이월액, ③ 예비비 사용액, ④ 전용 등 증감액, ⑤ 수입대체경비 초과지출액, ⑥ 예산현액, ⑦ 지출액, ⑧ 다음 연도 이월액, ⑨ 불용액 등을 명백히 표시하도록 되어 있다. 여기서 ⑥=①+②+③+④+⑤이며, ⑨=⑥-⑦-⑧이 된다. 세출결산서의 과목은 사업예산의 과목으로 되어 있다.

국가의 예산회계 결산보고서의 구성 내용은 다음과 같다.

○ 각 중앙관서의 장

세입결산보고서, 세출결산보고서. 계속비결산명세서, 총액계상사업 집행명세서,

수입대체경비 사용명세서, 이월명세서, 명시이월비 집행명세서, 정부기업 특별회계 회전자금운용명세서, 성인지(性認知)결산서, 예비금사용명세서, 수입대체경비 세입·세출결산보고서, 현물출자명세서, 재정증권 발행 및 한국은행 일시차입금의 운용명세서, 기타 대통령령이 정하는 서류

일반회계나 다수 기관이 관련되는 기타 특별회계의 경우에는 각 중앙관서의 장은 개별 세입결산서나 세출결산서는 작성하지만 세입·세출결산보고서를 작성하지 않고 있다.

○ **기금**

수입·지출결산, 재원조성실적표, 기타 대통령령이 정하는 서류

○ **대한민국 정부**

세입·세출결산보고서(총괄), 일반회계 및 특별회계별 세입결산보고서, 세출결산보고서, 기금 수입·지출결산, 통합재정수지표, 통합계정자금 운용 및 수익금사용명세서, 중앙관서 및 기금의 결산보고서, 예비비사용 총괄명세서

지방자치단체의 경우 「지방회계법」 제17조의 규정에 의한 결산서의 첨부서류는 다음과 같다.

- 세입세출결산
  - 계속비결산명세서
  - 수입대체경비 사용명세서
  - 이월 명세서 및 명시이월비 집행명세서
  - 성인지결산서
  - 「지방세특례제한법」 제5조에 따른 지방세지출보고서(실적 기준)
  - 국고보조금 또는 시·도보조금의 반납명세서
  - 「지방재정법」 제59조에 따른 지역통합재정통계 보고서(결산액 기준)
  - 지방채 발행 보고서
  - 지방공기업에 대한 출자·출연 보고서
  - 지방자치단체 출자·출연기관에 대한 출자·출연 보고서

– 공유재산 및 물품 관련 보고서

– 그 밖에 대통령령으로 정하는 서류

2) 재무회계의 결산

국가회계의 재무제표는 재정상태표와 재정운영표, 순자산변동표와 주석 등을 포함하고 있다.

우리나라의 정부회계는 예산회계를 처리하면서 재무회계는 자동분개시스템에 의해 동시에 처리된다. 즉, 예산집행 등으로 현금지출이 수반되는 각종 경비인 현금지출경비는 예산회계 처리과정에서 인식 · 기록된다. 그러나 이러한 경비는 회계연도 동안 발생되지 않은 비용이 포함될 수 있으므로 발생주의 기준으로 조정해야 하며, 수익의 경우에도 아직 기간이 도래하지 않은 수익도 조정이 필요하다.

또한 현금의 지출은 없지만 경제적 자원의 소모 또는 가치 감소로 발생되는 경우 비용인 비현금지출경비도 측정 및 기록을 해야 한다.

이와 같이 결산기말에 현금의 수입지출에 따라 회계 기록을 한 후 발생주의 기준으로 수익과 비용(원가)을 확정하는 분개를 결산보정분개라 한다.

(1) 이연항목 및 발생항목의 정리

○ 이연항목의 처리

이연항목에는 선급비용과 선수수익이 있다.

선급비용은 현금을 지출해 비용으로 회계처리했으나 회계연도 내에 다 소멸되지 않고 회계기말 현재 미소멸 상태로 남아 있는 부분이다. 예를 들면, 일정한 계약에 따라 계속적으로 용역의 제공을 받는 경우 아직 제공되지 않은 용역에 대해 미리 지급한 대가를 말하는데, 결산일 현재 용역이 다 제공되지 않은 부분에 대해서는 당기의 비용으로 인식하지 않고 자산으로 처리하는 것이다. 이러한 항목의 예로는 지급한 보험료, 임차료, 광고료, 이자, 지급수수료 등의 선급분이 이에 해당한다.

선수수익의 예는 국 · 공유재산의 임대와 같이 사용료를 받았으나 아직 임대기간이 경과하지 않은 부분에 대해서는 수익에서 차감함과 동시에 선수수익(부채)으로 계상하는 것이다.

○ **발생항목의 처리**

발생항목에는 미수수익과 미지급비용이 있다.

선수수익과 반대로 기간이 경과되었으나 재무제표일 현재 이자를 받지 못한 국·공채의 이자와 같이 수익 금액을 신뢰성 있게 측정할 수 있고 현금청구권의 실현이 확실한 경우에는 수익으로 계상해야 한다. 이 경우 수익에 해당하는 금액은 미수수익(자산)으로 계상한다.

이미 당기에 발생했으나 지급 기일이 도래하지 않아 지급되지 않은 임차료나 국채이자 등의 미지급비용은 예산회계에서 지출이 발생되지 않아 경비로 인식되지 않지만 발생주의회계에서는 비용으로 인식해야 한다. 회계연도 발생분을 비용으로 인식하는 한편, 미지급비용(부채)으로 처리한다.

(2) 자산·부채의 확정 및 추정항목의 처리

○ **미결산계정의 정리**

미결산계정(clearing account, suspense account)은 거래가 확정되지 않은 경우에 임시적으로 처리하는 계정으로서, 채권이나 채무 및 비용 등을 관리하다가 내용이 확인된 뒤에 원가 배분의 방법에 따라 배분하거나 특정 계정에 이체하기 위해 임시적으로 설정하는 계정을 말한다.

세출에서 관서운영경비(국가) 또는 일상경비(지방자치단체)로 전도한 자금은 연도 말에 정산하고 잔액이 있는 경우 반납해야 한다. 또한 개산급으로 지급한 금액도 정산해야 한다. 세입의 경우 수납되었으나 납세자나 세목 등이 확인되지 않아 미결산계정으로 남아 있는 부분에 대해서는 사실을 확인해 확정된 세목으로 수입처리하거나 오류로 수납된 경우에도 이를 정리해야 한다.

○ **재고자산 등의 실사 및 평가**

연도 말 재물조사에 의해 저장품이나 소모품의 재고를 확인하고 이를 결산에 반영해야 한다. 예산회계에서는 소모품을 구입하는 경우에 지출로 처리하고 자동분개시스템에서 소모품비로 처리하므로 연도말 재고액을 소모품비에서 차감하는 것이 필요하다.

한편, 재고자산의 시가가 취득원가보다 낮은 경우 시가를 재정상태표 가액으로 한다. 이 경우 재고자산 중 제품, 상품 및 재고품의 시가는 순실현가능가액을 말하며, 생산과정에 투입될 원재료의 시가는 현행 대체원가를 말한다. 이러한 재고자산의 평가는 종목별로 실시한다.

○ 유가증권의 평가

「국가회계기준에 관한 규칙」 제33조 제3항의 규정에 의하면 채무증권은 상각후 취득원가로 평가하고 지분증권과 기타 장기투자증권, 기타 단기투자증권은 취득원가로 하도록 되어 있다. 다만, 투자 목적의 장기투자증권 또는 단기투자증권인 경우에는 재정상태표일 현재 신뢰성 있게 공정가액을 측정할 수 있으면 공정가액으로 평가하며, 장부가액과 공정가액의 차이 금액은 순자산변동표의 조정 항목으로 하도록 되어 있다.

아울러 유가증권의 회수가능가액이 장부가액 미만으로 하락하고 하락이 장기간 계속되어 회복될 가능성이 없을 경우에는 장부가액과의 차액을 감액손실로 인식하고 재정운영순원가에 반영한다. 이때 감액손실로 인정될 수 있는 경우는 다음과 같다:

- 금융거래로부터 당좌거래 정지처분을 받거나 휴업, 완전자본 잠식 상태 등 발행자의 재무상태가 악화된 경우
- 이자나 원금 상환의 지연 등 실질적인 계약 위반이 있는 경우
- 회사 정리 절차나 화의 개시 절차 등으로 당초 발행 조건의 완화가 불가피한 경우

다만, 차기 이후에 감액한 순자산가액이 회복된 경우에는 감액 전 장부가액을 한도로 투자유가증권 감액손실 환입으로 처리한다. 위 감액손실이나 환입을 순자

산 증감사항으로 처리해야 한다.

그러나 지방자치단체의 경우 「지방자치단체 회계기준에 관한 규칙」 제48조의 규정에 의하면 장기투자증권은 매입가격에 부대비용을 더하고, 이에 종목별로 총평균법을 적용해 산정한 취득원가로 평가함을 원칙으로 한다.

○ 각종 충당금 및 충당부채의 설정

유형자산 등에 대한 감가상각은 자산평가 과정이 아닌 원가 배분 과정으로 결산기말에는 감가상각누계액을 설정해야 한다. 감가상각비는 자산의 성질에 따라 사업용 자산은 프로그램 · 단위사업 · 세부사업 등의 원가로, 기관 운영을 위해 사용하는 청사의 경우에는 관리운영비로 처리해야 한다. 사용수익권은 일반유형자산과 사회기반시설에서 발생하며 해당 자산의 차감항목으로 처리해야 한다.

현행 국가 및 지방자치단체의 미수채권에 대해서는 충당금법에 의하고 있다. 즉, 대손충당금은 회수가 불확실한 채권에 대해 합리적이고 객관적 방법으로 산정한 대손추산액을 충당금으로 설정하며, 결산기에는 당해 충당금을 설정해야 한다. 아울러 퇴직급여충당부채, 연금충당부채, 보험충당부채 및 기타 장기충당부채 등 각종 충당부채를 설정해야 한다.

○ 외화자산과 부채의 평가

화폐성 외화자산과 부채는 재정상태표일 현재의 적정한 환율로 평가하며, 비화폐성 자산과 부채는 해당 자산을 취득하거나 해당 부채를 부담한 당시의 적절한 환율로 평가한 가액을 재정상태표 가액으로 하도록 되어 있다.

○ 현재가치 할인차금 상각

현재가치란 특정채권채무로 인해 미래에 수취하거나 지급할 총금액을 적정한 이자율로 할인한 가액을 말한다. 이때 할인율로는 거래에 내재된 유효이자율을 적용한다.

현재가치 평가 시 명목가액과 현재가치의 차액은 현재가치할인차금으로 하여 채권 · 채무의 명목가액에서 차감하는 형식으로 기재하고, 유효이자율법을 적용해 상각한다. 결산기 말에는 이에 대한 상각을 해야 한다.

(3) 기타 결산 수정

○ 유동성 대체

회수일 기준으로 취득 시 회수일이 1년 미만인 경우에는 유동자산의 미수채권으로 분류하고 1년 이상인 경우에는 기타 비유동자산의 장기미수채권으로 분류한다. 부채의 경우에도 만기일 기준으로 1년 미만인 경우에는 유동성 차입부채로 처리하며 1년 이상인 경우에는 장기부채로 처리한다.

(4) 통합재무제표의 작성

국가의 경우 각 중앙관서의 장은 중앙관서 소관의 일반회계, 특별회계 및 기금을 통합한 재무제표를 작성하도록 되어 있다. 이때의 통합재무제표 작성 대상은 소관에 속하는 모든 기금, 즉 중앙관서의 장이 관리하지 아니하는 기금도 포함해서 작성한다.

통합재무제표의 작성절차는 다음과 같다.

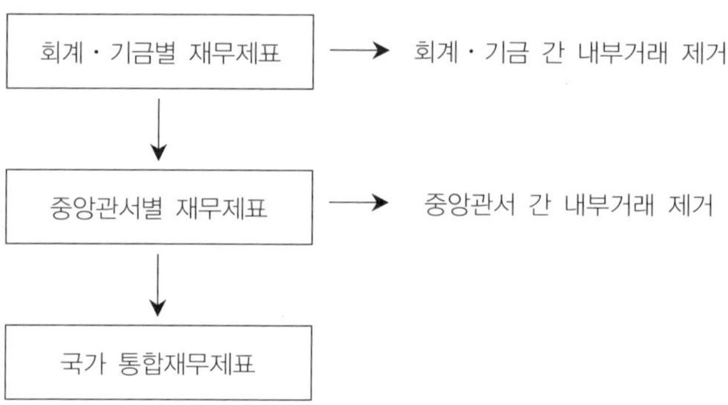

내부거래 제거는 보고실체 내에서 회계실체 간의 거래를 제거하는 것으로, 순계 개념의 자산 및 부채와 재정운영순원가 정보를 제공하게 된다.

내부거래 제거는 자산 · 부채의 내부거래 제거와 수익 · 비용 및 재원의 조달 · 이전거래의 내부거래 제거로 구분된다.

자산 · 부채의 내부거래 제거는 중앙관서나 국가회계실체 간 거래를 통해 상호 채권 · 채무를 보유하고 있는 경우 해당 채권채무를 상계해서 제거한다. 다만, 일반유형자산의 취득, 처분, 관리환 등의 거래는 상호간의 채권·채무를 보유하지 않으므로 제거 대상에서 제외한다.

또한 특정 회계실체가 발행한 국채를 다른 회계실체에서 취득하는 경우 통합재무제표 작성 시 취득한 해당 투자증권(국채)을 국채의 차감계정인 자기국채로 대체해야 한다. 자기국채계정은 발행국채 총액의 차감계정으로 재무제표에 표기하며, 이는 국채의 발행총액과 자기국채의 보유정보를 제공하게 된다.

수익·비용의 제거는 일반회계에서 특별회계나 기금에 운영할 재원을 이전한 경우와 같이 해당 기금이나 특별회계의 비교환수익(이전수익)과 일반회계의 해당 사업비(비용)를 상계해서 제거한다. 특별회계나 기금에서 받은 재원을 비유동자산 취득 등 자본적 용도로써 순자산 증가 거래로 처리한 경우에도 당해 순자산 증가 거래와 사업비(비용)를 상계해서 제거한다.

일반회계 및 기타 특별회계에서 예산을 배정받거나 제 세금이나 수익을 징수해서 통합국고계정에 불입한 경우에는 순자산 증감 거래인 재원의 조달이나 재원의 이전항목은 모두 상계해야 한다.

지방자치단체의 경우에는 보고실체가 하나이므로 보고실체 간 내부거래 제거는 해당 사항이 없으며, 회계실체(일반회계, 특별회계 및 기금) 간의 내부거래만 제거하면 된다.

요 약

1. 정부회계에서 회계베이스는 회계실체가 자산, 부채, 수익, 비용(지출) 등을 회계로써 측정하고 기록해야 할 범위와 시점의 기준을 말하며, 현금주의와 발생주의 등이 있다.
2. 현금주의는 현금으로 편성되는 예산과 현금을 측정대상으로 오로지 현금의 유입, 유출과 관련된 증감과 그 증감의 원인이 내용을 측정 및 기록하는 회계시스템이고 발생주의회계는 모든 경제적 자원의 변동에 따라 관련된 수익과 비용을 인식하는 것이다.
3. 재무보고는 보고실체의 재무적 거래 및 경제적 결과를 화폐적 단위로 기록, 보고, 해석하는 과정으로 회계정보이용자의 의사결정에 도움이 되도록 해야 한다.

4. 우리나라의 정부회계는 예산회계와 재무회계를 같이 채택하는 이원화 시스템으로 처리하고 있다. 즉, 전산조직에 의해 예산의 집행 등에 대해 예산회계에 의한 회계처리를 하고, 그 내용을 재무회계에 의한 분개 처리 및 장부에 기재하며, 이를 근거로 각각 결산해 세입세출결산서나 재무제표를 만든다.
5. 국가의 경우에는 국가재정정보시스템(dBrain)에 의해 재정정보를 관리하고 지방자치단체도 지방자치단체 재정정보시스템(e호조: e-hojo)으로 관리한다.
6. 정부회계에서 예산회계의 결산절차는 각 수입징수관은 매월 수입징수부를 근거로 징수보고서를, 재무관과 지출관은 지출액보고서를 작성하는데, 회계연도가 종료되면 세출금의 지출·반납 및 지급 완료와 세입금의 출납정리를 하고 장부를 마감한다.
7. 지방자치단체의 경우 징수관·재무관과 지출원 등은 세입징수액계산서와 지출계산서 등을 작성하고 출납폐쇄기간 및 출납정리기한에 지출·반납 및 출납정리를 하고 장부를 마감한다.
8. 재무회계의 결산절차는 이연항목 및 발생항목의 정리, 자산·부채의 확정 및 추정항목의 처리, 유동성 대체 등 기타 결산 수정 사항의 처리로 결산정리를 하고 이를 근거로 시산표 및 재무제표를 작성한다.
9. 국가의 경우 각 중앙관서의 장이 통합재무제표를 작성해 기획재정부에서 국가통합재무제표를 작성하고, 지방자치단체의 경우 각 지방자치단체별로 각 회계 및 기금을 통합해 재무제표를 작성한다.

Chapter 06

연습 문제

주관식

1. 정부회계에서 예산회계와 재무회계의 인식기준의 차이에 대해 설명하시오.
2. 예산회계에서의 단식부기 기록방식에 대해 설명하시오.
3. 현금주의와 발생주의의 개념과 차이에 대해 설명하시오.
4. 예산회계의 장, 단점에 대해 설명하시오.
5. 정부회계에서 발생주의 재무회계의 편익에 대해 설명하시오.
6. 정부회계에서 이원화 시스템이 무엇인지 설명하시오.
7. 정부회계에서 예산회계에 의해 집행하고 재무회계는 회계처리만 하게 되는 사유가 무엇인지 설명하시오.
8. 예산회계의 세입세출 결산과정을 설명하시오.
9. 재무회계의 결산과정을 설명하시오.

객관식

01. 정부회계에서 예산회계 및 현금주의에 대한 설명으로 적절하지 않은 것은?

① 현금주의는 현금으로 편성되는 예산과 현금을 측정대상으로 하는 것을 말한다.

② 정부회계의 현금주의는 거래 대상에서 오로지 현금의 유입, 유출과 관련된 증감과 그 증감의 원인이 되는 수입으로 받아들일 금액이나 원천별, 수납액, 지출의 기능별, 부문별, 사업, 활동별 및 비목요소별로 측정 및 기록하는 인식기준을 사용하고 있다.

③ 예산회계의 현금주의는 현금을 측정 대상으로 한다는 의미이며, 그 인식기준에서는 발생주의나 의무기준 등 더 확장된 기준으로 인식하는 것은 아니다.

④ 예산회계는 재무적 자원을 인식대상으로 하는 면에서 경제적 자원을 인식하는 재

무회계와 다르다.

⑤ 정부회계에서 예산회계는 모든 나라가 단식부기만 사용하는 것은 아니다.

02. **다음은 예산회계의 장·단점에 대한 설명으로 적절하지 않은 것은?**

① 예산회계는 재원배분 및 관리통제와 회계책임 확보에 매우 과학적이고 체계적인 회계시스템으로 발생주의회계를 도입하더라도 필요한 재정관리시스템이다.

② 정부회계를 개혁한 나라들의 대부분은 예산회계와 발생주의회계를 같이 사용하는 이원화 시스템을 운영하거나, 예산까지도 발생주의로 하는 경우에도 예산이 회계의 일부가 되도록 하는 예산회계를 사용하고 있다.

③ 예산회계시스템은 자원 소모에 대한 비용(원가)에 관한 정보를 제공하지 못한다.

④ 자산 구입 또는 자금을 대부하는 경우나 업무추진비를 지출한 경우에 자원의 소모면에서는 현저하게 차이가 나기 때문에 예산회계는 이를 같은 지출로 처리하는 것은 아니다.

⑤ 예산회계는 비유동자산이나 등 경제적 자원을 회계과정에서 인식하지 아니한다.

03. **정부회계의 예산회계 및 단식부기에 대한 설명으로 적절하지 않은 것은?**

① 단식부기는 예산회계에서 비유동자산이나 소모액과 같은 경제적 자원은 측정하지 않는다.

② 단식부기는 수입과 지출을 차감해서 기록하며 분리 기록하는 것은 아니다.

③ 정부회계에서 단식부기는 예산과 실제 수입 및 지출, 예산액과 실제 지불액, 받아들여야 할 금액과 받아들인 금액 등의 정보를 제공할 수 있다.

④ 예산회계에서 단식부기는 재무적 자원의 증감에 관련된 예산·수입·지출을 대상으로 그 원천이나 기능 또는 용도별로 기록할 수 있다.

⑤ 많은 나라의 정부예산회계에서 단식부기를 채택하는 이유는 정부의 각 부처가 대부분 자체의 자금원천을 가지지 못하고 활동의 자금을 승인된 예산에 의존하기 때문이다.

04. **정부회계에서 발생주의회계의 긍정적인 면에 대한 설명으로 적절하지 않은 것은?**

① 발생주의회계는 경제적 재화 및 용역의 소비·전환·실현의 측정을 제공한다.

② 자산과 부채를 측정함으로써 포괄적인 재정상태를 알 수 있다.

③ 발생주의회계는 사업 등의 원가정보를 제공할 수 있다.

④ 기업회계에서는 손익계산서의 마지막 줄은 성과를 표시한다.

⑤ 발생주의회계는 정부의 예산편성 및 집행 등 재정관리에는 예산회계에 비해 유용성이 더 크다.

05. 정부회계에서 재무회계의 편익에 대한 설명으로 적절하지 않은 것은?

① 예산회계의 회계처리과정에서 체계적으로 인식하지 않고 있던 자산이나 부채에 대한 정보를 제공해 종합적인 재정상태정보를 제공한다.
② 통제위주의 재산관리에서 인식하지 않던 자산 사용에 대한 비용 및 원가를 부담하게 함으로써 자산의 무상재라는 인식을 불식시키고 효율적인 자산 사용을 유도한다.
③ 회계처리과정에서 자산을 인식해 자산 망실이나 누락 방지, 장부 기재 누락 등 자산 부실관리를 방지한다.
④ 사업이나 활동의 원가정보를 제공함으로써 사업관리자 및 예산배분 등 의사결정자에게 원가 및 효과를 고려해 결정하는 방식을 제공한다.
⑤ 원가정보를 제공해 회계책임성 평가에 기여하지만 복잡해서 예산회계보다 투명성 개선에는 미흡하다.

06. 우리나라 정부회계의 이원화 시스템에 대한 설명으로 적절하지 않은 것은?

① 이원화 시스템(dual-track accounting system)은 전산조직에 의해 예산의 집행 등에 대해 예산회계에 의한 회계처리를 하고 그 내용을 재무회계에 의한 분개처리 등을 동시에 회계처리하는 것을 말한다.
② 예산 수반 회계는 예산부서 각 사업부서에 예산 배정으로부터 회계처리된다.
③ 사업부서는 사업계획을 수립하고 재무관에게 지출원인행위를 요구한다.
④ 지출결의서는 재무관이 작성하고 이를 지출관에게 지출 의뢰해 집행한다.
⑤ 예산과목과 재무회계과목은 지출결의서 작성 부서에서 정한다.

07. 예산회계의 결산절차에 대한 설명으로 적절하지 않은 것은?

① 결산기가 도래하면 재무관은 수입징수보고서와 지출액보고서를 마감한다.
② 회계연도가 종료되면 세출금의 지출·반납 및 지급 완료와 세입금의 출납정리를 하고 장부를 마감한다.
③ 중앙관서의 장은 수입부와 지출부를 작성해 기획재정부장관에게 보고하고, 기획재정부장관은 이를 근거로 총수입부와 총지출부를 작성한다.
④ 각 중앙관서의 예산회계의 결산서는 세입결산서와 세출결산서를 각각 작성해 이를 근거로 세입·세출결산서를 작성한다.
⑤ 세입결산보고서의 구조는 세입예산액, 징수결정액, 수납액, 불납결손액, 미수납액, 세입예산액과 수납된 세입액과의 차이로 되어 있다.

08. **정부회계에서 재무회계의 결산절차에 대한 설명으로 적절하지 않은 것은?**

① 재무회계의 결산절차는 이연항목 및 발생항목의 정리, 자산·부채의 확정 및 추정항목의 처리, 유동성 대체 등 기타 결산 수정 사항의 처리로 결산정리를 하고 이를 근거로 시산표 및 재무제표를 작성한다.

② 이연항목의 정리는 선급비용과 선수수익이 이에 해당하고, 이의 수익과 비용을 회계처리하는 것이다.

③ 발생항목의 정리는 미수수익과 미지급비용 등에 대한 내용을 정리하는 것이다.

④ 미결산계정은 거래가 확정되지 않은 경우에 임시적으로 처리하는 계정으로서, 채권이나 채무 및 비용 등을 관리하다가 내용이 확인된 뒤에 원가 배분의 방법에 따라 배분하거나 특정 계정에 이체하기 위해 임시적으로 설정하는 계정을 말한다.

⑤ 국가나 지방자치단체의 결산에서는 기업회계와 같이 재고자산을 조사해 결산하지는 않는다.

정답 및 해설

1. ③ 예산회계의 현금주의는 현금을 측정 대상으로 한다는 의미이며, 그 인식기준에서는 발생주의나 의무기준 등 더 확장된 기준으로 인식한다..

2. ④ 자산 구입 또는 자금을 대부하는 경우나 업무추진비를 지출한 경우에 자원의 소모 면에서는 현저하게 차이가 나는데도 예산회계는 이를 같은 지출로 처리한다. 그 결과 비용에 대한 정보를 제공하지 못한다.

3. ② 단식부기는 수입과 지출을 분리해서 기록한다.

4. ⑤ 발생주의회계는 정부의 예산편성 및 집행 등 재정관리에는 예산을 회계에 포함시킬 수 없어 적용하기 곤란하다.

5. ⑤ 원가정보를 제공해 회계책임성 평가에 기여하고 또한 사업의 원가정보를 제공해 투명성 개선에 기여한다.

6. ⑤ 예산과목은 지출결의서 작성 부서에서 정한지만 재무회계의 회계과목은 복식부기담당자가 처리한다.

7. ① 결산기가 도래하면 재무관은 지출액보고서를, 징수관이나 수입징수관은 수입징수보고서를 마감한다.

8. ⑤ 국가나 지방자치단체의 결산에서는 재고자산을 조사해서 결산한다.

Chapter 07

회계감사

개 관

대부분의 나라에서는 다소간의 차이는 있지만 대부분 독립된 회계검사원 또는 검사기관을 설치해서 국가의 세입·세출에 대한 결산 및 국가기관과 지방자치단체, 공공단체의 회계검사를 실시하고 있다. 이와 함께 공공부문에서 이루어지는 회계검사는 민간부문의 외부감사인에 의한 기업회계의 재무제표감사와는 일부 유사성의 존재에도 불구하고 현저한 차이가 나는 부분들이 적지 않다.

이 장에서는 정부 등 공공부문에 대한 결산검사의 내용과 절차를 살펴본 후, 공공부문의 감사의 개념과 이에 대한 유형을 구체적으로 살펴보기로 한다.

Chapter 07

회계감사

제 1 절 결산검사

공공부문도 민간부문과 마찬가지로 회계의 책임성과 투명성을 확보하기 위해서는 적정한 내부통제의 유지, 회계 결과의 공개 및 제3자에 의한 감사가 필요하다. 모든 나라는 이념이나 정치체제를 달리하더라도 기능 면에서 다소 차이는 있으나 대부분 독립된 회계검사원 또는 감사기관을 설치해 국가의 세입·세출에 대한 결산 및 국가기관과 지방자치단체나 공공단체의 회계검사를 실시하고 있다.

1. 국가의 결산검사

우리나라에서는「헌법」제99조의 규정에 의해 감사원은 국가의 세입·세출에 대한 결산(settlement of accounts)을 매년 검사해 대통령과 다음 연도 국회에 그 결과를 보고하도록 되어 있다. 이러한 결산검사는 독립된 감사기관이 정부예산 등의 집행액이나 수납액 등의 계수의 적정 여부를 확인하는 것으로 미국 연방정부 회계검사원에서는 이를 민간부문과 같이 재무제표감사(financial statement audit)라 하고, 영국 중앙정부에서는 입증감사(certification audit)라 한다.

결산검사의 가장 중요한 내용은 결산확인으로 감사원이 매월 또는 분기로 각 수입징수관 등 계산증명책임자가 제출한 계산증명서류를 근거로 이를 전산에 의해 검사하고 작성한 ① 검사 확인액표상 금액과, 기획재정부장관이 송부한 ② 세입세출 결산과 한국은행이 제출한 ③ 국고금출납계산서를 대조해 3자간의 부합 여부를 확인하는 것이다. 통상의 경우에는 일치되는 것이 정상적이나 특이한 경우에는 일치되지 않는 경우도 있다.

감사원의 결산검사 보고에 담는 내용은 다음과 같다.

- 재정운용에 관한 내용
  - 재정운용의 기본 방향
  - 재정운용의 여건: GDP 대비 통합재정 규모, 장기 부문별 재정배분계획, 국가채무 추이 및 전망, 조세부담률 변동 추이, 연도별 조세지출
  - 통합재정수지: 종합수지, 부문별 수지(정부예산수지, 공공기금수지, 비금융공기업의 수지), 통합재정수입과 통합지출 규모, 보전재원
  - 국가채무: 채무 성질별 규모 및 증감 추이, 정부보증채무
- 세입 · 세출 확인
  - 일반회계 및 특별회계의 세입 · 세출 규모 및 잉여금 확인
  - 일반회계 및 특별회계
- 세입의 결산확인 및 세입분석(수납, 불납결손, 미수납액)
- 세출의 결산확인 및 세출분석(기능별 집행실적, 성질별 집행실적, 전용, 이용 · 이체, 이월 및 불용)
  - 기업특별회계: 재산 상태, 손익상황, 잉여금처분 상황
- 기타: 예비비, 계속비, 기금, 국유재산 등 검사 결과
- 재무제표에 대한 감사 결과
  - 재정상태표, 재정운영표에 대한 감사 결과
  - 국가 일반회계, 특별회계, 기금의 총괄적인 자산과 부채 내용

감사원의 결산검사보고서에는 위의 결산 확인 이외에 각종 감사활동에 대한 전반적인 내용이 포괄적으로 포함되어 있다.

2. 지방자치단체의 결산검사

지방자치단체의 장은 출납폐쇄 후 80일 이내에 결산서와 증빙서류를 작성하고, 지방의회가 선임한 검사위원의 검사의견서를 첨부해 의회에 제출해 지방의회의 승인을 얻어야 한다(「지방자치법」 제125조).

검사위원은 시・도의 경우에는 5인 이상 10인 이하, 시・군 및 자치구의 경우에는 3인 이상 5인 이하로 하되, 그 정수・선임방법・운영 및 실비 보상에 관해 조례로 정하도록 되어 있다. 검사위원은 공인회계사나 세무사 등 회계전문가로 하도록 되어 있으며, 지방의회 의원은 검사위원 수의 3분의 1을 초과하지 못하도록 하고 있다(「지방자치법시행령」 제46조).

지방자치단체의 장이 결산검사위원에게 결산검사에 필요한 서류를 제출할 때 재무제표에 대해서 제출할 때에는 공인회계사법에 의한 공인회계사의 검토의견을 첨부하도록 되어 있다.

지방자치단체의 결산검사는 예산회계의 결산검사와 재무제표의 결산검사로 구분되며, 예산회계의 결산검사위원은 의회 의원이나 회계전문가 등이 담당하고, 재무회계의 결산검사는 공인회계사가 담당하게 할 필요가 있다.

1) 예산회계의 결산검사

예산회계의 결산검사는 결산확인(certification audit)과 재무관련감사(financial related audit)로 구분되는데, 결산확인은 내부통제를 평가해 기본회계검사를 실시하고 이에 의한 각 회계실체별로 결산계수를 확인하는 것이며, 재무관련감사는 예산집행을 예산과 법령이 정한 대로 제대로 집행했는지 공유재산이나 물품・채권 등의 관리를 제대로 했는지 등에 대한 회계감사를 말한다.

(1) 결산확인

지방자치단체의 결산검사 기능 중 가장 중요한 기능은 물론 감사원의 국가결산검사와 같은 결산 확인이다. 결산확인은 ① 결산서, ② 결산서의 작성 근거가 되는 장부 및 증빙, 그리고 ③ 금고의 출납계산서에 의해 3자간 부합 여부를 확인하는 것이다. 결산확인은 집행 주체에서 결산보고한 금액이 장부와 증빙을 제대로 갖추고 장부와 증빙 및 금고 등의 자금이 일치하며, 그 결과 회계는 적정히 처리되고 횡령 등 불법행위가 없다는 것을 확인하는 것이다.

지방자치단체의 결산확인은 회계업무처리과정 및 내부통제 평가기법을 활용, 평가 결과에 따라 감사범위를 정해 점검하는 등 증빙감사를 실시해야 한다.

지방자치단체의 회계처리는 건수가 많고 범위가 방대하기 때문에 내부통제 평가기법을 사용하지 않고는 실제적으로 접근하기 곤란하므로 내부통제의 평가기법의 실제 활용이 매우 중요하다.

결산 계수가 확인되면 지방재정의 개괄적인 상황에 대한 조사를 하여 재정 운용의 여건[1](재정자립도, 1인당 재정부담률 등), 재정수지(일반회계, 특별회계, 기금), 채무(성질별 규모 및 증감 추이) 등에 관한 내용을 검토하고 이해관계인이 알기 쉽도록 설명자료를 만들어야 한다. 이들 자료는 단순히 1회계연도에 국한하지 말고 최근 5년간의 자료나 향후 전망도 표시하는 것이 필요하다.

결산확인은 일반회계 및 특별회계의 세입·세출 규모 및 잉여금을 확인하고 전년도 잉여금의 처분내용을 설명함과 아울러 세입의 결산확인 및 세입분석(수납, 불납결손, 미수납액)과 함께 세출의 결산확인 및 세출분석(기능별 집행실적, 성질별 집행실적, 전용, 이용·이체, 이월 및 불용)을 해야 한다. 또한 예비비의 용도별 지출내역 등을 확인해야 한다. 이러한 비목 중 장기간 분석이 필요한 사항은 5년간의 분석자료를 제시할 수 있다.

(2) 재무관련감사

재무관련감사(financial related audit)는 공공부문의 감사준거기준(audit criteria), 즉 감사판단기준에 의해 회계업무를 평가해 감사하는 것이다. 그러나 감사판단기준은 공인회계사들이 준거하는 GAAP이나 회계기준과 같은 기준 이외에 법령이나 규칙, 예산 등 합법성(regularity), 타당성(propriety), 합리성(rationality), 효율성

1) 해당 지방자치단체의 인근 지역이나 전국 평균의 수치를 비교해서 작성하는 것이 이해에 도움이 된다.

(3Es) 등의 더 넓은 잣대를 사용하고 감사접근방법이나 감사목적, 감사중점 및 감사결과도 공인회계사의 재무제표감사와 많이 다르다.

감사범위에서도 재정집행과 관련한 회계감사를 포함하는데, 주 내용은 예산을 목적대로 집행했고 예산집행에서 관련 법규를 준수하고 회계책임을 다했는지의 여부를 확인하는 것이다.

또한 사업집행과정의 공사나 물자를 구매하면서 임의로 공개경쟁을 하지 않고 특정인에게 수의계약을 하고 리베이트를 받거나 이러한 수의계약을 합법으로 하기 위해 부당하게 공사나 물자의 구매계약 금액을 분할하는 등의 문제점도 점검해야 할 항목이다. 또한 지방자치단체장의 인기나 표를 의식한 선심성 행사나 과시로 자원낭비와 같은 경비집행도 회계검사에서 다루어야 한다.

자산의 관리문제는 공공용 재산 또는 공용재산 및 잡종재산으로 분류하는 문제부터 양여·처분·사용·점용 허가 등 관리의 문제들로서 관리는 시민 등의 이해관계와 직결되기 때문에 지방자치단체의 장이 수탁자로서 제대로 관리했는지를 살펴보고 문제점이 있는 경우에는 결산검사에 포함시켜야 한다. 특히 잡종자산의 명세서와 임대료 수익명세서를 대사(對査)해서 누락 여부를 점검하는 경우 적정한 자산관리를 유도할 수 있다. 중요 물품의 경우에도 관리의 적부 문제를 다루어야 한다.

2) 재무제표에 대한 공인회계사의 감사

(1) 재무제표의 적정 여부에 대한 의견

재무제표의 적정 여부에 대한 의견은 예산회계에 의한 결산확인 내용을 재무제표로 작성하면서 제대로 작성되었는지의 여부에 대한 점검을 하고, 이에 대한 의견을 표시하는 것을 말한다. 재무제표감사는 감사인이 재무제표의 회계처리가 적절한 회계기준에 따라 제대로 되었는지의 여부를 점검하고 이에 대한 의견을 표시하는 것이다.

정부회계에서 감사는 예산회계의 결산검사로서 진실성이나 적정성을 확보해야 한다. 예산회계처리에는 기업회계의 가치평가나 회계방법의 선택이 배제되어 매우 투명하며 분식회계의 가능성은 거의 없다. 예산회계에서 진실성 · 적정성은 대체로 직설적이고 명백하다. 그런데 예산회계로 이미 검증한 부분의 진실성 · 적정성 여부를 재무회계에서 다시 다루면 이는 중복의 의미가 있을 수 있다.

이러한 예산회계로 처리한 결과를 재무회계로 전환하는 경우에도 분식회계의 가능성은 매우 낮다. 왜냐하면 기업의 경영자가 옵션을 받기 위해 경영성적을 조작하거나, 대주주가 주식을 취득한 후 주가를 올려 이를 처분하고, 자금사정이 어려운 기업이 은행차입을 받기 위해 분식회계를 하는 등과 같은 이해관계가 거의 없기 때문이다.

다만, 관계 공무원이 재무회계에 대한 전문지식 부족으로 회계기준과 전혀 다른 처리를 한 경우에는 회계정보가 왜곡되기 때문에 잘못 회계처리한 부분에 대한 지적은 필요하나 이러한 부분만 중점적으로 감사하는 경우 감사의뢰자에게 별도로 편익을 주지 못한다.

아울러 지방자치단체의 재무제표 적정 여부에 대한 의견은 단순히 재무제표의 계수 확인에 그치지 않고 자산의 증가 현황과 부채와 채무와 관련된 내용의 추세 분석 등에 의해 재정건전성이나 지속가능성, 사회기반시설의 투자 추이나 주요 자본시설 투자와 사업진도뿐만 아니라 순원가체제로 변경될 경우 주요 사업의 프로그램순원가와 전체 프로그램순원가의 변화 추이, 관리운영비 및 재정운영순원가의 추이 등 감사서비스 이용자들이 재정의 상황 이해나 향후 전개될 기조 등을 파악할 수 있도록 결산검사자가 이를 작성할 필요가 있다.

(2) 주요 사업 등에 대한 감사

주요 사업 등에 대한 회계감사는 사업 수행이나 자원배분의 의사결정에 관한 정보의 내용을 사업관리자나 의회관계자 등에게 알려주어 더 나은 사업관리 및 자원배분을 하도록 지원적인 역할을 하는 감사이다.

지방자치단체에서 시행하는 각종 재정투융자사업이나 행사성 사업에 대해 당초 계획 대비 실제 투융자의 진도나 사업의 예상편익과 투입 대비 실제편익과 투입 내용 등의 실태를 제공해 자원을 효율적으로 사용하도록 하는 것이다.

3) 검사보고서

예산회계의 결산검사보고서는 결산개요와 종합의견, 결산검사 결과와 재무감사 결과 등으로 구분할 수 있다. 결산개요와 종합의견은 결산검사 근거, 결산검사 범위, 결산검사 일시 등의 내용과 결산확인 결과에 대해 종합의견을 표시하는 것이다. 결산검사 결과는 예산회계의 세입 · 세출결산이나 기금의 수입 · 지출, 계속비, 예비비와 이월 등 예산회계와 관련된 모든 집행내용을 확인해야 한다. 특히 예산회계의 결산확인과 함께 최근 5년간의 재정수지와 채무 증감 추이, 재정자립도와 수입의 성질별 내용 등 재정 운용의 여건 및 지속가능성 등을 포함해야 한다.

재무관련감사결과는 재무감사에 대한 내용을 사무내용과 지적내용 및 시성이나 주의, 권고나 개선해야 할 내용을 정리해서 첨부해야 한다. 재무관련감사결과는 집행 주체에 대해 관련자의 의견 등을 충분히 들은 후에 적정한 처리방안을 제시해야 한다.

공인회계사에 의한 재무제표감사는 결산개요와 종합의견, 재무제표의 적정 여부에 대한 감사와 주요 사업에 대한 감사결과를 구분 작성하는 것이 필요하다.

종합의견은 공인회계사의 재무제표감사의견 표시와 같이 적정의견, 한정의견, 부적정의견 등으로 표시하는 것을 말한다. 공인회계사 등 외부기관의 재무제표에 대한 감사의견으로는 적정의견(unqualified opinion), 한정의견(qualified opinion), 부적정의견(adverse opinion), 의견거절(disclaimer of opinion), 부분적 의견(piecemeal opinion) 등이 있다.

재무제표의 적정 여부에 대한 감사에서는 결산결과 요약설명 및 확인과 자산의 성질별 변화추이, 부채의 증감 현황 및 지속가능성, 주요 사업원가와 관리운영비, 일반수익 등을 분석해 결산내용을 이해할 수 있도록 작성하는 것이 필요하고, 주요 사업에 대한 감사결과도 감사 내용과 문제점을 사업별로 작성하는 것이 필요하다.

제 2 절 공공부문감사

1. 감사의 개념

일반적으로 감사라 함은 이미 이루어진 타인의 업무나 행위를 비판적으로 관찰해서 적부(適否)·정부(正否)·당부(當否)를 비판하는 것을 말한다. 감사의 개념은 전통적인 회계감사(auditing)에서 기원을 찾을 수 있다. 1940년 몽고메리(Robert H. Montgomery)는 회계감사를 "조직의 재정활동 및 그 수입·지출의 결말에 관한 사실을 확인·검증하고, 나아가서는 그 결과를 보고하기 위해 정부·기타의 기록을 체계적으로 검사하는 행위"로 정의했다.

이와 같은 회계감사의 정의는 민간부문의 외부감사인에 의한 기업회계의 재무제표감사(financial statement audit)를 대상으로 하고 있어, 정부 및 지방자치단체의 회계감사에 그대로 적용하는 데는 일부의 유사성에도 불구하고 많은 차이가 있다. 민간부문의 재무제표에 대한 회계감사와 공공부문의 회계감사에서 현저히 차이가 나는 부분은 감사범위(audit scope)와 감사의 준거기준 또는 판단기준(audit criterion, audit judgement standards)에 있다. 이 밖에도 감사를 구성하는 요소로 감사의 독립성, 조사 및 감사결과의 보고처리 등이 있다.

공공부문을 포함하는 경우 감사는 다음과 같이 정의할 수 있다. "감사란 법령이나 계약 등에 의거 임명된 감사인이 어떤 조직체의 운영·활동이나 회계 등 부여된 감사범위에서 설정된 판단기준에 따라 독립적으로 제반 정보·자료·기록 등을 수집·평가·확인·분석하고, 증거에 의거 입증된 조사결과를 보고처리하는 체계적인 처리과정을 말한다."

1) 감사인 및 감사의 독립성

감사의 독립성은 주어진 감사범위와 기한 내에서 위임된 내용을 공정하고 객관적이며 신뢰성 있게 조사할 수 있도록 하는 실질적인 내용과 제도적 장치를 말한다. 감사는 공정성(fairness), 객관성(objectivity), 신뢰성(reliability)의 확보가 필수적이다.

감사의 독립성은 그 내용과 형식에 따라 세 가지로 분류할 수 있다. 즉, 그것은 업무상의 독립성, 신분상의 독립성, 재정상의 독립성이며, 이들은 서로 밀접한 관련이 있다.

(1) 업무상의 독립성

좁은 의미로 감사의 독립성을 말할 때는 업무상의 독립성을 의미한다. 업무상의 독립성은 감사인이 감사업무를 수행하는 데 편견이나 치우침이 없고 객관적이며 신뢰성 있는 업무처리를 보장하기 위해 주어진 감사범위와 판단기준에서 감사의 접근방법, 감사기법의 사용, 문제점의 인식 및 증거 획득, 보고 및 처리 등 감사의 모든 과정과 감사기구 운영상의 자율성을 말한다.

(2) 신분상의 독립성

최고 회계검사기구의 장 등은 법률 등으로 엄격히 그 신분을 보호하고, 탄핵 또는 건강상 문제 등 특별한 사유 이외에는 정치권력 등으로부터 해임을 당하지 아니하도록 하고 있는 점이다.

신분상의 독립성은 감사기구의 소속 감사요원에 대한 실질적인 인사권이 행정부로부터 독립되어야 함을 포함하고 있다. 자체감사기구는 조직의 기관장 또는 차상급자의 소속으로 일반 계선조직과 분리해서 설치하는 것이 일반적이다.

(3) 재정상의 독립성

각국의 최고 회계검사기구의 재정은 예산으로 편성되지만, 사법부 · 선거기구 등과 같이 행정부나 의회로부터 예산상의 제한에 의한 간섭을 배제하기 위한 장치를 마련하고 있으며, 회계검사원이 의회의 소속되는 경우에도 예산은 일반예산과 분리, 사법부 등의 예산과 같은 차원에서 심의하게 된다. 이 역시 감사독립성의 확보를 위해 필요한 것이다.

2) 감사의 범위

감사의 범위(audit scope)는 집행 주체, 즉 감사대상 조직의 모든 활동 · 행위 · 처리 중 감사인이 부여받은 감사대상이 되는 업무의 범위를 말한다. 집행 주체의 활동 · 행위 · 처리 등은 재무와 관련해서 재무적 활동과 비재무적 활동으로 구분할 수 있으며, 또한 활동내용에 따라 정책 · 사업 · 관리 · 행정 · 사무 · 행위 · 거래 · 행정처분 · 처리 등 여러 내용으로 구분할 수 있다.

전통적인 회계감사, 특히 민간부문의 감사는 재무제표의 적정표시 여부에만 초점을 맞추고 있다. 기업의 내부감사는 외부감사보다 더욱 범위가 넓어 회계처리의 적정여부뿐만 아니라 관리(management)나 처리에도 관여하게 된다. 공공부문의 내부감사에서는 통상 회계처리 외에도 조직의 목표달성을 위한 모든 내용, 즉 행정사무와 직무 및 기강까지도 감사대상으로 하고 있다.

2. 감사판단기준

감사인이 감사대상주체의 활동 · 거래 · 제도 등이 위법 · 부당하다든지 비경제적이고 불합리하다고 문제점을 지적할 때 감사인은 어떤 기준을 설정하고 문제점을 지적하게 된다. 이때 감사인이 감사대상주체의 활동 · 행위 · 거래와 같은 문제점을 평가 · 판단하는 기준을 감사판단기준(audit criteria)이라 한다.

공인회계사의 상장법인에 대한 재무제표감사에서 기업회계기준, 회계원칙 및 회계관습은 판단기준이 된다. 그러나 공공부문의 감사에서는 감사범위와 감사결과처리방법이 다르기 때문에 위와 같은 회계기준만으로는 복잡한 공공부문의 활동에 대한 감사의 잣대를 삼을 수 없다. 공공부문감사의 감사 판단기준에서 기초를 이루며, 최후의 잣대로 삼아야 하는 것은 공익(public benefit)이다.

1) 협의의 감사판단기준(감사의 잣대)

감사인이 감사대상 주체의 활동 · 행위 · 거래 · 제도 등에 대한 문제점을 지적할 때 감사인은 통상 "…해야 함에도 …"로 표시되는 논리적 바탕 및 가치 개념으로 평가·판단하고 있는바, 이를 협의의 감사판단기준 또는 감사의 잣대(audit norms)라 한다.

(1) 합법성·합규성

합법성(legality, regularity)은 공공부문감사에서 가장 중요한 기준이며, 합법상 감사 또는 성과감사 등 어떤 감사를 하더라도 기본적인 판단기준이 된다. 합법성은 법령, 명령, 예산, 회계규칙, 일반적으로 인정된 회계원칙(GAAP) 및 회계관습, 행정규범, 행정준칙 등을 포함한다. 법령은 그 자체가 경제성·능률성 등이나 공평성·민주성·합목적성 등 행성 이념 등을 포함하고 있다. 그러나 법령만이 항상 최고의 가치판단기준이 되는 것은 아니다. 법령 등이 복잡한 인간 사회의 모든 면을 규정한다는 것은 사실상 불가능하며, 설사 자세하게 기술한 경우에도 외부 환경이 변화되어 시대에 뒤떨어지게 되거나 비합리적인 것이 될 수 있기 때문이다.

합법성은 실질적인 법치주의와 형식적인 법치주의로 구분할 수 있다. 법령을 보는 관점에서 법의 표현상 문자보다 법이 의도하고 있는 정신적인 면을 고려해 법치주의가 실현되도록 하는 것은 실질적 법치주의라 할 수 있으며, 법의 구성논리 및 표현에만 초점을 맞춰 여건이나 외부 환경 등을 고려하지 아니하고 적용하는 경우 형식적인 법치주의라 할 수 있다.

감사에서 추구하는 합법성은 실질적인 법치주의지 형식적인 법치주의가 아니다. 형식적인 법치주의는 공익에 반하는 등 감사의 부작용을 초래할 요소가 있기 때문이다. 따라서 감사인이 합법성을 판단하는 데는 형식적인 논리에 얽매인 단순한 고려는 지양되어야 한다.

(2) 타당성

타당성(propriety)은 많은 사람이 따르는 것이 맞다고 인정하는 사회적 행동의 기준을 의미한다. 이 개념은 감사 실무에서 상당히 많이 사용되는 개념이다. 감사결과 처분요구문안 중에서 "…함이 타당함에도"를 직접적으로 명시하지 않더라도 이러한 내용으로 지적되는 경우 이 개념을 이용한 것이다. 타당성 개념은 여러 개념이 복합되어 있다.

① 진실(truth): 실제로 일어난 사실을 바탕으로 표현된 것을 진실이라 하며, 그반대는 거짓임(예: 허위공문서 작성 또는 공문서 변조)

② 정당(justice): 이치에 당연한 일을 가리킴(예: 계약 물량 과다 계상과 같이 계산을 잘못한 경우)

③ 공평성(equity): 민주성이라고도 하며, 모두에게 동일한 대우를 해주는 것임(예: 특수관계인에게만 특혜 부여)

④ 윤리성(ethic, morality): 도덕 · 윤리기준에 위배(예: 품위유지의무 위반)

(3) 합리성

합리성(rationality)은 원래 이성 또는 이치에 합치된다는 뜻이나 감사에서는 두 가지 이상의 가치가 대립될 때 주어진 조건이나 환경에서 향후 전향적으로 최선의 방법 또는 결론을 얻는 의미로 사용된다. 합리성은 주로 법령상 · 제도상 · 행정상 개선사항이 되는 내용의 표현에서 주로 사용된다.

(4) 효율성

효율성(3Es)은 감사에서뿐만 아니라 공공부문 예산집행자들이 준거해야 할 개념으로, 경제성(economy) · 능률성(efficiency) · 효과성(effectiveness)을 총칭하는 개념이다.

① 경제성: 적정한 품질과 관련해서 획득하거나 사용하는 자원의 경비를 최소화하는 것(spending less)

② 능률성: 재화 및 서비스의 산출물 또는 결과, 즉 output과 이를 생산하는 데 소요된 인적 · 물적 자원, 즉 input과의 관계를 말한다. 문제는 주어진 투입량으로 최대의 산출물을 얻거나 주어진 산출물을 위해 투입량을 최소화하는 데 있다(spending well).

③ 효과성: 사업이나 계획 · 활동 등의 당초 의도한 결과와 실제 달성한 결과 사이의 관련성을 말한다. 즉, 정책의 목적, 활동의 목표 및 의도한 효과를 얼마나 달성했는지의 여부를 말한다(spending wisely).

감사의 잣대는 잣대 개별로만 적용될 때가 있지만 상충될 때가 있다. 합법성과 효율성이 상충될 때가 있고, 이의 적용을 잘못하는 경우 오히려 부작용을 초래하게 된다.

2) 감사의 효과

감사인이 어떤 감사결과를 판단할 때에는 반드시 감사의 효과를 미리 고려해야 하며, 이에 따라 감사판단이 달라질 수 있다. 감사효과 또는 성과는 감사를 실시하지 않은 경우의 상태 또는 물질에서 감사를 실시한 경우 얻어지는 상태와 물질의 차이라 볼 수 있으며, 그 효과는 긍정적인 면과 부정적인 면으로 구분해서 볼 수 있다.

긍정적인 효과는 국가회계의 적정 도모, 행정운영의 개선 및 향상 또는 공공 책임성 확보, 자원의 합리적 이용, 정책결정능력의 향상, 사업성과 확보 등으로 나타나고, 부정적인 효과는 소극적 · 비창의적 업무 수행 등 감사를 실시함에 따라 나타나는 바람직하지 않은 효과로서 감사부작용을 의미한다.

감사효과는 감사결과 지적사항 또는 처분요구에 의해서만 발생되는 것은 아니고 감사의 모든 과정에 걸쳐 발생한다. 즉, 감사인이 감사과정에서 보여준 감사기법(표본선정, 대사 등 조사기법, 증거획득방법) 및 감사인의 태도, 부정과 관련된 관계자의 재산상 · 신분상 조치, 제도개선 등 사후처리에 따라 감사효과가 좌우된다.

3. 감사의 종류

1) 외부감사와 내부감사

이 구분은 기본적으로 감사인의 조직적인 소속이 감사 대상기관에 소속되는지의 여부에 따라 구분하는 것이다. 민간부문의 경우에 이 구분은 비교적 선명하나 공공부문의 경우 명백한 것은 아니다. 또한 이 구분은 이해관계인의 범위에 따라서 구분할 수도 있다. 즉, 이해관계인이 조직 그 자체 내에 한정되어 있는가 또는 조직 외에 있는가 하는 점이다.

내부감사(internal audit)는 주로 내부통제(internal control)를 목적으로 하는 데 비해 외부감사(external audit)는 피감사기관 자체를 위하는 면도 있지만 제3의 이해관계인을 위하는 데 있다. 예를 들면, 정부투자기관의 경우 공인회계사로 하여금 재무제표에 대한 감사를 하도록 하거나, 국회의 국정감사, 감사원의 감사, 중앙부서의 특정 목적을 위한 법률의 위임에 의한 감사는 주주나 국민을 대신해서 감사하는 것이다. 물론 외부감사도 기관의 내부통제를 확립하기 위한 면도 있으나 이를 중점으로 하지는 않는다.

2) 사전감사와 사후감사

사전·사후감사는 감사수행의 시기를 기준으로 한 구분이다. 즉, 감사대상 행위 또는 거래가 있기 전 또는 활동 내지 거래 중에 실시하거나 아니면 종결된 후에 실시하는지의 여부에 따른 구분이다. 정책·사업이 집행되기 전에 타당성을 감사하는 경우에는 사전감사(pre-audit)로, 사업이나 정책의 추진 과정에서 성과감사를 실시하는 것은 과정감사로 분류하고, 사업이나 정책이 종료된 후에 하는 감사를 사후감사(post-audit)로 구분하기도 한다.

우리나라의 경우 사전감사는 사업 등이 중대하거나 잘못된 경우 치유가 어려운 사항(올림픽사업, 대단위 자원이 소요되는 국책건설사업 등)에 대해 감사인을 상시 파견하거나 공사시공 중 수시로 점검하는 감사를 실시하는 경우가 있다.

3) 서면감사와 실지감사

서면감사(desk audit)는 세입·세출에 대한 계산서 및 증거서류, 특정한 계약 체결 시, 범죄 발생 등 감사 대상기관이 정기적 또는 수시적으로 통보해야 할 사항이 발생했을 때 관련되는 감사자료를 제출하고 이에 따라 감사를 실시하는 것을 말한다.

실지감사(field audit)는 감사인이 피감사기관 또는 감사사항에 관계되는 외부기관에서 수행하는 감사를 말한다.

4) 종합감사, 특정감사 및 계통감사

종합감사(full scope audit)는 국민생활에 밀접한 관련이 있거나 중대한 비중을 차지하고 있는 기관 또는 민원의 대상이 될 수 있는 기관에 대해 주기능·주업무·주요 사업 등을 모두 감사 대상으로 하는 것을 말한다. 이 감사는 감사 대상기관의 성격에 따라 다르지만 비교적 많은 감사인력을 일시에 투입하는 감사이다.

이 감사의 장점은 감사 대상기관의 업무 전반을 유기적으로 감사함으로써 일시에 관리상의 문제점이나 부조리·부정 및 부당한 업무처리 등 강력한 감사를 실시할 수 있으나, 수감기관에 과중한 부담을 주고 감사 범위가 넓어 심도 있게 접근하지 못할 우려도 있다. 이 감사는 단시일에 한 기관의 제도상·운영상의 문제점을 개선하는 데 적합한 감사이다.

특정감사는 특정사항감사(specific subject audit)라고도 하며 특정한 사업, 특정자금 또는 특정 업무 등을 감사주제로 선정해서 감사사항 중심으로 실시하는 감사를 말하며, 그 성격에 따라 성과감사와 특정감사로 구분한다.

특정 사항의 감사대상이 되는 감사사항 중 다수 기관 관련 업무 또는 사업에 대한 감사를 계통감사라 한다. 계통감사는 다시 횡적인 계통감사와 종적인 계통감사 두 가지로 구분될 수 있다.

횡적인 계통감사(across the board audit)에는 두 가지가 있다. 하나는 특정한 사업 또는 업무에 대해 여러 부서가 상호보완관계에 있을 때, 관련 부서와 관련 단체 등에 대해 함께 조사하고 문제점 및 대책을 검토하는 감사를 하는 경우이다. 다른 하나는 선정된 감사사항의 관련 기관이 동일 또는 유사한 기관에 분포되어 있을 때 감사 대상기관 간 비교를 목적으로 수행하는 경우이다. 정부 관련 부서에는 전자에 관련된 수평적 계통감사가 많고, 정부투자기관 또는 지방자치단체의 경우에는 후자의 경우가 많다.

종적인 계통감사(system－oriented audit)는 특정한 사업 또는 활동이 공공부문의 계층적 구조에서 중앙부서, 산하기관, 지방자치단체, 기타 단체 등으로 관련 공공기관들을 커다란 체인으로 연결한 것 같은 형태를 띠고 있을 때, 계획부서부터 업무의 처리내용 및 절차에 따르거나 공공자금의 흐름에 따라 시스템 전체를 감사하는 것을 말한다.

5) 전면감사와 발췌감사

전면감사(complete audit)는 감사대상이 되는 업무 · 거래 · 사건에 대해 전수조사를 실시하는 것이며(예: 양곡재고조사), 발췌감사(test audit)는 그중 일부를 표본추출 방법이나 기타 선정기준에 따라 선정 조사하는 것을 말한다. 통상 감사인은 감사인력 및 기간 등 감사자원의 제한을 받기 때문에 감사대상이 되는 업무의 내부통제를 평가하고, 평가결과에 따라 발췌감사를 할 것인가 또는 전면감사를 할 것인가를 결정해야 하며, 감사의 위험성(audit risk)을 고려해야 한다.

6) 합법성감사와 성과감사

합법성감사(compliance audit)는 회계 · 행정 · 업무 등에 대해 법규 · 예산 · 지시 등에 순응해서 처리하고, 일반적으로 맞다고 인정하는 사회적 판단기준인 타당성에도 부합하는지의 여부를 다루는 감사이며, 전통적인 정부감사는 이러한 역할을 함으로써 감시적 · 통제적인 역할을 해 왔다. 합법성감사는 감사 대상에서 합법성에 위배되거나 타당성에 위배되는 사항, 즉 위법 · 부당 사항을 지적하고 있다.

성과감사(performance audit)란 감사대상기구의 조직 · 사업 · 활동이나 기능에 대해 기관 전체, 특정 사업 · 업무 또는 분야별로 거시적 · 종합적 · 장기적 · 동태적 안목에서 비경제 · 비능률 · 불합리 등의 문제점을 각각 감사사항 및 목적별로 접근해 찾아내고 대안을 제시함으로써 자원의 효율적 이용 또는 사업성과 확보나 시행착오 방지 등 지원적 역할을 목적으로 수행하는 체계적인 감사를 말한다.

7) 감사청구에 의한 감사

(1) 국회의 감사청구

2003년에 시행된 제도로서 국회는 의결로 감사원의 직무 범위에 속한 사항 중 사안을 특정해서 감사를 청구할 수 있는데, 이 경우 감사원은 3개월 이내에 감사결과를 국회에 보고하도록 되어 있다. 특별한 사유로 위 기간 이내에 감사를 마치지 못했을 때에는 중간보고를 하고 감사기간 연장요청을 할 수 있으며, 의장은 2개월 범위 안에서 연기할 수 있도록 하고 있다(「국회법」 제127조의2).

(2) 국민감사청구

공공기관의 사무처리가 법령 위반 또는 부패행위로 인해 공익을 현저히 해하는 경우 20세 이상 국민 300인 이상이 감사원이나 독립기관(국회 · 법원 · 선거관리위원회 · 헌법재판소) 및 지방자치단체 또는 그 장의 권한에 속하는 사무에 대해 시 · 도지사 또는 주무부장관에게 국민감사청구를 할 수 있다(「부패방지 및 국민권익위원회의 설치와 운영에 관한 법률」 제72조).

일반국민이 요건을 갖춰 감사를 청구한 사항에 대해 감사청구심사위원회에서 감사 실시 여부를 결정하고 동 위원회의 결정에 따라 감사에 착수 · 처리한 후 그 결과를 청구인에게 통보하도록 되어 있다.

그러나 국가 기밀 및 안전보장에 관한 사항, 수사 · 재판 및 형 집행에 관한 사항, 불복구제 절차 및 이해조정 절차가 진행 중인 사항, 이미 감사한 사항 또는 감사 중인 사항 등은 감사청구대상에서 제외하고 있다.

(3) 감사원 감사청구

선거권을 가진 주민 300인 이상, 지방의회 또는 감사 대상기관의 장, 건전시민단체 등이 부실공사, 환경오염, 국민 불편 사항이나 다수 국민의 안전과 삶의 질과 관련된 민생분야 시책 등의 개선 · 향상이 필요한 사항에 대해 감사원에 감사청구를 할 수 있다. 감사청구가 되면 감사원은 이를 심사해 감사실시여부를 결정, 감사계획에 반영하고 감사를 실시한 후 그 결과를 청구인에게 통보하고 있는데, 사인(私人) 간의 분쟁 등 민사사항, 판결사항, 소송 또는 수사 중인 사항 등은 청구 대상에서 제외하고 있다.

(4) 주민감사청구

20세 이상 일정 수 이상의 주민이 지방자치단체와 그 장이 관할하는 사무의 처리가 법령에 위반되거나 공익을 현저히 해한다고 인정한 경우에 연서로써 시·도에서는 주무부장관에게, 시·군 및 자치구에서는 시·도지사에게 감사를 청구할 수 있다. 여기서 일정 수의 주민이란 20세 이상이 주민 총수의 50분의 1이 되는 범위 안에서 당해 지방자치단체의 조례로 정하게 되어 있다(「지방자치법」 제16조).

감사청구가 되면 주무부장관 등은 감사청구를 수리한 날로부터 60일 이내에 감사를 종료해 청구인에게 통지하고 이를 공표하도록 되어 있다. 그러나 그 기간 안에 종료하기 어려운 정당한 사유가 있을 때에는 그 기간을 연장할 수 있다.

주민감사청구에서도 수사 또는 재판에 관여하게 되는 상황이나 개인의 사생활을 침해할 우려가 있는 사항 등은 제외하도록 되어 있다.

요 약

1. 대부분의 나라에서는 다소간의 차이는 있지만 독립된 회계검사원 또는 검사기관을 설치해서 국가의 세입·세출에 대한 결산 및 국가기관과 지방자치단체, 공공단체의 회계검사를 실시하고 있다. 우리나라에서는 국가의 세입·세출의 결산은 헌법에 의거해 감사원이 매년 검사하고 있으며, 지방자치단체의 경우 지방자치단체의 장은 세입·세출의 결산을 작성해 지방의회의 승인을 얻어야 한다.
2. 한편, 공공부문의 감사는 법령이나 계약 등에 의거 임명된 감사인이 어떤 조직체의 운영·활동이나 회계 등 부여된 감사 범위에서 설정된 판단기준에 따라 독립적으로 제반 정보·자료·기록 등을 수집·평가·확인·분석하고, 증거에 의거 입증된 조사 결과를 보고 처리하는 체계적인 처리 과정을 말한다. 감사의 최종적인 판단기준은 공익이라 할 수 있으며, 협의의 판단기준으로는 합법성·합규성, 타당성, 합리성, 효율성 등이 있다. 이와 함께 감사인이 감사결과를 판단할 때에는 반드시 감사의 효과를 미리 고려해야 하며, 감사의 효과에는 긍정적인 측면과 부정적인 측면이 동시에 존재한다는 사실에 유념할 필요가 있다.

Chapter 07

연습 문제

주관식

1. 지방자치단체의 결산검사위원의 선임에 대해 설명하시오.
2. 지방자치단체의 결산검사에 대해 설명히시오.
3. 감사의 독립성에 대해 설명하시오.
4. 감사판단기준(준거기준)에 대해 설명하시오.
5. 국민감사청구에 대해 설명하시오.

객관식

01. 정부회계의 결산검사에 대한 설명이다. 적정하지 않은 것은?

① 우리나라 국가회계의 결산검사는 감사원이 검사해 대통령과 다음 연도 국회에 그 결과를 보고하도록 되어 있다.
② 결산검사는 다른 나라에서 입증감사 또는 재무제표감사라고도 한다.
③ 결산검사 보고에는 결산 확인뿐만 아니라 각종 감사활동에 대한 전반적인 내용이 포함된다.
④ 우리나라 지방자치단체의 결산검사도 「헌법」 제99조의 규정에 따라 감사원에서 수행한다.
⑤ 국가의 감사원은 독립기구이다.

02. 감사의 종류에 대한 설명이다 적정하지 않은 것은?

① 내부감사와 외부감사는 원칙적으로 감사인이 감사대상기관에 소속되어 있는지 여부에 따라 구분하는 것이다.
② 공인회계사의 재무제표감사, 감사원의 감사 등은 외부감사이다.
③ 서면감사는 감사인이 피감사기관에서 서류에 의한 감사를 하는 것을 말한다.

④ 전면감사는 감사 대상이 되는 업무·거래·사건에 대해 전수조사를 실시하는 것을 말한다.

⑤ 국민감사 청구는 19세 이상 국민이 법에 정한 인원 이상이 감사원이나 독립기관(국회, 법원 등) 및 지방자치단체 또는 시도지사 또는 주무부 장관에게 청구해 감사 실시 여부를 결정하고 이에 따라 해당 기관에서 시행하는 감사를 말한다.

03. 정부 회계감사의 준거기준 중 많은 사람이 따르는 것이 맞다고 인정하는 사회적 행동의 기준을 의미하는 것은?

① 합법성 ② 타당성 ③ 합리성
④ 민주성 ⑤ 효율성

04. 정부의 예산집행기준으로도 사용되고 정부회계에 대한 감사기준으로 사용되는 것으로서, 재화 및 서비스의 산출물(output) 또는 결과와 이를 생산하는 데 소요되는 인적·물적 자원, 즉 투입(input)과의 관계를 뜻하는 기준은?

① 경제성 ② 효율성 ③ 능률성
④ 효과성 ⑤ 민주성

05. 다음 감사 중 감사청구에 의한 감사가 아닌 것은?

① 국회의 감사청구 ② 국민감사청구 ③ 감사원의 감사청구
④ 불법 재정지출에 대한 국민감시제도 ⑤ 시민감사청구

정답 및 해설

1. ④ 지방자치단체 결산검사는 자체에서 선임한 결산검사위원이 담당한다.

2. ③ 피감사기관에서 수행하는 감사는 실지감사이다.

3. ② 타당성은 많은 사람이 따르는 것이 맞다고 인정하는 사회적 행동의 기준을 말한다.

4. ③ 투입과 산출 관계를 동시에 고려하는 것은 능률성이다.

5. ④ 불법 재정지출에 대한 국민감시제도는 감사청구에 의한 감사는 아니다.

Part 02

정부회계의 인식과 측정

Chapter 08

자산회계

개 관

재정상태표는 재정상태표일 현재의 자산과 부채의 명세 및 상호관계 등 재정상태를 나타내는 재무제표로서 자산, 부채 및 순자산으로 구성된다.

자산은 과거의 거래나 사건의 결과로 현재 회계실체가 소유(실질적으로 소유하는 경우를 포함한다) 또는 통제하고 있는 자원으로서, 미래에 공공서비스를 제공할 수 있거나 직접 또는 간접적으로 경제적 효익을 창출하거나 창출에 기여할 것으로 기대되는 자원을 말한다. 자산은 공용 또는 공공용으로 사용되는 등 공공서비스를 제공할 수 있거나 직접적 또는 간접적으로 경제적 효익을 창출하거나 창출에 기여할 가능성이 매우 높고 그 가액을 신뢰성 있게 측정할 수 있을 때에 인식한다. 재정상태표에 표시하는 자산의 가액은 해당 자산의 취득원가를 기초로 하여 계상한다.

국가회계에서는 자산을 유동자산, 투자자산, 일반유형자산, 사회기반시설, 무형자산 및 기타비유동자산으로 구분해서 재정상태표에 표시한다. 지방회계에서는 자산을 유동자산, 투자자산, 일반유형자산, 주민편의시설, 사회기반시설, 기타비유동자산으로 구분해서 재정상태표에 표시한다.

자산과 부채는 유동성이 높은 항목부터 배열한다. 이 경우 유동성이란 현금으로 전환되기 쉬운 정도를 말한다. 자산, 부채 및 순자산은 총액으로 표시한다. 이 경우 자산 항목과 부채 또는 순자산 항목을 상계함으로써 그 전부 또는 일부를 재정상태표에서 제외해서는 아니 된다.

Chapter 08

자산회계

제 1 절 자산의 정의와 분류

재정상태표는 재정상태표일 현재의 자산과 부채의 명세 및 상호관계 등 재정상태를 나타내는 재무제표로서 자산, 부채 및 순자산으로 구성된다.

자산은 과거의 거래나 사건의 결과로 현재 회계실체가 소유(실질적으로 소유하는 경우를 포함한다) 또는 통제하고 있는 자원으로서, 미래에 공공서비스를 제공할 수 있거나 직접 또는 간접적으로 경제적 효익을 창출하거나 창출에 기여할 것으로 기대되는 자원을 말한다. 자산은 현금뿐 아니라 정부가 보유하고 있는 재산적 가치가 있는 것으로 현재 정부에서 사용하는 재산 또는 물품보다 다소 넓은 개념이라고 볼 수 있다.

<표 8-1>은 국가회계 재정상태표 양식의 자산 부분을 보여주고 있고, <표 8-2>는 지방회계 재정상태표 양식의 자산 부분을 보여주고 있다. 국가회계에서는 자산을 유동자산, 투자자산, 일반유형자산, 사회기반시설, 무형자산 및 기타비유동자산으로 구분해서 재정상태표에 표시한다. 지방회계에서는 자산을 유동자산, 투자자산, 일반유형자산, 주민편의시설, 사회기반시설, 기타비유동자산으로 구분해서 재정상태표에 표시한다. 국가회계와 지방회계의 자산 분류를 비교해 보면 지방회계에서는 주민편의시설이 중요하기 때문에 별도로 구분해서 표시하고, 국가회계

에 있는 무형자산이 지방회계에서는 일반적으로 비중이 작기 때문에 기타비유동자산으로 보고한다. 이 두 가지 차이를 제외하면 국가회계와 지방회계의 자산 분류가 같다.

자산과 부채는 유동성이 높은 항목부터 배열한다. 이 경우 유동성이란 현금으로 전환되기 쉬운 정도를 말한다. 자산, 부채 및 순자산은 총액으로 표시한다. 이 경우 자산 항목과 부채 또는 순자산 항목을 상계함으로써 그 전부 또는 일부를 재정상태표에서 제외해서는 아니 된다.

표 8-1 국가회계 재정상태표 자산 부분

당기: 20×Y년 12월 31일 현재
전기: 20××년 12월 31일 현재

○○기금, ○○부처, 대한민국 정부 (단위: 원)

	주석	20×Y		20××	
자산					
Ⅰ. 유동자산			×××		×××
1. 현금및현금성자산	×		×××		×××
2. 단기금융상품	×		×××		×××
3. 단기투자증권	×		×××		×××
4. 미수채권	×	×××		×××	
…		×××		×××	
5. 단기대여금	×	×××		×××	
…		×××		×××	
6. 기타유동자산	×		×××		×××
Ⅱ. 투자자산			×××		×××
1. 장기금융상품	×		×××		×××
2. 장기투자증권	×		×××		×××
3. 장기대여금	×	×××		×××	
…		×××		×××	
4. 기타투자자산	×		×××		×××
Ⅲ. 일반유형자산			×××		×××
1. 토지	×	×××		×××	
…		×××		×××	
2. 건물	×	×××		×××	
…		×××		×××	

3. 구축물	×	×××		×××	
…		×××		×××	
4. 기계장치	×	×××		×××	
…		×××		×××	
5. 집기·비품·차량운반구	×	×××		×××	
…		×××		×××	
6. 전비품	×	×××		×××	
…		×××		×××	
7. 기타일반유형자산	×	×××		×××	
…		×××		×××	
8. 건설중인일반유형자산	×		×××		×××
Ⅳ. 사회기반시설			×××		×××
1. 도로	×	×××		×××	
…		×××		×××	
2. 철도	×	×××		×××	
…		×××		×××	
3. 항만	×	×××		×××	
…		×××		×××	
4. 댐	×	×××		×××	
…		×××		×××	
5. 공항	×	×××		×××	
…		×××		×××	
6. 하천	×	×××		×××	
…		×××		×××	
7. 상수도	×	×××		×××	
…		×××		×××	
8. 국가어항	×	×××		×××	
…		×××		×××	
9. 기타사회기반시설	×	×××		×××	
…		×××		×××	
10. 건설중인사회기반시설	×		×××		×××
Ⅴ. 무형자산			×××		×××
1. 산업재산권	×		×××		×××
2. 광업권	×		×××		×××
3. 소프트웨어	×		×××		×××
4. 기타무형자산	×		×××		×××
Ⅵ. 기타비유동자산			×××		×××
1. 장기미수채권	×	×××		×××	
2. …	×	×××		×××	
자산 계			×××		×××

표 8-2 지방회계 재정상태표 자산 부분

해당 연도 20××년×월×일 현재
직전 연도 20××년×월×일 현재

지방자치단체명 (단위: 원)

과목	해당 연도(20××년)						직전 연도(20××년)					
	일반회계	기타특별회계	기금회계	지방공기업특별회계	내부거래	계	일반회계	기타특별회계	기금회계	지방공기업특별회계	내부거래	계
자산												
Ⅰ. 유동자산												
현금및현금성자산												
단기금융상품												
...												
Ⅱ. 투자자산												
장기금융상품												
장기대여금												
...												
Ⅲ. 일반유형자산												
토지												
건물												
건물감가상각누계액												
...												
Ⅳ. 주민편의시설												
도서관												
주차장												
...												
Ⅴ. 사회기반시설												
도로												
도시철도												
...												
Ⅵ. 기타비유동자산												
보증금												
무형자산												
자산 총계												

<표 8-3>은 2016년 및 2017년 국가회계 요약재정상태표를 보여주고 있다. 2017년 12월 31일 현재의 국가 총자산은 2,063조 원이며, 총부채는 1,556조 원이다. 따라서 총자산에서 총부채를 차감한 순자산은 507조 원이다. 총자산은 투자자산 786조 원, 일반유형자산 547조 원, 유동자산 394조 원, 사회기반시설 325조 원 등으로 구성되어 있다. 총부채는 장기충당부채 902조 원, 장기차입부채 478조 원 등으로 구성되어 있다.

표 8-3 국가회계 요약 재정상태표

(단위: 조 원)

	2017	2016
	2017	2016
자산 합계(a)	2,062.5	1,966.8
Ⅰ. 유동자산	394.4	367.4
Ⅱ. 투자자산	786.4	727.2
Ⅲ. 일반유형자산	546.7	543.2
Ⅳ. 사회기반시설	324.6	318.6
Ⅴ. 무형자산	1.6	1.3
Ⅵ. 기타비유동자산	8.8	9.1
부채 합계(b)	1,555.8	1,433.1
Ⅰ. 유동부채	140.2	136.9
Ⅱ. 장기차입부채	478.4	456.5
Ⅲ. 장기충당부채	902.2	805.9
Ⅳ. 기타비유동부채	35.0	33.8
순자산(a-b)	506.7	533.7

제 2 절 자산의 인식과 평가

자산은 공용 또는 공공용으로 사용되는 등 공공서비스를 제공할 수 있거나 직접적 또는 간접적으로 경제적 효익을 창출하거나 창출에 기여할 가능성이 매우 높고 그 가액을 신뢰성 있게 측정할 수 있을 때에 인식한다.

국가회계에서는 현재 세대와 미래 세대를 위해 정부가 영구히 보존해야 할 자산으로서 역사적, 자연적, 문화적, 교육적 및 예술적으로 중요한 가치를 갖는 유산자산은 자산으로 인식하지 아니하고 그 종류와 현황 등을 필수보충정보로 공시한다. 지방회계에서는 문화재, 예술작품, 역사적 문건 및 자연자원은 자산으로 인식하지 아니하고 필수보충정보의 관리책임자산으로 보고한다. 또한 국가회계에서 국가 안보와 관련된 자산은 기획재정부장관과 협의해서 자산으로 인식하지 아니할 수 있다. 이 경우 해당 중앙관서의 장은 해당 자산의 종류, 취득시기 및 관리현황 등을 별도의 장부에 기록해야 한다.

재정상태표에 표시하는 자산의 가액은 해당 자산의 취득원가를 기초로 하여 계상한다. 다만, 무주부동산의 취득, 교환 또는 기부채납 등의 방법으로 자산을 취득한 경우에는 취득 당시의 공정가액을 취득원가로 한다. 다만, 국가회계에서는 국가회계실체 사이에 발생하는 관리전환이 무상거래일 경우에는 자산의 장부가액을 취득원가로 하고, 유상거래일 경우에는 자산의 공정가액을 취득원가로 한다.

국가회계 재정상태표에 표시하는 자산은 국가회계기준에서 따로 정한 경우를 제외하고는 자산의 물리적인 손상 또는 시장가치의 급격한 하락 등으로 해당 자산의 회수가능가액이 장부가액에 미달하고 그 미달액이 중요한 경우에는 장부가액에서 직접 빼서 회수가능가액으로 조정하고, 장부가액과 회수가능가액의 차액을 그 자산에 대한 감액손실의 과목으로 재정운영순원가에 반영하며 감액 명세를 주석(註釋)으로 표시한다. 다만, 감액한 자산의 회수가능가액이 차기 이후에 해당 자산이 감액되지 아니했을 경우의 장부가액 이상으로 회복되는 경우에는 그 장부가액을 한도로 하여 그 자산에 대한 감액손실 환입 과목으로 재정운영순원가에 반영한다.

지방회계 재정상태표에 기재하는 자산은 자산의 진부화, 물리적인 손상 및 시장가치의 급격한 하락 등의 원인으로 인해 해당 자산의 회수가능가액이 장부가액에 미달하고 그 미달액이 중요한 경우에는 이를 장부가액에서 직접 차감해서 회수가능가액으로 조정하고 감액 내역을 주석으로 공시한다. 이 경우 회수가능가액은 해당 자산의 순실현가능액과 사용가치 중 큰 금액으로 한다.

「군수품관리법」에 따라 관리되는 전비품(戰備品) 등의 평가 기준은 국방부장관이 따로 정하는 바에 따를 수 있다.

제 3 절 자산의 분류별 회계

1. 유동자산

유동자산은 재정상태표일부터 1년 이내에 현금화되거나 사용될 것으로 예상되는 자산이다. 국가회계에서는 현금및현금성자산, 단기금융상품, 단기투자증권, 미수채권, 단기대여금 및 기타유동자산 등으로 구분하며, 지방회계에서는 현금및현금성자산, 단기금융상품, 미수세금, 미수세외수입금 등으로 구분한다.

1) 현금및현금성자산[국가/지방]

현금및현금성자산은 통화 및 타인 발행 수표 등 통화대용증권과 보통예금, 당좌예금 및 큰 거래비용 없이 현금으로 전환이 용이하고 이자율 변동에 따른 가치 변동의 위험이 중요하지 않은 유가증권 및 단기금융상품으로서 취득 당시 만기일이 3개월 이내인 것을 말한다.

2) 단기금융상품[국가/지방]

단기금융상품은 금융기관이 취급하는 정기예금, 정기적금, 사용이 제한되어 있는 예금 및 기타 정형화된 상품 등으로서, 재정상태표일부터 1년 이내에 현금화되거나 사용될 것으로 예상되는 것을 말한다.

3) 단기투자증권[국가/지방]

단기투자증권은 시장에서 거래되거나 투자의 대상이 될 수 있는 재산권을 나타내는 증권으로서 만기가 1년 이내이거나 1년 이내에 처분 예정인 것을 말한다.

국가회계에서 단기투자증권은 매입가액에 부대비용을 더하고 종목별로 총평균법 등을 적용해 산정한 가액을 취득원가로 한다. 단기투자채무증권은 상각후취득원가로 평가하고 단기투자지분증권 및 기타 단기투자증권은 취득원가로 평가한다. 다만, 투자목적의 단기투자증권인 경우에는 재정상태표일 현재 신뢰성 있게 공정가액을 측정할 수 있으면 그 공정가액으로 평가하며, 장부가액과 공정가액의 차이금액은 순자산변동표에 조정항목으로 표시한다. 단기투자증권의 회수가능가액이 장부가액 미만으로 하락하고 그 하락이 장기간 계속되어 회복될 가능성이 없을 경우에는 장부가액과의 차액을 감액손실로 인식하고 재정운영순원가에 반영한다.

4) 미수채권[국가]

미수채권은 정부 고유의 행정활동, 재화 및 용역 제공활동 등의 거래에 의해 장래에 일정한 현금을 수취할 권리를 갖게 되는 경우 등에서 발생한 채권으로서 재정상태표일 현재 만기가 1년 이내인 것을 말한다. 미수채권은 현재가치할인차금과 대손충당금을 차감하는 형식으로 재정상태표에 표시된다. 미수채권 현재가치 할인차금은 장기미수채권 현재가치할인차금 중 유동성 대체된 부분을 말하며, 미수채권 대손충당금은 미수채권에 대해 신뢰성 있고 객관적인 기준에 따라 산출한 대손추산액을 의미한다.

5) 미수세금[지방]

지방회계에서는 미수채권 중 미수세금을 중요성을 고려해 별도의 과목으로 보고한다. 미수세금은 지방세의 부과 징수 과정에서 발생한 채권으로 징수결의가 이루어졌으나 수납되지 않은 것으로서 징수유예, 연부연납액 등을 포함하며, 체납된 지방세도 별도로 구분하지 않고 포함한다. 미수세금은 미수세금 대손충당금을 차감하는 형식으로 표시하는데, 미수세금 대손충당금은 미수세금에 대한 회수불능 추산액을 산정한 것이다.

사례 8-1 미수세금 대손충당금 회계처리의 예

○○시의 과거 3년 동안 미수주민세에 대한 결손처분 현황이 아래와 같은 경우 2019 회계연도의 대손충당금을 설정하시오. 2019년 결산전 대손충당금 잔액은 1,000,000원이다.

회계연도	결손처분액	체납채권 잔액
2017	5,000,000	30,000,000
2018	4,000,000	50,000,000
2019	1,000,000	20,000,000
계	10,000,000	100,000,000

※ 체납채권 잔액은 결손처분 전 미수납액

[회계처리]

2019.12.31: (차) 대손상각 900,000 (대) 대손충당금 900,000

※ 추정결손율: (10,000,000 ÷ 100,000,000) × 100 = 10%

※ 대손충당금: 19,000,000(미수채권: 20,000,000 − 1,000,000) × 10% = 1,900,000

※ 대손상각: 1,900,000 − 1,000,000 = 900,000

재정상태표(2019.12.31)

미수세금	19,000,000	
차감: 대손충당금	1,900,000	17,100,000

6) 미수세외수입금[지방]

지방회계에서는 미수채권 중 미수세외수입금을 중요성을 고려해 별도의 과목으로 보고한다. 미수세외수입금은 세외수입의 부과 · 징수 과정에서 발생한 채권으로 징수결의가 이루어졌으나 수납되지 않은 것으로서 징수유예, 연부연납액 중 징수결의된 금액도 포함하며 체납된 세외수입도 별도로 구분하지 않고 포함한다. 미수세외수입금은 미수세외수입금 대손충당금을 차감하는 형식으로 표시하는데, 미수세외수입금 대손충당금은 미수세외수입금에 대한 회수불능추산액을 산정한 것이다.

7) 미수징수교부금[지방]

지방회계에서는 미수채권 중 미수징수교부금을 그 중요성을 고려해 별도의 과목으로 보고한다. 미수징수교부금은 시 · 군 · 자치구가 시 · 도세 징수를 대행함에 따라 시 · 도세 징수액의 일정 부분에 해당하는 부분을 징세비 명목으로 보상받은 수입 중 미수액과 시 · 도의 사용료, 수수료, 부담금 등 세외수입에 대해 시 · 군 · 자치구가 징수를 대행함에 따른 수입 중 미수액을 포함한다.

8) 미수정부간 이전수익[지방]

지방회계에서는 미수채권 중 미수정부간 이전수익을 중요성을 고려해 별도의 과목으로 보고한다. 미수정부간 이전수익은 정부간이전수익에 대한 미수액으로 교부결정 등의 확정 통지는 되었으나 수납되지 않은 지방교부세, 자치구 조정교부금, 시 · 군 조정교부금과 각종 보조금, 기타 정부간이전재원을 포함한다.

9) 단기대여금[국가/지방]

단기대여금은 유상으로 자금을 제공하는 경우의 금전에 대한 채권으로 재정상태표일 현재 만기가 1년 이내인 것을 말한다. 단기대여금도 현재가치할인차금과 대손충당금을 차감하는 형식으로 재정상태표에 표시된다. 단기대여금 현재가치할인차금은 장기대여금 현재가치할인차금 중 유동성 대체된 부분을 말하며, 단기대여금대손충당금은 단기대여금에 대해 신뢰성 있고 객관적인 기준에 따라 산출한 대손 추산액을 의미한다.

10) 재고자산[지방]

재고자산은 국가회계에서는 기타유동자산에 포함해서 보고하나, 지방회계에서는 별도의 과목으로 보고한다. 재고자산은 지방자치단체가 판매를 목적으로 취득 후 보유하거나, 장래 행정서비스 제공을 위해 사용·소모 및 생산 과정에 투입할 목적으로 취득 후 보유하고 있는 자산이다.

재고자산은 구입가액에 부대비용을 더하고 이에 선입선출법을 적용해 산정한 가액을 취득원가로 한다. 다만, 실물흐름과 원가산정방법 등에 비춰 다른 방법을 적용하는 것이 더욱 합리적이라고 인정되는 경우에는 개별법, 이동평균법 등을 적용하고 그 내용을 주석으로 공시한다.

11) 기타유동자산[국가/지방]

기타유동자산은 1년 이내에 현금화되거나 사용될 것으로 예상되는 미수수익, 선급금, 선급비용 및 재고자산(국가회계의 경우) 등을 말한다.

국가회계에서 재고자산의 시가가 취득원가보다 낮은 경우에는 시가를 재정상태표 가액으로 한다. 이 경우 원재료 외의 재고자산의 시가는 순실현가능가액을 말하며, 생산과정에 투입될 원재료의 시가는 현재 시점에서 매입하거나 재생산하는 데 드는 현행대체원가를 말한다.

사례 8-2 선급비용 회계처리의 예

○○시는 민간으로부터 2018년 7월 1일에 토지를 임차하고 1년 임차료에 대해 2019년 7월 1일에 10,000,000원을 지출했다.

[회계처리]

2018년 7월 1일 지출 시:

(차) 토지임차료	10,000,000	(대) 현금과예금	10,000,000

2018년 12월 31일 재정상태표일 결산 시:

(차) 선급비용 5,000,000 (대) 토지임차료(*1) 5,000,000

(*1) 10,000,000원(토지임차료 인식 금액) − 10,000,000원(1년 토지임차료) × 6월 ÷ 12월 = 5,000,000원(미경과 토지임차료)

2019년 1월 1일 선급비용에 대한 역분개 시 :

(차) 토지임차료 5,000,000 (대) 선급비용 5,000,000

2. 투자자산

투자자산은 투자 또는 권리행사 등의 목적으로 보유하고 있는 자산으로서, 장기금융상품, 장기투자증권, 장기대여금 및 기타투자자산 등을 말한다.

1) 장기금융상품[국가/지방]

장기금융상품은 금융기관이 취급하는 정기예금, 정기적금, 사용이 제한되어 있는 예금 및 기타 정형화된 상품 등으로서, 재정상태표일부터 1년 후에 현금화되거나 사용될 것으로 예상되는 것을 말한다.

2) 장기투자증권[국가/지방]

장기투자증권은 만기가 1년 후이거나 1년 후에 처분 예정인 채무증권, 지분증권 및 기타장기투자증권을 말한다.

장기투자증권은 매입가액에 부대비용을 더하고 종목별로 총평균법 등을 적용해 산정한 가액을 취득원가로 한다. 장기투자채무증권은 상각 후 취득원가로 평가하고 장기투자지분증권 및 기타 장기투자증권은 취득원가로 평가한다.

다만, 국가회계에서는 투자 목적의 장기투자증권의 경우에는 재정상태표일 현재 신뢰성 있게 공정가액을 측정할 수 있으면 그 공정가액으로 평가하며, 장부가액과 공정가액의 차이 금액은 순자산변동표에 조정항목으로 표시한다. 장기투자증권의 회수가능가액이 장부가액 미만으로 하락하고 그 하락이 장기간 계속되어 회복될 가능성이 없을 경우에는 장부가액과의 차액을 감액손실로 인식하고 재정운영순원가에 반영한다.

사례 8-3 할인발행된 국채 취득 시 회계처리의 예

○○부처는 20×1년 1월 1일 다음과 같은 국민주택채권 3종을 취득했으며, 발행가액(발행수수료 등 비용 차감 후 금액)은 93,925,301원으로 할인발행되었다. 국민주택채권의 이자는 연 1회 매년 말에 지급하는 조건이다. 취득 당시 유통수익률은 12%이다. 유효이자율법에 의한 차금 상각은 다음과 같다.

액면가액: 100,000,000
액면 이자율: 연 10%
이자 지급: 12월 31일 (연 1회)
국민주택채권 만기일: 20X4년 12월 31일

20×1년부터 20×4년까지의 회계처리를 제시하면 다음과 같다. 다만, 이 예제에서 유동성 대체는 생략한다.

〈상각표〉

(단위: 원)

일자	장부가액 (액면가액–할인차금)	유효이자	액면이자	현재가치할인차금 상각액
20X1.1. 1	93,925,301	–	–	–
20X1.12.31	95,196,337	11,271,036	10,000,000	1,271,036
20X2.12.31	96,619,898	11,423,561	10,000,000	1,423,561
20X3.12.31	98,214,286	11,594,388	10,000,000	1,594,388
20X4.12.31	100,000,000	11,785,714	10,000,000	1,785,714

[회계처리]

20×1년 1월 1일:

(차) 장기투자증권–채무증권 93,925,301 (대) 현금과예금 93,925,301

20×1년 12월 31일:

(차) 현금과예금 10,000,000 (대) 이자수익(*1) 11,271,036
장기투자증권-채무증권(*2) 1,271,036
(*1) 유효이자율을 적용해 산정함 = 93,925,301 × 12% = 11,271,036
(*2) 액면이자 금액 10,000,000원과 유효이자 금액 11,271,036의 차액 1,271,036 만큼을 장기투자증권-채무증권으로 인식함

20×2년 12월 31일:
(차) 현금과예금 10,000,000 (대) 이자수익 11,423,560
장기투자증권-채무증권 1,423,560

20×3년 12월 31일:
(차) 현금과예금 10,000,000 (대) 이자수익 11,594,388
장기투자증권-채무증권 1,594,388

20×4년 12월 31일:
(차) 현금과예금 10,000,000 (대) 이자수익 11,784,714
장기투자증권-채무증권 1,784,714
(차) 현금과예금 100,000,000 (대) 장기투자증권-채무증권 100,000,000

3) 장기대여금[국가/지방]

장기대여금은 유상으로 자금을 제공하는 경우의 금전에 대한 채권으로 재정상태표일 현재 만기가 1년 후인 것을 말한다. 장기대여금은 현재가치할인차금과 대손충당금을 차감하는 형식으로 재정상태표에 표시된다. 장기대여금 현재가치할인차금은 장기대여금의 명목가액과 현재가치 금액의 차이 금액을 말하며, 장기대여금 대손충당금은 장기대여금에 대해 신뢰성 있고 객관적인 기준에 따라 산출한 대손 추산액을 의미한다.

사례 8-4 장기대여금 회계처리의 예

문화체육관광부는 2016년 초에 ××에게 현금 ₩197,254,869,730을 3년간 장기대여했다. 이 대여금은 2018년 말에 일시 회수할 예정이며, 약정 이자율은 0%이다. 2016년 초의

유효이자율은 연 15%이다(유동성 대체 회계처리는 생략하며, 융자사업에 해당하지 않는다고 가정한다).

1. 대여 조건

만기회수금액: 300,000,000,000

액면이자율: 연 0%

유효이자율: 연 15%

만기일: 2018년 12월 31일

공정가액: 197,254,869,730(*1)

(*1) $300,000,000,000 \div (1+15\%)^3 = 197,254,869,730$

2. 현재가치(PV)

총수령금액	300,000,000,000
원금(PV)	197,254,869,730
이자(PV)	0
합계	197,254,869,730
현재가치할인차금	102,745,130,270

3. 상각표

(단위: 원)

기간	유효이자	액면이자	현재가치할인차금 상각액	장부가액 (원금–현재가치할인차금)
2016.1.1				197,254,869,730
2016.12.31	29,588,230,459	–	29,588,230,459	226,843,100,189
2017.12.31	34,026,465,028	–	34,026,465,028	260,869,565,217
2018.12.31	39,130,434,783	–	39,130,434,783	300,000,000,000

[회계처리]

2016년 1월 1일:

(차) 장기일반대여금 300,000,000,000 (대) 현금과예금 197,254,869,730
장기일반대여금 현재가치할인차금 102,745,130,270

2016년 12월 31일:

(차) 장기일반대여금 현재가치할인차금 29,588,230,459 (대) 장기일반대여금 이자수익 29,588,230,459

2017년 12월 31일:

(차) 장기일반대여금 현재가치할인차금	34,026,465,028	(대) 장기일반대여금 이자수익	34,026,465,028

2018년 12월 31일 :

(차) 장기일반대여금 현재가치할인차금	39,130,434,783	(대) 장기일반대여금 이자수익	39,130,434,783
(차) 현금과예금	300,000,000,000	(대) 장기일반대여금	300,000,000,000

4) 기타투자자산[국가/지방]

투자자산 중 장기금융상품, 장기투자증권 및 장기대여금에 해당하지 아니하는 투자자산으로서 투자회원권, 파생상품자산, 신탁사업수익권 등을 말한다.

3. 일반유형자산

유형자산은 그 실질적인 사용 목적에 따라 국가회계에서는 일반유형자산과 사회기반시설로 구분하며, 지방회계에서는 일반유형자산, 주민편의시설, 사회기반시설로 구분한다. 따라서 동일한 성질의 건물이라도 지방회계에서는 그 사용 목적이 청사용인 경우 일반유형자산으로 구분하고, 공원 부속시설인 경우 주민편의시설로, 댐 부속시설인 경우 사회기반시설로 구분한다.

일반유형자산은 고유한 행정활동에 1년 이상 사용할 목적으로 취득한 자산(국가회계에서는 사회기반시설은 제외, 지방회계에서는 주민편의시설과 사회기반시설은 제외)이다. 국가회계에서는 토지, 건물, 구축물, 기계장치, 집기 · 비품 · 차량운반구, 전비품(戰備品), 기타일반유형자산 및 건설중인일반유형자산 등으로 구분하며, 지방회계에서는 토지, 건물, 입목 등으로 구분한다.

일반유형자산은 해당 자산의 건설원가 또는 매입가액에 부대비용을 더한 금액을 취득원가로 한다. 상각대상자산에 대한 감가상각은 객관적이고 합리적인 방법으로 추정한 기간에 국가회계에서는 정액법 등을 적용해 감가상각한다고 규정하고 있고, 지방회계에서는 정액법을 원칙으로 한다고 규정하고 있다. 정액법이란 감가상각대상액을 내용연수에 걸쳐 균등하게 배분하는 방법을 말한다.

정액법 감가상각비 = (취득원가 − 잔존가액) ÷ 내용연수

사례 8-5 정액법 감가상각 회계처리의 예

AA부처 일반회계에서 20X1년도 초에 취득원가 11,000,000원, 내용연수 5년, 잔존가액 1,000,000원인 기계장치를 취득했다.

[회계처리]

20×1년도 기말 결산 시:

(차) 기계장치 감가상각비	2,000,000(*)	(대) 기계장치 감가상각누계액	2,000,000

(*) (11,000,000 − 1,000,000) ÷ 5 = 2,000,000

※ 20×2년~20×5년도 매년 감가상각비는 2,000,000원으로 동일

일반유형자산에 대한 사용수익권은 해당 자산의 차감 항목으로 표시한다.

일반유형자산의 내용연수를 연장시키거나 가치를 실질적으로 증가시키는 지출은 자산의 증가로 회계처리하고, 원상회복시키거나 능률유지를 위한 지출은 비용으로 회계처리한다.

1) 토지[국가/지방]

토지란 대지, 임야, 전답 등 지적공부(토지대장, 임야대장 등)에 등록·관리되는 대상을 말한다. 토지는 사용수익권을 차감하는 형식으로 재정상태표에 표시한다. 토지사용수익권은 회계실체 이외의 자가 일정 기간 회계실체의 토지를 운영해서 수익을 얻을 수 있도록 부여한 권리를 말한다.

2) 입목[지방]

입목은 식재한 입목죽 및 그 종물을 의미하며, 교목 및 관목을 포함한 일반적인 나무를 말한다. 다만, 자연자원에 속하는 산림은 관리책임자산으로 구분해서 필수

보충정보로 표시한다. 입목은 사용수익권을 차감하는 형식으로 재정상태표에 표시한다. 입목사용수익권은 회계실체 이외의 자가 일정기간 회계실체의 입목을 운영해서 수익을 얻을 수 있도록 부여한 권리를 말한다.

3) 건물[국가/지방]

건물이란 청사, 관사, 아파트 등 건축물로서 토지에 정착하는 공작물 중 지붕과 기둥 또는 벽이 있는 것과 부수되는 시설물을 말한다. 건물은 감가상각누계액과 사용수익권을 차감하는 형식으로 재정상태표에 표시한다. 건물감가상각누계액은 건물의 취득 시점부터 계산된 건물감가상각비의 누계액을 말한다. 건물사용수익권

사례 8-6 건물 기부채납 후 수증자에게 무상사용허가권을 부여한 경우의 회계처리

○○시는 2017년 1월 1일 (주)한국으로부터 200,000,000원 상당의 건물을 기부채납받고 (주)한국에 25년 동안의 무상사용허가권을 부여했다. (주)한국이 인식한 무상사용권의 가치는 100,000,000원이다. 이 건물의 내용연수는 40년이며, 잔존가액은 없는 것으로 가정한다.

[회계처리]

2017.1.1:

(차) 건물	200,000,000	(대) 사용수익권	100,000,000
		기부채납에 의한 자산 증가	100,000,000

2017.12.31:

(차) 감가상각비	5,000,000	(대) 감가상각누계액	5,000,000

※ 감가상각비: 200,000,000 ÷ 40 = 5,000,000

(차) 사용수익권	4,000,000	(대) 기부채납에 의한 자산 증가	4,000,000

※ 사용수익권 상각: 100,000,000 ÷ 25 = 4,000,000

재정상태표(2017.12.31)

건물	200,000,000	
차감: 감가상각누계액	5,000,000	
사용수익권	96,000,000	99,000,000

사례 8-7 건물 유지관리를 위한 지출 시 회계처리의 예

○○시는 청사건물 옥상 방수공사로 20,000,000원을 지급했다.

[회계처리]

건물 원상 회복을 위한 지출은 자산화하지 않고 비용으로 처리한다.

검수시:	(차) 건물수선유지비	20,000,000	(대) 미지급비용	20,000,000
지급시:	(차) 미지급비용	20,000,000	(대) 현금과예금	20,000,000

은 회계실체 이외의 자가 일정기간 회계실체의 건물을 운영해서 수익을 얻을 수 있도록 부여한 권리를 말한다.

4) 구축물[국가/지방]

구축물이란 토지에 정착된 부동산 중 입목, 건물 및 건물 부속시설 등을 제외한 시설물을 말한다. 구축물은 감가상각누계액과 사용수익권을 차감하는 형식으로 재정상태표에 표시한다. 구축물 감가상각누계액은 구축물의 취득시점부터 계산된 구축물 감가상각비의 누계액을 말한다. 구축물 사용수익권은 회계실체 이외의 자가 일정기간 회계실체의 구축물을 운영해서 수익을 얻을 수 있도록 부여한 권리를 말한다.

5) 기계장치[국가/지방]

기계장치란 동력 등의 힘을 이용해 물리적·화학적으로 원·부재료를 가공제품으로 변환시키는 각종 제조설비 및 작업장치를 말한다. 기계장치는 감가상각누계액과 사용수익권을 차감하는 형식으로 재정상태표에 표시한다. 기계장치 감가상각누계액은 기계장치의 취득시점부터 계산된 기계장치 감가상각비의 누계액을 말한다. 기계장치 사용수익권은 회계실체 이외의 자가 일정기간 회계실체의 기계장치를 운영해서 수익을 얻을 수 있도록 부여한 권리를 말한다.

6) 집기 · 비품 · 차량운반구[국가/지방]

집기 · 비품 · 차량운반구란 전기통신기기, 사무용기기, 사무용집기, 운반건설기계 및 차량, 선박 및 항공기를 말한다. 국가회계에서는 집기 · 비품 · 차량운반구를 한 과목으로 보고하나, 지방회계에서는 집기 · 비품과 차량운반구를 구분해서 표시한다. 집기 · 비품 · 차량운반구는 감가상각누계액과 사용수익권을 차감하는 형식으로 재정상태표에 표시한다. 집기 · 비품 · 차량운반구 감가상각누계액은 집기 · 비품 · 차량운반구의 취득 시점부터 계산된 집기 · 비품 · 차량운반구 감가상각비의 누계액을 말한다. 집기 · 비품 · 차량운반구 사용수익권은 회계실체 이외의 자가 일정기간 회계실체의 집기 · 비품 · 차량운반구를 운영해서 수익을 얻을 수 있도록 부여한 권리를 말한다.

사례 8-8 집기 · 비품 · 차량운반구의 구입 시 회계처리의 예

○○시는 10,000,000원 상당의 집기를 구입했다.

[회계처리]

검수 시:

(차) 집기 · 비품 · 차량운반구	10,000,000	(대) 미지급금	10,000,000

지급시:

(차) 미지급금	10,000,000	(대) 현금과예금	10,000,000

7) 임차개량자산[지방]

임차개량자산은 임차한 자산을 증설, 구조적 개선 등을 통해 현저한 가치 증가 또는 성능 개선 등을 가져오는 자본적 지출액을 말한다. 임차개량자산은 감가상각누계액과 사용수익권을 차감하는 형식으로 재정상태표에 표시한다. 임차개량자산 감가상각누계액은 임차개량자산의 취득시점부터 계산된 임차개량자산 감가상각비의 누계액을 말한다. 임차개량자산 사용수익권은 회계실체 이외의 자가 일정 기간 회계실체의 임차개량자산을 운영해서 수익을 얻을 수 있도록 부여한 권리를 말

한다.

8) 기타일반유형자산[국가/지방]

기타일반유형자산은 토지, 건물, 구축물, 기계장치, 집기 · 비품 · 차량운반구, 전비품 및 건설중인일반유형자산에 해당하지 않는 일반유형자산으로 입목(지방회계에서는 별도 과목으로 보고), 치안유지자산, 정부미술품 · 정부미화물품 등을 말한다. 기타일반유형자산은 감가상각누계액과 사용수익권을 차감하는 형식으로 재정상태표에 표시한다. 기타 일반유형자산 감가상각누계액은 기타일반유형자산의 취득시점부터 계산된 기타일반유형자산 감가상각비의 누계액을 말한다. 기타 일반유형자산 사용수익권은 회계실체 이외의 자가 일정기간 회계실체의 기타일반유형자산을 운영해서 수익을 얻을 수 있도록 부여한 권리를 말한다.

9) 전비품[국가]

전비품(戰備品)은 전쟁의 억제 또는 수행에 직접적으로 사용되는 전문적인 군사장비와 탄약 등을 말한다. 전비품은 감가상각누계액을 차감하는 형식으로 재정상태표에 표시한다. 전비품 감가상각누계액은 전비품의 취득시점부터 계산된 전비품 감가상각비의 누계액을 말한다.

10) 건설중인일반유형자산[국가/지방]

건설중인일반유형자산이란 취득과정이 진행 중인 일반유형자산과 관련해 발생한 재료비, 노무비 및 경비 등의 지출액을 일시적으로 처리하는 계정을 말한다.

4. 주민편의시설[지방]

주민편의시설은 주민의 편의를 위해 1년 이상 반복적 또는 계속적으로 사용되는 자산으로서 도서관, 주차장, 공원, 박물관 및 미술관 등을 말하며, 지방회계에서는 일반유형자산과 별도로 구분해 보고한다.

주민편의시설은 그 자산의 실질적인 사용 형태에 따라 해당 회계과목으로 구분하며, 주민편의시설의 일부가 다른 용도로 사용되는 경우에도 주된 용도가 주민편의를 위한 것이라면 시설 전체를 주민편의시설로 구분하는 것을 원칙으로 한다. 각 주민편의시설은 토지와 건물만을 의미하는 것이 아니며, 토지, 건물, 입목, 구축물, 기계장치, 차량운반구, 집기비품 등 해당 주민편의시설을 구성하는 부속자산은 모두 각각의 해당 주민편의시설에 포함해 표시한다.

주민편의시설은 당해 자산의 건설원가나 매입가액에 부대비용을 더한 취득원가로 평가함을 원칙으로 한다. 주민편의시설 중 상각대상자산에 대한 감가상각은 정액법을 원칙으로 한다. 주민편의시설에 대한 사용수익권이 회계실체 이외의 자에게 부여된 경우에는 자산의 차감계정으로 사용수익권을 계상한다.

주민편의시설의 내용연수를 연장시키거나 가치를 실질적으로 증가시키는 지출은 자산의 증가로 회계처리하고, 원상회복시키거나 능률유지를 위한 지출은 비용으로 회계처리한다.

1) 도서관

도서관은 도서, 회화 및 기타 자료를 수집·정리·보관해 이용자의 요구에 따라 신속하고 효과적으로 활용할 수 있도록 봉사하는 기관으로서 지방자치단체가 설립한 공립도서관 및 공립문고 등을 포함한다. 도서관은 감가상각누계액과 사용수익권을 차감하는 형식으로 재정상태표에 표시한다.

2) 주차장

주차장은 지방자치단체가 자동차의 주차를 위해 설치한 시설물이다. 단, 노상주차장은 도로에 포함시키고, 부설주차장은 해당 건물에 포함한다. 주차장은 감가상각누계액과 사용수익권을 차감하는 형식으로 재정상태표에 표시한다.

3) 공원

공원은 지방자치단체가 설치한 도립공원, 군립공원의 건물과 그 부속시설물 및 주민의 보건휴양 및 정서생활 향상을 위해 설치한 공원의 성격을 지닌 유사한 시설물을 말한다. 공원은 감가상각누계액과 사용수익권을 차감하는 형식으로 재정상태표에 표시한다.

4) 박물관 및 미술관

박물관 및 미술관은 지방자치단체가 문화, 예술, 학문의 발전과 일반 공중의 문화 향수 증진을 위해 설치한 박물관, 미술관 및 이와 유사한 기능을 수행하는 시설을 말한다. 박물관 및 미술관은 감가상각누계액과 사용수익권을 차감하는 형식으로 재정상태표에 표시한다.

5) 동물원

동물원은 포유류, 조류, 파충류, 어류 등 동물의 관리 및 전시를 위해 지방자치단체가 설치한 시설을 말한다. 동물원은 감가상각누계액과 사용수익권을 차감하는 형식으로 재정상태표에 표시한다.

6) 수목원 및 휴양림

수목원과 휴양림은 지자체가 설치한 수목원 및 식물원과 휴양림 시설 등을 포함한다. 수목원 및 휴양림은 감가상각누계액과 사용수익권을 차감하는 형식으로 재정상태표에 표시한다.

7) 문화 및 관광시설

문화시설은 지자체가 공연을 주된 목적으로 설치해서 운영하는 공공 공연장과 문화예술회관, 시민회관, 문화센터, 아트홀, 문화의 집 등의 문화시설과 이와 유사한 기능을 수행하는 시설을 말한다. 관광시설은 관광지, 관광단지, 관광특구, 지원시설 및 이와 유사한 성격의 시설로 주로 관광객을 대상으로 지자체에서 개발해서 사용하는 시설을 말한다. 문화 및 관광시설은 감가상각누계액과 사용수익권을 차감하는 형식으로 재정상태표에 표시한다.

8) 체육시설

체육시설은 지방자치단체가 「체육시설의 설치 · 이용에 관한 법률」 제2조에 의거해 설치한 시설(부대시설 포함) 및 이와 유사한 기능을 수행하는 시설을 말한다. 체육시설은 감가상각누계액과 사용수익권을 차감하는 형식으로 재정상태표에 표시한다.

9) 사회복지시설

사회복지시설은 지방자치단체가 사회복지를 위해 설치한 시설과 이와 유사한 기능을 수행하는 시설을 말한다. 사회복지시설은 감가상각누계액과 사용수익권을 차감하는 형식으로 재정상태표에 표시한다.

10) 의료시설

의료시설은 지자체가 설립한 보건소(보건의료원 포함), 보건진료소, 공공보건의료기관과 이와 유사한 기능을 수행하는 시설을 말한다. 의료시설은 감가상각누계액과 사용수익권을 차감하는 형식으로 재정상태표에 표시한다.

11) 교육시설

교육시설은 지자체가 설립한 각종 학교와 기타 주민들에게 교육관련서비스를 제공하기 위해 설립한 시설과 이와 유사한 기능을 수행하는 시설을 말한다. 교육시설은 감가상각누계액과 사용수익권을 차감하는 형식으로 재정상태표에 표시한다.

12) 기타주민편의시설

기타주민편의시설은 위에서 별도로 열거되지 아니한 주민편의시설로 정보화마을센터, 농업인회관, 독립적으로 설치된 주민자치센터 등을 포함한다. 기타주민편의시설은 감가상각누계액과 사용수익권을 차감하는 형식으로 재정상태표에 표시한다.

13) 건설중인주민편의시설

건설중인주민편의시설은 주민편의시설의 건설과 관련해 지출한 재료비, 노무비, 제조경비 등의 비용을 동 자산이 완공되어 본 계정으로 대체 시까지 일시적으로 처리하는 계정을 말한다.

5. 사회기반시설

사회기반시설은 국가 및 지역사회의 기반을 형성하기 위해 대규모로 투자해 건설하고 그 경제적 효과가 장기간에 걸쳐 나타나는 자산을 말한다. 국가회계에서는 도로, 철도, 항만, 댐, 공항, 하천, 상수도, 국가어항, 기타사회기반시설 및 건설중인사회기반시설 등으로 구분하며, 지방회계에서는 도로, 도시철도, 상수도시설, 수질정화시설, 하천부속시설 등으로 구분한다.

사회기반시설은 그 자산의 실질적인 사용 형태에 따라 해당 회계과목으로 구분함을 원칙으로 하며, 사회기반시설의 일부가 다른 용도로 사용되는 경우 주된 용도가 사회 기반 구축을 위한 것이라면 시설 전체를 사회기반시설로 구분하는 것을 원칙으로 한다. 각 사회기반시설은 토지와 건물만을 의미하는 것이 아니며, 토지, 건물, 입목, 구축물, 기계장치, 차량운반구, 집기비품 등 해당 사회기반시설을 구성하는 부속자산은 모두 각각의 해당 사회기반시설에 포함해서 표시한다.

사회기반시설은 해당 자산의 건설원가 또는 매입가액에 부대비용을 더한 금액을 취득원가로 한다. 상각대상자산에 대한 감가상각은 객관적이고 합리적인 방법으로 추정한 기간에 국가회계에서는 정액법 등을 적용해 감가상각한다고 규정하고 있고, 지방회계에서는 정액법을 원칙으로 한다고 규정하고 있다. 사회기반시설 중 관리 · 유지 노력에 따라 취득 당시의 용역 잠재력을 그대로 유지할 수 있는 시설에 대해서는 감가상각하지 아니하고 관리 · 유지에 투입되는 비용으로 감가상각비용을 대체할 수 있다. 다만, 효율적인 사회기반시설 관리시스템으로 사회기반시설의 용역 잠재력이 취득 당시와 같은 수준으로 유지된다는 것이 객관적으로 증명되는 경우로 한정한다. 지방회계에서는 유지보수에 투입되는 비용과 감가상각을 하지 아니한 이유를 주석으로 공시하도록 규정하고 있다.

사회기반시설에 대한 사용수익권이 회계실체 이외이 자에게 부여된 경우에는 자산의 차감계정으로 사용수익권을 계상한다.

사회기반시설의 내용연수를 연장시키거나 가치를 실질적으로 증가시키는 지출은 자산의 증가로 회계처리하고, 원상회복시키거나 능률유지를 위한 지출은 비용으로 회계처리한다.

1) 도로[국가/지방]

도로는 일반인의 교통을 위해 제공되는 시설로서 국가회계에서는 일반국도와 고속국도를 말하며, 지방회계에서는 농어촌도로를 포함한다. 도로는 감가상각누계액과 사용수익권을 차감하는 형식으로 재정상태표에 표시한다.

사례 8-9 도로 BTO 사업의 회계처리의 예

○○시는 (주)한국과 순환도로 건설 BTO 계약을 체결했다. (주)한국은 2017년 1월 1일 10억 원 순환도로를 준공해 ○○시에 소유권을 기부채납했으며, 그 대신 20년간 도로사용료를 도로 이용자로부터 받을 수 있다.

[회계처리]

2017.1.1:

(차) 도로	1,000,000,000	(대) 사용수익권	1,000,000,000

2017.12.31:

(차) 사용수익권	50,000,000	(대) 기부채납에 의한 자산 증가	50,000,000

※ BTO사업상 약정된 사용 수익기간(20년) 동안 상각해 순자산의 증가로 인식

재정상태표(2017.12.31)

도로	1,000,000,000	
차감: 사용수익권	950,000,000	50,000,000

2) 철도[국가] 및 도시철도[지방]

국가회계의 철도는 여객 또는 화물을 운송하는 데 필요한 철도시설과 이와 관련된 운영·지원 체계로서 일반철도, 광역철도와 고속철도를 말한다. 지방회계의 도시철도는 지방자치단체가 건설한 철도, 모노레일 등 궤도에 의한 교통시설 및 교통 수단 등을 포함한다. 철도 및 도시철도는 감가상각누계액과 사용수익권을 차감하는 형식으로 재정상태표에 표시한다.

3) 항만[국가]

항만은 선박의 출입, 사람의 승선과 하선, 화물의 하역·보관 및 처리 등과 관련된 시설로서 지정항만을 말한다. 항만은 감가상각누계액과 사용수익권을 차감하는 형식으로 재정상태표에 표시한다.

4) 댐[국가/지방]

댐이란 하천의 흐름을 막아 그 저수를 활용하기 위해 설치한 공작물을 말한다. 댐은 감가상각누계액과 사용수익권을 차감하는 형식으로 재정상태표에 표시한다.

5) 공항[국가]

공항이란 공항시설을 갖춘 공공용 비행장으로서 공항시설 및 부속토지를 말한다. 공항은 감가상각누계액과 사용수익권을 차감하는 형식으로 재정상태표에 표시

한다.

6) 하천[국가] 및 하천부속시설[지방]

국가회계에서 하천이란 지표면에 내린 빗물 등이 모여 흐르는 물길로서 공공의 이해에 밀접한 관계가 있어 국가하천으로 지정된 것으로, 하천구역과 하천시설을 포함한다. 지방회계에서 하천부속시설은 지자체가 설치·관리하는 하천부속물 및 소하천 부속물과 이와 유사한 기능을 수행하는 시설물을 말한다. 하천 및 하천부속시설은 감가상각누계액과 사용수익권을 차감하는 형식으로 재정상태표에 표시한다.

7) 상수도[국가] 및 상수도시설[지방]

상수도 및 상수도시설은 관로, 그 밖의 공작물을 사용해서 원수나 정수를 공급하는 시설을 말한다. 국가회계에서는 국가·지방자치단체·한국수자원공사 또는 국토교통부장관이 인정하는 자가 둘 이상의 지방자치단체에 원수나 정수를 공급하는 광역상수도를 말하며, 지방회계에서는 지방상수도, 광역상수도 및 간이상수도 등을 포함한다. 상수도 및 상수도시설은 감가상각누계액과 사용수익권을 차감하는 형식으로 재정상태표에 표시한다.

8) 수질정화시설[지방]

지자체가 설치한 하수를 배제 또는 처리하기 위해 설치되는 하수관거, 하수처리시설, 분뇨처리시설, 기타의 시설물을 말한다. 수질정화시설은 감가상각누계액과 사용수익권을 차감하는 형식으로 재정상태표에 표시한다.

9) 폐기물처리시설[지방]

폐기물처리시설은 지자체가 설치한 시설로, 폐기물의 처리를 위한 중간처리 및 최종처리시설 및 이와 유사한 기능을 수행하는 시설을 말한다. 폐기물처리시설은 감가상각누계액과 사용수익권을 차감하는 형식으로 재정상태표에 표시한다.

10) 재활용시설[지방]

재활용시설은 지자체가 재활용을 위해 설치한 시설 및 이와 유사한 기능을 수행하는 시설을 말한다. 재활용시설은 감가상각누계액과 사용수익권을 차감하는 형식으로 재정상태표에 표시한다.

11) 농수산기반시설[지방]

농수산기반시설은 지자체가 농업생산기반 및 수산업생산기반 정비를 위해 설치한 시설과 농수산물도매시장, 농수산물공판장, 농수산물종합유통센터 등 이와 유사한 기능을 수행하는 시설을 말한다. 농수산기반시설은 감가상각누계액과 사용수익권을 차감하는 형식으로 재정상태표에 표시한다.

12) 국가어항[국가] 및 어항 및 항만시설[지방]

국가회계의 국가어항(國家漁港)이란 천연 또는 인공의 어항시설을 갖춘 수산업 근거지를 말하며, 지방회계의 어항 및 항만시설은 지자체가 설치한 항만시설 및 어항시설과 이와 일체가 되어 그 효용을 다하는 시설물을 말한다. 국가어항 및 어항 및 항만시설은 감가상각누계액과 사용수익권을 차감하는 형식으로 재정상태표에 표시한다.

13) 기타사회기반시설[국가/지방]

기타사회기반시설이란 취득이 완료된 사회기반시설 중 별도로 열거하지 아니한 사회기반시설을 말한다. 기타사회기반시설은 감가상각누계액과 사용수익권을 차감하는 형식으로 재정상태표에 표시한다.

14) 건설중인 사회기반시설[국가/지방]

건설중인 사회기반시설이란 취득 과정이 진행중인 사회기반시설과 관련해 발생한 재료비, 노무비 및 경비 등의 지출액을 일시적으로 처리하는 계정을 말한다.

6. 무형자산[국가]

무형자산은 일정기간 독점적 · 배타적으로 이용할 수 있는 권리인 자산으로서, 산업재산권, 광업권, 소프트웨어, 기타 무형자산 등을 말한다. 무형자산은 국가회계에서는 별도로 보고하나, 지방회계에서는 기타비유동부채에 포함해 보고한다.

무형자산은 해당 자산의 개발원가 또는 매입가액에 부대비용을 더한 금액을 취득원가로 하여 평가한다. 무형자산은 정액법에 따라 해당 자산을 사용할 수 있는 시점부터 합리적인 기간 동안 상각한다. 이 경우 상각기간은 독점적 · 배타적인 권리를 부여하고 있는 관계 법령이나 계약에서 정한 경우를 제외하고는 20년을 초과할 수 없다.

1) 산업재산권

산업재산권은 법률에 의해서 일정 기간 독점적 · 배타적으로 이용할 수 있는 권리인 특허권 · 저작권 · 상표권 · 디자인권 · 실용신안권 및 그 밖에 이에 준하는 권리를 말한다.

2) 광업권

광업권은 일정한 광구에서 등록을 한 광물과 동 광산 중에 존재하는 다른 광물을 채굴해 취득할 수 있는 권리를 말한다.

3) 소프트웨어

소프트웨어는 외부 업체에게 대가를 지불하고 구축한 전산 프로그램, 외부에서

구입한 전산 패키지 등을 말한다.

사례 8-10 소프트웨어 취득 시 회계처리의 예

○○시는 업무를 위해 소프트웨어를 외부에서 총 5억 원에 구입하기로 계약을 체결했는데, 결제조건은 계약체결 시 1억 원 지급, 구입 시 1억 원 지급 및 소프트웨어 인수 후 2주 이내 잔금 지급이었다.

[회계처리]

계약체결 시:	(차) 선급금	100,000,000	(대) 현금과예금	100,000,000
구입 시:	(차) 소프트웨어	500,000,000	(대) 선급금	100,000,000
			현금과예금	100,000,000
			미지급금	300,000,000
잔금지급 시:	(차) 미지급금	300,000,000	(대) 현금과예금	300,000,000

사례 8-11 소프트웨어 상각 회계처리의 예

○○시는 2018년도 초에 소프트웨어를 취득했으며, 해당 소프트웨어의 취득원가는 10,000,000원, 내용 연수는 5년, 잔존 가액은 0원이다.

[회계처리]

2018년도 기말 결산 시:

(차) 무형자산상각비	2,000,000*	(대) 소프트웨어	2,000,000

*(10,000,000 − 0) ÷ 5 = 2,000,000

4) 기타무형자산

기타무형자산은 산업재산권, 광업권, 소프트웨어에 속하지 아니하는 무형자산으로서 국가의 행정 목적 등으로 일정 기간 독점적·배타적으로 이용할 수 있는 권리를 말한다.

7. 기타비유동자산

국가회계에서 기타비유동자산은 유동자산, 투자자산, 일반유형자산, 사회기반시설 및 무형자산에 해당하지 아니하는 자산을 말한다. 지방회계에서 기타비유동자산은 유동자산, 투자자산, 일반유형자산, 주민편의시설, 사회기반시설에 속하지 아니하는 자산을 말한다.

1) 장기미수채권[국가]

장기미수채권은 정부고유의 행정활동, 재화 및 용역제공활동 등의 거래에 의해 장래에 일정한 현금을 수취할 권리를 갖게 되는 경우 등에서 발생한 채권으로서 재정상태표일 현재 만기가 1년 후인 것을 말한다. 장기미수채권은 현재가치할인차금과 대손충당금을 차감하는 형식으로 재정상태표에 표시된다.

2) 보증금[지방]

보증금은 법률상 또는 계약상 권리행사 등을 목적으로 자금을 예치하고 계약 기간 만료 시 자금회수가 가능한 자금을 말한다.

3) 무형자산[지방]

무형자산은 물리적 실체가 없으나 미래 경제적 효익과 행정서비스 잠재력을 창출할 수 있으며 지방자치단체가 통제하고 있는 권리적 성격의 자산으로 지방회계에서는 기타비유동자산에 포함해 보고한다.

4) 기타의 기타비유동자산[국가/지방]

기타의 기타비유동자산은 기타 비유동자산 중 앞에서 열거하지 아니한 기타비유동자산을 말한다. 국가회계에서는 장기선급금, 장기선급비용, 장기지급보증금 및 장기구상채권 등을 포함하며, 지방회계에서는 세입세출외 장기보관현금, 기타 유산자산, 기타 생물자산, 장기일반미수금 등을 포함한다.

요 약

1. 재정상태표는 재정상태표일 현재의 자산과 부채의 명세 및 상호관계 등 재정상태를 나타내는 재무제표로서 자산, 부채 및 순자산으로 구성된다. 자산과 부채는 유동성이 높은 항목부터 배열한다. 이 경우 유동성이란 현금으로 전환되기 쉬운 정도를 말한다. 자산, 부채 및 순자산은 총액으로 표시한다. 이 경우 자산항목과 부채 또는 순자산항목을 상계함으로써 그 전부 또는 일부를 재정상태표에서 제외해서는 아니 된다.
2. 자산은 과거의 거래나 사건의 결과로 현재 회계실체가 소유(실질적으로 소유하는 경우를 포함한다) 또는 통제하고 있는 자원으로서, 미래에 공공서비스를 제공할 수 있거나 직접 또는 간접적으로 경제적 효익을 창출하거나 창출에 기여할 것으로 기대되는 자원을 말한다. 자산은 공용 또는 공공용으로 사용되는 등 공공서비스를 제공할 수 있거나 직접적 또는 간접적으로 경제적 효익을 창출하거나 창출에 기여할 가능성이 매우 높고 그 가액을 신뢰성 있게 측정할 수 있을 때에 인식한다. 국가회계에서는 역사적, 자연적, 문화적, 교육적 및 예술적으로 중요한 가치를 갖는 유산자산은 자산으로 인식하지 아니하고 그 종류와 현황 등을 필수보충정보로 공시한다. 지방회계에서는 문화재, 예술작품, 역사적 문건 및 자연자원은 자산으로 인식하지 아니하고 필수보충정보의 관리책임자산으로 보고한다.
3. 재정상태표에 표시하는 자산의 가액은 해당 자산의 취득원가를 기초로 해서 계상한다. 다만, 무주부동산의 취득, 교환 또는 기부채납 등의 방법으로 자산을 취득한 경우에는 취득 당시의 공정가액을 취득원가로 한다.
4. 국가회계에서는 자산을 유동자산, 투자자산, 일반유형자산, 사회기반시설, 무형자산 및 기타비유동자산으로 구분해 재정상태표에 표시한다. 지방회계에서는 자산을 유동자산, 투자자산, 일반유형자산, 주민편의시설, 사회기반시설, 기타비유동자산으로 구분해 재정상태표에 표시한다. 유동자산은 재정상태표일부터 1년 이내에 현금화되거나 사용될 것으로 예상되는 자산이다. 투자자산은 투자 또는 권리 행사 등의 목적으로 보유하고 있는 자산으로서, 장기금융상품, 장기투자증권, 장기대여금 및 기타투자자산 등을 말한다. 유형자산은 그 실질적인 사용 목적에 따라 국가회계에서는 일반유형자산과 사회기반시설로 구분하며, 지방회계에서는 일반유형자산, 주민편의시설, 사회기반시설로 구분한다. 일반유형자산은 고유

한 행정활동에 1년 이상 사용할 목적으로 취득한 자산이다. 주민편의시설은 주민의 편의를 위해 1년 이상 반복적 또는 계속적으로 사용되는 자산으로서 도서관, 주차장, 공원, 박물관 및 미술관 등을 말하며, 지방회계에서는 일반유형자산과 별도로 구분해 보고한다. 사회기반시설은 국가 및 지역사회의 기반을 형성하기 위해 대규모로 투자해서 건설하고 그 경제적 효과가 장기간에 걸쳐 나타나는 자산을 말한다. 무형자산은 일정기간 독점적 · 배타적으로 이용할 수 있는 권리인 자산으로서, 산업재산권, 광업권, 소프트웨어, 기타무형자산 등을 말한다.

Chapter 08 연습 문제

주관식

1. 국가회계와 지방회계의 자산 분류 시 차이를 설명하시오.
2. 사회기반시설 중 감가상각하지 아니하고 관리·유지에 투입되는 비용으로 감가상각 비용을 대체할 수 있는 경우를 설명하시오.

객관식

01. 다음 중 재정상태표의 작성기준에 관한 설명으로 적절하지 않은 것은?

① 자산과 부채는 유동성이 높은 항목부터 배열한다.
② 유동성이란 현금으로 전환되기 쉬운 정도를 말한다.
③ 자산, 부채 및 순자산은 총액으로 표시한다.
④ 자산항목과 부채 또는 순자산항목을 상계함으로써 그 전부를 재정상태표에서 제외해서는 아니 된다.
⑤ 관련되는 자산항목과 부채 또는 순자산항목을 상계함으로써 그 일부는 재정상태표에서 제외할 수 있다.

02. 다음 중 국가회계의 자산의 정의 및 인식기준에 관한 설명으로 적절하지 않은 것은?

① 자산은 과거의 거래나 사건의 결과로 현재 국가회계실체가 소유 또는 통제하고 있는 자원으로서, 미래에 공공서비스를 제공할 수 있거나 직접 또는 간접적으로 경제적 효익을 창출하거나 창출에 기여할 것으로 기대되는 자원을 말한다.
② 자산은 유동자산, 투자자산, 일반유형자산, 사회기반시설, 무형자산 및 기타비유동자산으로 구분해 재정상태표에 표시한다.
③ 자산은 공용 또는 공공용으로 사용되는 등 공공서비스를 제공할 수 있거나 직접적 또는 간접적으로 경제적 효익을 창출하거나 창출에 기여할 가능성이 매우 높고 그

가액을 신뢰성 있게 측정할 수 있을 때에 인식한다.

④ 현재 세대와 미래 세대를 위해 정부가 영구히 보존해야 할 자산으로서 역사적, 자연적, 문화적, 교육적 및 예술적으로 중요한 가치를 갖는 유산자산은 자산으로 반드시 인식해야 한다.

⑤ 국가안보와 관련된 자산은 기획재정부장관과 협의해서 자산으로 인식하지 아니할 수 있다.

03. 다음 중 유동자산에 포함되지 않는 자산은?

① 현금및현금성자산 ② 단기금융상품 ③ 장기금융상품
④ 미수채권 ⑤ 단기대여금

04. 지방자치단체에서 공원부속시설로 건물을 신축한 경우 다음 어느 자산항목으로 재정상태표에 보고해야 하는가?

① 투자자산 ② 일반유형자산 ③ 주민편의시설
④ 사회기반시설 ⑤ 기타비유동자산

05. 다음 중 지방자치단체에서 보고하는 주민편의시설에 포함되지 않는 항목은?

① 도서관 ② 주차장 ③ 공원
④ 박물관 및 미술관 ⑤ 도로

06. 다음 중 국가회계자산의 평가기준에 관한 설명으로 적절하지 않은 것은?

① 재정상태표에 표시하는 자산의 가액은 해당 자산의 취득원가를 기초로 하여 계상한다.

② 무주부동산의 취득, 국가 외의 상대방과의 교환 또는 기부채납 등의 방법으로 자산을 취득한 경우에는 취득 당시의 공정가액을 취득원가로 한다.

③ 국가회계실체 사이에 발생하는 관리전환은 자산의 장부가액을 취득원가로 한다.

④ 재정상태표에 표시하는 자산은 해당 자산의 회수가능가액이 장부가액에 미달하고 그 미달액이 중요한 경우에는 장부가액에서 직접 빼서 회수가능가액으로 조정하고, 장부가액과 회수가능가액의 차액을 그 자산에 대한 감액손실의 과목으로 재정운영순원가에 반영한다.

⑤ 「군수품관리법」에 따라 관리되는 전비품 등의 평가기준은 국방부장관이 따로 정하는 바에 따를 수 있다.

07. **다음 중 국가회계 사회기반시설의 평가에 관한 설명으로 적절하지 않은 것은?**

① 사회기반시설은 해당 자산의 건설원가 또는 매입가액에 부대비용을 더한 금액을 취득원가로 한다.

② 사회기반시설은 객관적이고 합리적인 방법으로 추정한 기간에 정액법 등을 적용해서 감가상각한다.

③ 회계실체는 모든 사회기반시설에 대해서 감가상각하지 아니하고 관리·유지에 투입되는 비용으로 감가상각비용을 대체할 수 있다.

④ 사회기반시설을 취득한 후 재평가할 때에는 공정가액으로 계상해야 한다.

⑤ 사회기반시설에 대한 사용수익권은 해당 자산의 차감항목에 표시한다.

08. **○○시에서 2016년도 초에 취득원가 11,000,000원, 내용연수 5년, 잔존가액 1,000,000원인 기계장치를 취득했다. 2017년 12월 31일의 재정상태표에 보고된 이 기계장치의 감가상각 누계액은?**

① ₩0 ② ₩2,000,000 ③ ₩2,200,000

④ ₩4,000,000 ⑤ ₩4,400,000

정답 및 해설

1. ⑤ 자산항목과 부채 또는 순자산항목을 상계함으로써 그 전부 또는 일부를 재정상태표에서 제외해서는 아니 된다.
2. ④ 현재 세대와 미래 세대를 위해 정부가 영구히 보존해야 할 자산으로서 역사적, 자연적, 문화적, 교육적 및 예술적으로 중요한 가치를 갖는 유산자산은 자산으로 인식하지 아니하고 그 종류와 현황 등을 필수 보충정보로 공시한다.
3. ③ 유동자산은 재정상태표일부터 1년 이내에 현금화되거나 사용될 것으로 예상되는 자산이기 때문에, 장기금융상품이 포함되지 않는다.
4. ③ 건물은 사용목적에 따라 구분해야 하기 때문에 공원부속시설은 주민편의시설로 보고해야 한다.
5. ⑤ 도로는 사회기반시설로 보고해야 한다.
6. ③ 국가회계실체 사이에 발생하는 관리전환은 무상거래일 경우에는 자산의 장부가액을 취득원가로 하고, 유상거래일 경우에는 자산의 공정가액을 취득원가로 한다.
7. ③ 사회기반시설 중 관리·유지 노력에 따라 취득 당시의 용역 잠재력을 그대로 유지할 수 있는 시설에 대해서는 감가상각하지 아니하고 관리·유지에 투입되는 비용으로 감가상각비용을 대체할 수 있다.
8. ④ 매년 감가상각비가 ₩2,000,000((11,000,000−1,000,000)÷5)이기 때문에 취득 2차 연도에는 감가상각 누계액이 ₩4,000,000(₩2,000,000×2)이다.

Chapter 09

부채 및 순자산회계

개 관

재정상태표는 재정상태표일 현재의 자산과 부채의 명세 및 상호관계 등 재정상태를 나타내는 재무제표로서 자산, 부채 및 순자산으로 구성된다.

부채는 과거의 거래나 사건의 결과로 회계실체가 부담하는 의무로서, 그 이행을 위해 미래에 자원의 유출 또는 사용이 예상되는 현재의 의무를 말한다. 부채는 회계실체가 부담하는 현재의 의무 중 향후 그 이행을 위해 지출이 발생할 가능성이 매우 높고 그 금액을 신뢰성 있게 측정할 수 있을 때 인식한다. 재정상태표에 표시하는 부채의 가액은 원칙적으로 만기상환가액으로 평가한다. 국가회계에서는 부채를 유동부채, 장기차입부채, 장기충당부채 및 기타비유동부채로 구분해 재정상태표에 표시한다. 지방회계에서는 부채를 동부채, 장기차입부채 및 기타비유동부채로 분류한다.

순자산은 자산에서 부채를 뺀 금액을 말한다. 정부회계의 순자산은 공공서비스 제공에 따른 비용과 편익의 관점에서 장래 세대가 받게 되는 순편익에 해당된다. 국가회계에서는 기본순자산, 적립금 및 잉여금, 순자산조정으로 구분하며, 지방회계에서는 고정순자산, 특정순자산 및 일반순자산으로 분류한다.

Chapter 09 부채 및 순자산회계

제 1 절 부채의 정의와 분류

부채는 과거의 거래나 사건의 결과로 회계실체가 부담하는 의무로서, 그 이행을 위해 미래에 자원의 유출 또는 사용이 예상되는 현재의 의무를 말한다. <표 9-1>은 국가회계 재정상태표 양식의 부채 부분을 보여주고 있고, <표 9-2>는 지방회계 재정상태표 양식의 부채 부분을 보여주고 있다. 국가회계에서는 부채를 유동부채, 장기차입부채, 장기충당부채 및 기타비유동부채로 구분해 재정상태표에 표시한다. 지방회계에서는 부채는 유동부채, 장기차입부채 및 기타비유동부채로 분류한다.

표 9-1 국가회계 재정상태표 부채 부분

당기: 20×Y년 12월 31일 현재

전기: 20××년 12월 31일 현재

○○기금, ○○부처, 대한민국 정부 (단위: 원)

	주석	20×Y		20××	
부채					
Ⅰ. 유동부채			×××		×××
1. 단기국채	×	×××		×××	
…		×××		×××	
2. 단기공채	×	×××		×××	
…		×××		×××	
3. 단기차입금	×		×××		×××
4. 유동성장기차입부채	×		×××		×××
5. 기타유동부채	×	×××		×××	
…		×××		×××	
Ⅱ. 장기차입부채			×××		×××
1. 국채	×	×××		×××	
…		×××		×××	
2. 공채	×	×××		×××	
…		×××		×××	
3. 장기차입금	×		×××		×××
4. 기타장기차입부채	×		×××		×××
Ⅲ. 장기충당부채			×××		×××
1. 퇴직급여충당부채	×		×××		×××
2. 연금충당부채	×		×××		×××
3. 보험충당부채	×		×××		×××
4. 기타장기충당부채	×		×××		×××
Ⅳ. 기타비유동부채			×××		×××
1. 장기미지급금	×	×××		×××	
2. …	×	×××		×××	
부채 계			×××		×××

표 9-2 지방회계 재정상태표 부채 부분

해당 연도 20××년×월×일 현재
직전 연도 20××년×월×일 현재

지방자치단체명 (단위 : 원)

과목	해당 연도(20××년)						직전 연도(20××년)					
	일반회계	기타특별회계	기금회계	지방공기업특별회계	내부거래	계	일반회계	기타특별회계	기금회계	지방공기업특별회계	내부거래	계
부채												
Ⅰ. 유동부채												
단기차입금												
유동성장기차입부채												
· · ·												
Ⅱ. 장기차입부채												
장기차입금												
지방채증권												
· · ·												
Ⅲ. 기타비유동부채												
퇴직급여충당부채												
· · ·												
부채 총계												

제 2 절 부채의 인식과 평가

부채는 회계실체가 부담하는 현재의 의무 중 향후 그 이행을 위해 지출이 발생할 가능성이 매우 높고 그 금액을 신뢰성 있게 측정할 수 있을 때 인식한다. 재정상태표에 표시하는 부채의 가액은 따로 정한 경우를 제외하고는 원칙적으로 만기상환가액으로 평가한다.

국가회계에서는 국가안보와 관련된 부채는 기획재정부장관과 협의해 부채로 인식하지 아니할 수 있다. 이 경우 해당 중앙관서의 장은 해당 부채의 종류, 취득 시기 및 관리 현황 등을 별도의 장부에 기록해야 한다.

제 3 절 부채의 분류별 회계

1. 유동부채

유동부채는 재정상태표일부터 1년 이내에 상환해야 하는 부채를 말한다. 국가회계에서는 단기국채, 단기공채, 단기차입금, 유동성장기차입부채 및 기타유동부채 등으로 구분하며, 기타유동부채는 미지급금, 미지급비용, 선수금, 선수수익 등을 말한다. 지방회계에서는 단기차입금, 유동성장기차입부채 등으로 구분한다.

1) 단기국채[국가]

단기국채는 부족한 세입을 보전하고 재정수요를 충당하기 위해 국가가 발행하는 채권으로 재정상태표일 현재 만기가 1년 이내에 도래하는 것을 말한다.

국채는 국채발행수수료 및 발행과 관련해 직접 발생한 비용을 뺀 발행가액으로 평가한다. 국채의 액면가액과 발행가액의 차이는 국채할인(할증)발행차금 과목으로 액면가액에 빼거나 더하는 형식으로 표시한다. 할인발행차금은 단기국채의 발행가액이 액면가액보다 작은 경우 발행가액과 액면가액과의 차이를 말하며, 할증발행차금은 단기국채의 발행가액이 액면가액보다 큰 경우 발행가액과 액면가액과의 차이를 말한다. 할인(할증)발행차금은 발행한 때부터 최종 상환할 때까지의 기간에 유효이자율로 상각 또는 환입해 국채에 대한 이자비용에 더하거나 뺀다.

단기국채는 할인발행차금을 차감하고, 할증발행차금을 가산하며, 자기국채를 차감하는 형식으로 재정상태표에 표시한다. 자기국채는 국가회계실체가 발행한 후 재취득해 보유하고 있는 단기국채를 말한다.

2) 단기공채[국가]

단기공채는 특별법에 따라 설치된 법인이 발행한 채권 중 「국가재정법」 제5조 제1항에 따라 설치된 기금의 부담으로 상환해야 하는 채권으로 재정상태표일 현재 만기가 1년 이내에 도래하는 것을 말한다.

단기공채는 할인발행차금을 차감하고, 할증발행차금을 가산하며, 자기공채를 차감하는 형식으로 재정상태표에 표시한다. 할인발행차금은 단기공채의 발행가액이 액면가액보다 작은 경우 발행가액과 액면가액과의 차이를 말하며, 할증발행차금은 단기공채의 발행가액이 액면가액보다 큰 경우 발행가액과 액면가액과의 차이를 말한다. 자기공채는 국가회계실체가 발행한 후 재취득해 보유하고 있는 단기공채를 말한다.

3) 단기차입금[국가/지방]

단기차입금은 일정한 기간 내에 원금을 상환하고 일정한 이자를 지급한다는 채권・채무계약에 따라 조달된 자금으로 재정상태표일 현재 만기가 1년 이내에 도래하는 것을 말한다.

4) 유동성장기차입부채[국가/지방]

유동성장기차입부채는 기간의 경과에 따라 재정상태표일 현재 상환기일이 1년 이내에 도래하게 된 장기차입부채를 말한다.

5) 기타유동부채[국가/지방]

기타유동부채는 미지급금, 미지급비용, 선수금, 선수수익 등을 말한다. 기타유동부채는 기타유동부채 현재가치할인차금을 차감하는 형식으로 재정상태표에 표시한다. 기타유동부채 현재가치할인차금은 기타의 기타 비유동부채 현재가치할인차금 중 유동성 대체된 부분을 말한다.

사례 9-1 미지급비용 회계처리의 예

국가는 민간에게 2018년 7월 1일에 토지를 임차하고 1년 임차료에 대해 2019년 6월 30일에 100,000원을 지급하기로 했다.

[회계처리]

2018년 12월 31일 재정상태표일 결산 시:

(차) 토지임차료(*1)	50,000	(대) 미지급비용	50,000

(*1) 100,000원(1년 임차료) × 6월/12월 = 50,000원

2019년 6월 30일 미지급비용 지출 시:

(차) 토지임차료(*2)	50,000	(대) 현금과예금	100,000
미지급비용	50,000		

(*2) 100,000원(1년 임차료) × 6월/12월 = 50,000원

사례 9-2 선수수익 회계처리의 예

A부처 일반회계는 20×1년 1월 1일 국가 소유 건물을 1년간 임대하고 1년의 임대료 10,000,000원을 일시에 수납했다.

[회계처리]

20×1년 1월 1일:

(차) 현금과예금	10,000,000	(대) 선수수익	10,000,000

20×1년 12월 31일:

(차) 선수수익	10,000,000	(대) 사용료수익	10,000,000

2. 장기차입부채

장기차입부채는 재정상태표일부터 1년 후에 만기가 되는 차입부채를 말한다. 국가회계에서는 국채, 공채, 장기차입금 및 기타장기차입부채 등을 포함하며, 지방회계에서는 장기차입금, 지방채증권 등을 포함한다.

1) 국채[국가]

국채는 부족한 세입을 보전하고 재정수요를 충당하기 위해 국가가 발행하는 채

권으로 재정상태표일 현재 만기가 1년 후에 도래하는 것을 말한다.

국채는 국채발행수수료 및 발행과 관련해 직접 발생한 비용을 뺀 발행가액으로 평가한다. 국채의 액면가액과 발행가액의 차이는 국채할인(할증)발행차금 과목으로 액면가액에 빼거나 더하는 형식으로 표시한다. 할인발행차금은 국채의 발행가액이 액면가액보다 작은 경우 발행가액과 액면가액과의 차이를 말하며, 할증발행차금은 국채의 발행가액이 액면가액보다 큰 경우 발행가액과 액면가액과의 차이를 말한다. 할인(할증)발행차금은 발행한 때부터 최종 상환할 때까지의 기간에 유효이자율로 상각 또는 환입해 국채에 대한 이자비용에 더하거나 뺀다.

국채는 할인발행차금을 차감하고, 할증발행차금을 가산하며, 자기국채를 차감하는 형식으로 재정상태표에 표시한다. 자기국채는 국가회계실체가 발행한 후 재취득해 보유하고 있는 국채를 말한다.

2) 공채[국가]

공채는 특별법에 따라 설치된 법인이 발행한 채권 중「국가재정법」제5조 제1항에 따라 설치된 기금의 부담으로 상환해야 하는 채권으로 재정상태표일 현재 만기가 1년 후에 도래하는 것을 말한다.

공채는 할인발행차금을 차감하고, 할증발행차금을 가산하며, 자기공채를 차감하는 형식으로 재정상태표에 표시한다. 할인발행차금은 공채의 발행가액이 액면가액보다 작은 경우 발행가액과 액면가액과의 차이를 말하며, 할증발행차금은 공채의 발행가액이 액면가액보다 큰 경우 발행가액과 액면가액과의 차이를 말한다. 자기공채는 국가회계실체가 발행한 후 재취득해 보유하고 있는 공채를 말한다.

3) 지방채증권[지방]

지방채 중 증권발행 방법에 의해 차입한 것(지역개발기금채권 포함)으로서 만기가 1년을 초과하는 것을 말한다.

지방채증권은 발행가액으로 평가하되, 발행가액은 지방채증권 발행수수료 및 발행과 관련해 직접 발생한 비용을 뺀 후의 가액으로 한다. 지방채증권의 액면가액과 발행가액의 차이는 지방채할인 또는 할증발행차금으로 하고, 할인 또는 할증발행차금은 증권 발행 시부터 최종 상환 시까지의 기간에 유효이자율 등으로 상각 또는 환입하고 그 상각액 또는 환입액은 지방채증권에 대한 이자비용에 더하거나 뺀다. 유효이자율은 지방채의 이자와 원금을 현재가치로 환산한 가액과 지방채의 발행가액과 일치하도록 하는 이자율로서 채권자가 지방채 취득 시 실질적으로 얼마의 이자율로써 이자수익을 얻게 되는가를 나타내 주는 이자율이다.

사례 9-3 지방채증권의 할인 발행 시 회계처리의 예

○○시는 2017년 1월 1일 액면금액 10,000,000원의 지방채(만기 3년, 액면이자율 10%, 유효이자율 12%)를 발행했다. 이자는 매년 12월 31일에 지급한다.

[회계처리]

발행 시:	(차) 현금과예금	9,519,800	(대) 지방채증권	10,000,000
	지방채할인발행차금	480,200		

발행가액 = 10,000,000×0.7118 + 10,000,000 × 10% × 2.4018 = 9,519,800

17.12.31:	(차) 이자비용	1,142,376	(대) 현금과예금	1,000,000
			지방채할인발행차금	142,376

이자비용 = 9,519,800 × 12% = 1,142,376
지방채할인발행차금 상각액 = 1,142,376(이자비용) − 1,000,000(지급 이자) = 142,376

재정상태표(2017.12.31.)

지방채증권	10,000,000	
차감: 할인발행차금	337,824	9,662,176

4) 장기차입금[국가/지방]

장기차입금은 일정한 기간 내에 원금을 상환하고 일정한 이자를 지급한다는 채권·채무계약에 따라 조달된 자금으로 재정상태표일 현재 만기가 1년 후에 도래하는 것을 말한다.

5) 기타장기차입부채[국가/지방]

기타장기차입부채는 앞에서 열거하지 아니한 장기차입부채를 말한다.

3. 장기충당부채[국가]

장기충당부채는 지출시기 또는 지출금액이 불확실한 부채로서 퇴직급여충당부채, 연금충당부채, 보험충당부채 및 기타장기충당부채 등을 말한다. 장기충당부채의 중요성을 고려해 국가회계에서는 장기충당부채를 별도로 보고하나, 지방회계에서는 기타비유동부채에 포함해 보고한다.

1) 퇴직급여충당부채

퇴직급여충당부채는 재정상태표일 현재 「공무원연금법」 및 「군인연금법」을 적용받지 아니하는 퇴직금 지급대상자가 일시에 퇴직할 경우 지급해야 할 퇴직금 추산액을 말한다. 퇴직금 산정명세, 퇴직금 추계액, 회계연도 중 실제로 지급한 퇴직금 등은 주석으로 표시한다.

사례 9-4 퇴직급여충당부채의 회계처리의 예

○○시의 20×1년 12월 31일 현재 충당부채 설정 전 퇴직급여충당부채는 다음과 같다.

회계과목	관리과목	금액(단위: 원)
퇴직급여충당부채	퇴직급여충당부채	80,000,000
	퇴직보험예치금	(–)48,000,000
	국민연금전환금	(–)7,000,000
	합계	25,000,000

○○시는 충당금의 60% 상당을 퇴직보험예치금으로 유지하는 정책을 가지고 있다. 당기에 퇴직급여 추계액은 100,000,000원이다. 한편, 20×2년 중 퇴직이 발생해 퇴직금으로 30,000,000원이 지출되었다.

[회계처리]

20×1년 12월 31일 재정상태표일 결산 시:

(차) 퇴직보험예치금(*1)	12,000,000	(대) 현금과예금	12,000,000
(차) 퇴직급여	20,000,000	(대) 퇴직급여충당부채	20,000,000

(*1)퇴직급여충당부채 설정액 × 60% = 12,000,000원

20×2년 기중 퇴직금 지급 시:

(차) 퇴직급여충당부채	30,000,000	(대) 현금과예금	12,000,000
		퇴직보험예치금	18,000,000

2) 연금충당부채

연금충당부채란 공무원과 군인에 대한 연금추정 지급액 중 재정상태표일 현재의 재직기간까지 귀속되는 금액을 평가시점의 현재가치로 산정한 것을 말한다.

3) 보험충당부채

보험충당부채는 재정상태표일 이전에 보험사고가 발생했으나 미지급된 보험금 지급 예상액과 재정상태표일 현재 보험사고가 발생하지는 않았으나 장래 발생할 보험사고를 대비해 적립하는 지급 예상액을 말한다.

4) 기타장기충당부채

기타장기충당부채는 퇴직급여충당부채와 연금충당부채 및 보험충당부채에 해당하지 않는 장기충당부채를 말한다.

4. 기타비유동부채

기타비유동부채는 위에서 열거하지 아니한 부채를 말한다. 지방회계에서는 퇴직급여충당부채, 장기예수보증금, 장기선수수익 등을 포함한다.

1) 퇴직급여충당부채[지방]

퇴직급여충당부채는 회계연도말 현재 「공무원연금법」을 적용받는 지방공무원을 제외한 무기계약근로자 등이 일시에 퇴직할 경우 지방자치단체가 지급해야 할 퇴직금에 상당한 금액으로 한다. 퇴직금 지급 규정, 퇴직금 산정 내역, 회계연도 중 실제로 지급한 퇴직금 등은 주석으로 공시한다.

2) 장기미지급금[국가/지방]

장기미지급금은 정부 고유의 행정활동, 재화 및 용역 제공활동 등의 거래에 의해 장래에 일정한 현금을 지급할 의무를 부담하게 되는 경우 등에서 발생한 부채를 말한다. 장기미지급금 현재가치할인차금은 장기미지급금의 명목가액과 현재가

사례 9-5 장기미지급비용 회계처리의 예

국가는 민간에게 2016년 7월 1일에 토지를 임차하고 2년 임차료에 대해 2018년 6월 30일에 200,000원을 지급하기로 했다.

[회계처리]

2016년 12월 31일 재정상태표일 결산 시:

(차) 토지임차료(*1)	50,000	(대) 장기미지급비용	50,000

(*1) 200,000원(2년 임차료) × 6월/24월 = 50,000원

2017년 12월 31일 재정상태표일 결산 시:

(차) 토지임차료(*2)	100,000	(대) 장기미지급비용	100,000

(*2) 200,000원(2년 임차료) × 12월/24월 = 100,000원

(차) 장기미지급비용	150,000	(대) 미지급비용	150,000

(*) 유동성 대체 분개

2018년 6월 30일 미지급비용 지출 시:

(차) 토지임차료(*3)	50,000	(대) 현금과예금	200,000
미지급비용	150,000		

(*3) 200,000원(2년 임차료) × 6월/24월 = 50,000원

치 금액의 차이 금액을 말하며, 장기미지급금의 차감항목으로 재정상태표에 표시한다.

3) 기타의 기타비유동부채[국가/지방]

기타의 기타비유동부채는 앞에서 열거하지 아니한 기타비유동부채를 말한다. 기타의 기타비유동부채 현재가치할인차금은 장기 기타의 미지급비용의 명목가액과 현재가치 금액의 차이 금액을 말하며, 기타의 기타비유동부채의 차감항목으로 재정상태표에 표시한다.

5. 우발부채

우발부채란 불확실한 미래 사건의 발생 여부에 따라 우발손실의 발생 가능성이 있는 현재의 불확실한 의무로, 회계실체가 손해배상 청구소송에 제기되었으나 그 결과가 불확실한 경우 등을 말한다. 우발부채는 다음에 해당하는 의무를 말하며, 의무를 이행하기 위해 경제적 효익이 있는 자원이 유출될 가능성이 희박하지 않는 한 주석에 공시한다.

- 과거의 거래나 사건으로 발생했으나, 회계실체가 전적으로 통제할 수 없는 하나 이상의 불확실한 미래 사건의 발생 여부로만 그 존재 유무를 확인할 수 있는 잠재적 의무
- 과거의 거래나 사건으로 발생했으나, 해당 의무를 이행하기 위해 경제적 효익이 있는 자원을 유출할 가능성이 매우 높지 않거나, 그 금액을 신뢰성 있게 측정할 수 없는 경우에 해당해 인식하지 아니하는 현재의 의무 우발부채는 다음의 요건을 모두 충족하는 경우 재정상태표의 부채로 인식하고 우발손실을 재정운영순원가에 반영한다.
- 과거의 거래나 사건의 결과로 현재의무(법적 의무 또는 의제의무)가 존재한다.
- 재정상태표일 현재 우발손실의 발생이 확실하다.
- 우발손실 금액을 합리적으로 추정할 수 있다.

사례 9-6 우발부채의 회계처리의 예

AA 기금은 주식회사 BB가 제기한 손해배상청구 소송의 피고로 재판을 받고 있으며, 손해배상 여부에 대해 원고와 다투고 있다. 2017년 12월 31일 종료되는 회계연도의 재무제표가 제출되는 시점까지 법률전문가는 기금이 법적 의무를 지지 않을 가능성이 높다고 조언했다. 그러나 2018년 12월 31일의 재무제표를 작성할 때 법률전문가는 소송이 불리하게 진행됨에 따라 기금이 법적 의무를 부담할 가능성이 매우 높다고 조언했다.

[회계처리]

2017년 12월 31일: 우발 손실의 발생이 확실하지 않으므로 소송 내용을 주석에 기재함.

2018년 12월 31일: 우발 손실의 발생 가능성이 매우 높으므로, 법적 의무를 이행하기 위한 금액에 대한 최선의 추정치를 재무제표에 부채로 인식함.

제 4 절 순자산회계

1. 순자산의 정의와 분류

순자산은 자산에서 부채를 뺀 금액을 말한다. 정부회계의 순자산은 공공서비스 제공에 따른 비용과 편익의 관점에서 장래 세대가 받게 되는 순편익에 해당된다. <표 9-3>은 국가회계 재정상태표 양식의 순자산 부분을 보여주고 있고, <표 9-4>는 지방회계 재정상태표 양식의 순자산 부분을 보여주고 있다. 국가회계에서는 기본순자산, 적립금 및 잉여금, 순자산조정으로 구분하며, 지방회계에서는 고정순자산, 특정순자산 및 일반순자산으로 분류한다.

표 9-3 국가회계 재정상태표 순자산 부분

당기: 20×Y년 12월 31일 현재
전기: 20××년 12월 31일 현재

○○기금, ○○부처, 대한민국 정부 (단위: 원)

	주석	20XY	20XX
순자산			
Ⅰ. 기본순자산		XXX	XXX
Ⅱ. 적립금 및 잉여금		XXX	XXX
Ⅲ. 순자산조정		XXX	XXX
순자산 계		XXX	XXX

표 9-4 지방회계 재정상태표 순자산 부분

해당 연도 20××년×월×일 현재
직전 연도 20××년×월×일 현재

지방자치단체명 (단위 : 원)

과목	해당 연도(20××년)						직전 연도(20××년)					
	일반회계	기타특별회계	기금회계	지방공기업특별회계	내부거래	계	일반회계	기타특별회계	기금회계	지방공기업특별회계	내부거래	계
순자산												
Ⅰ. 고정순자산												
Ⅱ. 특정순자산												
Ⅲ. 일반순자산												
순자산 총계												

2. 국가회계의 순자산회계

1) 기본순자산

기본순자산은 순자산에서 적립금 및 잉여금과 순자산조정을 뺀 금액으로 표시한다.

2) 적립금 및 잉여금

적립금 및 잉여금은 임의적립금, 전기이월결손금·잉여금, 재정운영결과 등을 표시한다.

3) 순자산 조정

순자산조정은 투자증권평가손익, 파생상품평가손익 및 기타 순자산의 증감 등을 표시한다.

3. 지방회계의 순자산회계

1) 고정순자산

고정순자산은 일반유형자산, 주민편의시설, 사회기반시설 및 무형자산의 투자액에서 그 시설의 투자재원을 마련할 목적으로 조달한 장기차입금 및 지방채증권 등을 뺀 금액으로 한다.

2) 특정순자산

특정순자산은 채무상환 목적이나 적립성 기금의 원금과 같이 그 사용목적이 특정되어 있는 재원과 관련된 순자산을 말한다.

3) 일반순자산

일반순자산은 고정순자산과 특정순자산을 제외한 나머지 금액을 말한다.

요 약

1. 재정상태표는 재정상태표일 현재의 자산과 부채의 명세 및 상호관계 등 재정상태를 나타내는 재무제표로서 자산, 부채 및 순자산으로 구성된다.
2. 부채는 과거의 거래나 사건의 결과로 회계실체가 부담하는 의무로서, 그 이행을 위해 미래에 자원의 유출 또는 사용이 예상되는 현재의 의무를 말한다. 부채는 회계실체가 부담하는 현재의 의무 중 향후 그 이행을 위해 지출이 발생할 가능성이 매우 높고 그 금액을 신뢰성 있게 측정할 수 있을 때 인식한다. 단, 국가회계에서는 국가 안보와 관련된 부채는 기획재정부장관과 협의해 부채로 인식하지 아니할 수 있다. 재정상태표에 표시하는 부채의 가액은 원칙적으로 만기상환가액으로 평가한다.
3. 국가회계에서는 부채를 유동부채, 장기차입부채, 장기충당부채 및 기타 비유동부채로 구분해 재정상태표에 표시한다. 지방회계에서는 부채는 유동부채, 장기차입부채 및 기타 비유동부채로 분류한다. 불확실한 미래 사건의 발생 여부에 따라 우발손실의 발생 가능성이 있는 현재의 불확실한 의무인 우발부채는 과거의 거래나 사건의 결과로 현재 의무가 존재하고, 재정상태표일 현재 우발손실의 발생이 확실하며, 우발손실 금액을 합리적으로 추정할 수 있는 경우 재정상태표의 부채로 인식하고 우발손실을 재정운영표에 반영한다.
4. 순자산은 자산에서 부채를 뺀 금액을 말한다. 정부회계의 순자산은 공공서비스 제공에 따른 비용과 편익의 관점에서 장래 세대가 받게 되는 순편익에 해당된다. 국가회계에서는 기본순자산, 적립금 및 잉여금, 순자산조정으로 구분하며, 지방회계에서는 고정순자산, 특정순자산 및 일반순자산으로 분류한다.

Chapter 09

연습 문제

주관식

1. 국가회계와 지방회계의 부채 분류 시 차이를 설명하시오.
2. 국가회계와 지방회계의 순자산 분류 시 차이를 설명하시오.

객관식

01. 다음 중 국가회계의 부채의 정의 및 인식기준에 관한 설명으로 적절하지 않은 것은?

① 부채는 과거의 거래나 사건의 결과로 국가회계실체가 부담하는 의무로서, 그 이행을 위해 미래에 자원의 유출 또는 사용이 예상되는 현재의 의무를 말한다.

② 부채는 유동부채, 장기차입부채 및 기타비유동부채로 구분해 재정상태표에 표시한다.

③ 부채는 국가회계실체가 부담하는 현재의 의무 중 향후 그 이행을 위해 지출이 발생할 가능성이 매우 높고 그 금액을 신뢰성 있게 측정할 수 있을 때 인식한다.

④ 국가 안보와 관련된 부채는 기획재정부장관과 협의해 부채로 인식하지 아니할 수 있다.

⑤ 위 ④의 경우 해당 중앙관서의 장은 해당 부채의 종류, 취득시기 및 관리현황 등을 별도의 장부에 기록해야 한다.

02. 다음 중 유동부채에 포함되지 않는 부채는?

① 단기국채　② 단기차입금　③ 선수금
④ 유동성장기차입부채　⑤ 퇴직급여충당부채

03. 다음 중 국가회계 장기충당부채에 포함되지 않는 항목은?

① 퇴직급여충당부채　② 공무원연금충당부채　③ 군인연금충당부채

④ 국민연금충당부채 ⑤ 보험충당부채

04. **다음 중 부채평가에 관한 설명으로 적절하지 않은 것은?**

① 재정상태표에 표시하는 부채의 가액은 원칙적으로 만기상환가액으로 평가한다.

② 국채/지방채는 발행수수료 및 발행과 관련해 직접 발생한 비용을 뺀 발행가액으로 평가한다.

③ 국채/지방채의 액면가액과 발행가액의 차이는 할인(할증)발행차금 과목으로 액면가액에 빼거나 더하는 형식으로 표시하며, 그 할인(할증)발행차금은 발행한 때부터 최종 상환할 때까지의 기간에 유효이자율로 상각 또는 환입해서 국채/지방채에 대한 이자비용에 더하거나 뺀다.

④ 퇴직급여충당부채는 재정상태표일 현재 퇴직금 지급 대상자가 일시에 퇴직할 경우 지급해야 할 퇴직금으로 평가한다.

⑤ 장기연불 조건의 거래, 장기금전 대차거래 또는 이와 유사한 거래에서 발생하는 채권·채무로서 명목가액과 현재가치의 차이가 중요한 경우에도 명목가액으로 평가한다.

05. **다음 중 국가회계의 순자산에 관한 설명으로 적절하지 않은 것은?**

① 순자산은 부채에서 자산을 뺀 금액이다.

② 순자산은 기본순자산, 적립금 및 잉여금, 순자산조정으로 구분한다.

③ 기본순자산은 순자산에서 적립금 및 잉여금과 순자산조정을 뺀 금액으로 표시한다.

④ 적립금 및 잉여금은 임의적립금, 전기이월결손금·잉여금, 재정운영결과 등을 표시한다.

⑤ 순자산조정은 투자증권평가손익, 파생상품평가손익 및 기타 순자산의 증감 등을 표시한다.

06. **다음 중 지방회계의 순자산에 관한 설명으로 적절하지 않은 것은?**

① 순자산은 자산에서 부채를 뺀 금액이다.

② 순자산은 지방자치단체의 기능과 용도를 기준으로 고정순자산, 특정순자산 및 일반순자산으로 분류한다.

③ 고정순자산은 일반유형자산, 주민편의시설, 사회기반시설 및 무형자산의 투자액으로 한다.

④ 특정순자산은 채무상환목적이나 적립성 기금의 원금과 같이 그 사용목적이 특정되어 있는 재원과 관련된 순자산을 말한다.

⑤ 일반순자산은 고정순자산과 특정순자산을 제외한 나머지 금액을 말한다.

정답 및 해설

1. ② 국가회계에서 부채는 유동부채, 장기차입부채, 장기충당부채 및 기타비유동부채로 구분해 재정상태표에 표시한다.
2. ⑤ 퇴직급여충당부채는 비유동부채에 해당된다.
3. ④ 국민연금충당부채는 국가 재무제표에 보고되지 않는다.
4. ⑤ 장기연불조건의 거래, 장기금전대차거래 또는 이와 유사한 거래에서 발생하는 채권・채무로서 명목가액과 현재가치의 차이가 중요한 경우에는 현재가치로 평가한다.
5. ① 순자산은 자산에서 부채를 뺀 금액이다.
6. ③ 고정순자산은 일반유형자산, 주민편의시설, 사회기반시설 및 무형자산의 투자액에서 그 시설의 투자재원을 마련할 목적으로 조달한 장기차입금 및 지방채증권 등을 뺀 금액으로 한다.

Chapter 10

수익회계

개 관

기업회계에서 수익은 수익·비용 대응의 원칙에 의한 매출액이 대부분을 차지하지만 정부회계 수익은 수익·비용의 적절한 대응이 이루어지지 않고, 정부의 과세권에 의한 세금이 대부분을 차지한다. 즉, 정부회계에서 수익은 국가나 지방자치단체의 재정활동과 관련해서 재화 또는 용역을 제공한 대가로 발생하거나 직접적인 반대급부 없이 법률에 따라 납부 의무가 발생한 금품의 수납 또는 자발적인 기부금 수령 등에 따라 발생하는 순자산의 증가를 말한다. 수익은 원천에 따라 크게 재화나 용역을 제공한 대가로 발생하는 교환수익과 직접적인 반대급부 없이 지급을 요구할 수 있는 비교환수익으로 구분하고 있다.

이 장에서는 발생하는 수익의 원천 및 성격에 따른 구분을 설명하고, 발생한 수익을 언제 인식하게 되는지를 살펴보고자 한다. 또한 발생한 주요 수익 구분에 따른 회계처리를 설명한다.

Chapter 10

수익회계

제 1 절 수익회계의 개요

1. 수익의 정의와 분류

1) 수익의 정의

기업회계에서 수익(revenue)은 기업의 정상 영업활동의 일환으로 발생하며, 매출액이 대부분을 차지하고, 그 외 수수료수익, 이자수익, 배당수익, 로열티수익 및 임대료수익 등 다양한 명칭으로 구분된다. 한국채택국제회계기준(K－IFRS)의 '재무보고를 위한 개념체계'에서는 "수익은 자산의 유입이나 증가 또는 부채의 감소에 따라 자본의 증가를 초래하는 특정 회계기간 동안에 발생한 경제적 효익의 증가로서, 지분참여자에 의한 출연과 관련된 것은 제외한다."라고 정의하고 있다. 즉, 수익은 순자산의 증가를 초래하는 자산의 유입이나 증가 또는 부채의 감소 형태로 나타나는 회계기간 동안의 경제적 이익의 증가를 말한다.

비영리회계의 한 분야인 정부회계에서 수익은 국가나 지방자치단체의 재정활동과 관련해 재화 또는 용역을 제공한 대가로 발생하거나 직접적인 반대급부 없이 법률에 따라 납부 의무가 발생한 금품의 수납 또는 자발적인 기부금 수령 등에 따라 발생하는 순자산의 증가를 말한다.

「국가회계기준에 관한 규칙」(제28조 제1항)에 따르면 “수익은 국가의 재정활동과 관련하여 재화 또는 용역을 제공한 대가로 발생하거나, 직접적인 반대급부 없이 법령에 따라 납부의무가 발생한 금품의 수납 또는 자발적인 기부금 수령 등에 따라 발생하는 순자산의 증가를 말한다.”라고 정의한다. 그런데 기업회계와는 달리 국가회계의 특징 중 하나는 직접적인 반대급부 없이 법령에 따라 납부의무가 발생해 수납하는 현금 등이 있다. 예를 들면 국세나 제재금 및 부담금 등이 있다. 기업의 경우에는 아무런 반대급부 없이 현금 등을 수취하는 경우는 거의 없다. 상품이나 제품을 판매하거나 서비스를 제공한 대가로 현금 등을 수취하는 경우가 일반적이기 때문이다.

「지방자치단체의 회계기준에 관한 규칙」(제27조 제1항)에서도 “수익은 자산의 증가 또는 부채의 감소를 초래하는 회계연도 동안의 거래로 생긴 순자산의 증가를 말한다. 다만, 관리전환이나 기부채납 등으로 생긴 순자산의 증가는 수익에 포함하지 아니한다.”라고 정의한다. 즉, 관리전환이나 기부채납 등으로 생긴 순자산의 증가는 재정운영표의 수익에 포함하지 않고, 재정상태표의 순자산의 증가로 회계 처리한다.

2) 수익의 분류

(1) 국가회계의 수익

수익은 순자산의 증가를 초래하는 자산의 유입이나 증가 또는 부채의 감소 형태로 나타나는 회계기간 동안의 경제적 이익의 증가를 말하는데, 국가회계 수익의 특징 중 하나는 직접적인 반대급부 없이 법령에 따라 납부의무가 발생해 수납하는 현금 등이 있다. 예를 들면 세금이나 벌과금 및 부담금 등이 있다. 하지만, 기업의 경우에는 수익·비용 대응의 원칙에 따라 아무런 반대급부 없이 현금 등을 수취하는 경우는 거의 없다. 재화를 판매하거나 용역·서비스를 제공한 대가로 현금 등을 수취하는 경우가 일반적이기 때문이다.

이러한 특성을 반영해 「국가회계기준에 관한 규칙」(제28조 제2항)에 따르면, 국가회계에서는 중앙관서별 재정운영표에 나타나는 수익은 그 원천에 따라 재화(상품이나 제품 등)나 용역을 제공한 대가로 발생하는 수익을 교환수익으로, 직접적인 반대급부 없이 지급을 요구할 수 있는 권력을 행사함으로써 발생하는 수익, 즉 국세, 부담금, 기부금 등을 비교환수익으로 구분하고 있다.

교환수익은 국가의 재정활동과 관련해 재화나 용역을 제공한 대가로 발생하는 순자산의 증가를 말한다. 마치 영리기업의 거래와 같이 쌍방이 거래 대가에 상응하거나 또는 이에 준하는 반대급부를 받는 거래에서 발생하는 수익이다. 교환수익은 순원가방식을 채택한 재정운영표상 프로그램 총원가에서 차감하는 프로그램수익이 대부분이며, 일부는 비배분수익으로 구분된다.

표 10-1 국가회계 수익의 구분

구분		내용
교환수익	프로그램수익	특정 프로그램(정책이나 사업)의 운영에 따라 재화나 용역을 제공한 대가로 발생하는 수익으로서 특정 프로그램으로의 직접 추적이 가능해 프로그램 총원가에서 차감하는 수익. 재화 및 용역 제공 수익, 연금수익, 이자수익, 평가이익, 자산처분이익, 기타수익 등으로 분류
	비배분수익	국가회계실체에서 발생한 수익 중 프로그램에 대응되지 않는 수익
비교환수익		직접적인 반대급부 없이 발생하는 국세, 부담금, 기부금, 사회보험수익, 무상이전 및 제재금 등의 수익

프로그램수익은 특정 프로그램의 운영에 따라 재화나 용역을 제공한 대가로 발생하는 수익으로서, 특정 프로그램으로의 직접적인 추적이 가능해 프로그램총원가에서 차감하는 수익이다. 프로그램수익의 대표적인 사례로는 복권기금의 복권사업수입을 들 수 있다. 프로그램수익은 재화 및 용역 제공 수익, 연금수익, 이자수익, 평가이익, 자산처분이익, 기타 수익, 수입대체경비수입 등으로 분류한다.

비배분수익은 국가회계실체에서 발생한 수익 중 프로그램에 대응되지 않는 수익이다. 즉, 집계된 수익 중 특정 프로그램으로 대응되지 않는 수익은 비배분수익으로 구분한다. 예를 들어 프로그램이 종료된 이후에 발생한 수익이 종료된 프로그램의 경우는 비배분수익으로 구분한다.

비교환수익은 국가가 국민에게 재화나 공공서비스를 제공한 대가로 받은 수익이 아니라 국가권력의 행사를 통해 거둬들인 수익, 즉 직접적인 반대급부 없이 발생한 수익이다. 정부의 재정활동의 대부분은 비교환수익으로 조달된다. 가장 대표적인 사례로 법인세, 소득세와 같은 국세를 들 수 있고, 그 외 부담금, 기부금 및 제재금 등의 수익과 순자산 증가 또는 감소 효과를 발생시키는 중앙관서 간의 무상이전거래를 포함한다. 비교환수익의 주요 내용은 다음과 같다.

표 10-2 주요 비교환수익

구분	내용
국세수익	국가의 재정수입을 위해 국가가 징수하는 내국세와 관세를 말한다.
부담금수익	부담금수익은 「부담금관리기본법」 등 법률에 따라 금전적 부담의 부과 권한이 부여된 국가회계실체가 분담금, 부과금, 예치금, 기여금 그 밖의 명칭에 불구하고 재화 또는 용역의 제공과 관계없이 특정 공익사업과 관련해 법률에서 정하는 바에 따라 부과하는 조세 외의 금전지급의무에 따라 발생하는 수익을 말한다.
제재금수익	법이나 규정 등을 위반한 자에게 부담시켜 지급의무를 발생시키는 수익으로 변상금수익, 위약금수익, 가산금수익, 벌금수익, 몰수금수익으로 분류된다.
사회보험료 수익	사회보험사업을 영위하는 국가회계실체가 「고용보험 및 산업재해보상보험의 보험료징수 등에 관한 법률」에 따라 근로자와 사업주로부터 수취하는 보험료수입을 의미한다.

중앙관서별 재정운영표에 나타나는 수익 항목은 프로그램수익, 비배분수익, 비교환수익 등 세 가지로 나뉜다.

국가 재정운영표상의 수익의 종류는 다음과 같다.

표 10-3 국가 재정운영표상 수익의 종류 및 설명 요약

프로그램총원가	
(−) 프로그램수익	▪ 프로그램과 직접 관련성이 있는 수익
프로그램순원가	
(+) 관리운영비	
(+) 비배분비용	
(−) 비배분수익	▪ 프로그램에 대응되지 않는 수익
= 재정운영순원가	
(−) 비교환수익 등	▪ 직접적 대가 없이 과세권을 행사함으로써 발생하는 수익 등
= 재정운영결과	

(2) 지방회계의 수익

「지방자치단체의 회계기준에 관한 규칙」(제28조 제1항)에서 지방자치단체회계의 수익은 그 원천에 따라 교환수익과 비교환수익으로 구분한다. 지방회계기준의 교환수익은 재화나 서비스 제공의 반대급부로 생긴 사용료, 수수료 등의 수익이다. 비교환수익은 직접적인 반대급부 없이 생기는 지방세, 보조금, 기부금 등의 수익이다.

표 10-4 지방자치단체 수익의 구분

구분	내용
교환거래 수익	재화나 서비스 제공의 반대급부로 생긴 사용료, 수수료 등의 수익
비교환거래 수익	직접적인 반대급부 없이 생기는 지방세, 보조금, 기부금 등의 수익

정부회계에서의 수익은 교환거래보다는 비교환거래에 의한 수익이 대부분이다. 따라서 지방자치단체는 비교환수익을 일반수익이라고 한다. 이 일반수익은 다양한 기준에 의해 분류 가능하나 회계정보의 유용성을 고려해서 지방자치단체의 재정구조와 특성을 파악하기 위해 재원의 원천을 기준으로 자체조달수익, 정부간이전수익 및 기타 수익으로 분류한다.

자체조달수익은 지방자치단체가 독자적인 과세 권한과 자체적인 징수활동을 통

표 10-5 지방자치단체 재원 원천 기준 수익 구분

구분	내용
자체조달수익	지방자치단체의 과세 권한에 의해 징수하는 지방세, 자체적인 징수활동에 의해 조달하는 사용료, 수수료, 재산임대료수입 및 유형자산처분이익, 과태료수익, 과징금 및 이행강제금수익 등 세외수익을 포함한다.
정부간이전수익	지자체가 자체 노력에 의해 조달한 수익이 아니고 국가 또는 상위정부로부터 이전된 재원으로서 국가로부터 교부되는 지방교부세, 국고보조금 및 상위단체(광역단체인 시·도)에서 기초단체(시·군·자치구)로 이전되는 자치구 조정교부금, 시·군 조정교부금, 시·도비보조금 등을 포함한다.
기타수익	자체조달수익 및 정부간이전수익 이외의 수익을 말한다.

해 조달한 수익이고, 정부간이전수익은 회계실체가 국가 또는 다른 지방자치단체로부터 이전받은 수익이다. 자체조달수익과 정부간이전수익 외 수익은 기타수익으로 분류한다. 일반수익의 주요 내용을 요약하면 <표 10-5>와 같다.

지방자치단체 예산회계에서 수입이란 조세수입, 사용료 · 수수료, 보조금 등 현금의 유입으로 표시되며, 재무회계상으로는 수익으로 분류된다. 재무회계에서 수익은 사업수익, 비배분수익, 일반수익으로 구분된다. 지방자치단체 재정운영표상의 수익의 종류는 다음과 같다.

표 10-6 지방자치단체 재정운영표상 수익의 종류 및 요약

사업총원가 (−) 사업수익	▪ 프로그램 수행 시 직 · 간접적으로 발생하는 수익
사업순원가 (+) 관리운영비 (+) 비배분비용 (−) 비배분수익	▪ 프로그램에 직접적으로 대응하기 어려운 수익
= 재정운영순원가	
(−) 일반수익	▪ 사업수익이나 비배분수익에 속하지 않는 비교환거래 수익
= 재정운영결과	

사업수익은 사업의 추진과정에서 직접 발생한 수익과 국가 등으로부터 사업과 관련해 받은 수익 등을 말하며, 원가회계에서 원가대상이 된다. 원가회계에서 사업수익은 서비스요금 수익과 보조금 등으로 구분되며, 사업수익이 많을수록 순원가는 낮아진다. 지방자치단체의 '사업수익'은 국가의 '프로그램수익'과 유사한 용어이다.

비배분수익은 교환거래로 발생한 수익이지만 비경상적이고 임시 · 우발적인 사건으로 발생되어 서비스 제공대가로 볼 수 없는 수익을 말한다. 비배분수익으로는 이자수익, 손상차손환입, 자산처분이익, 대손충당금환입 등이 있다.

일반수익은 사업수익이나 비배분수익에 속하지 않는 비교환거래 수익이다. 일반수익으로는 지방세, 양여금, 교부금, 전입금, 위약금, 가산금 등이 있다.

2. 수익의 인식기준

1) 국가회계의 수익 인식기준

「국가회계기준」 제4조 일반 원칙에 따라 국가의 회계처리는 복식부기 · 발생주의 방식으로 이루어져야 하며, 발생주의에 의한 수익 인식은 다음과 두 가지 요건이 충족될 때 수익을 인식한다.

① **측정 요건**: 수익이 인식되기 위해서는 수익금액이 합리적으로 측정 가능해야 한다.

② **가득 요건**: 수익창출활동을 위한 결정적이며 대부분의 노력이 발생해야 한다.

정부회계에서의 수익의 인식은 교환거래와 비교환거래로 구분해 달리 적용하며, 국가회계와 지방자치단체회계 간에 수익 인식의 원천적인 차이는 없다. 「국가회계기준에 관한 규칙」 제29조에 따르면 교환수익은 수익창출 활동이 끝나고 그 금액을 합리적으로 측정할 수 있을 때에 인식한다.

비교환수익은 해당 수익에 대한 청구권이 발생하고 그 금액을 합리적으로 측정할 수 있을 때에 인식한다. 비교환수익은 대부분이 국가회계실체의 권력행사로써 발생하는 수익이므로 '수익창출활동'이라는 개념이 발생하지 않음에 따라 이를 대체할 수 있는 시점인 '해당 수익에 대한 청구권이 발생하는 시점'을 수익 인식기준으로 적용한다.

국세와 관련된 비교환수익의 수익인식기준은 다음과 같다.

가. 신고납부제도 적용 세액: 신고시점

나. 부과과세제도 적용 세액: 부과고지 시

다. 원천징수 조세수익: 원천징수 의무자가 원천징수세액을 납부하는 때

국세수익을 제외한 '재원의 조달'에 해당하는 비교환수익의 수익인식기준은 다음과 같다.

① **부담금수익, 무상이전수입, 기부수익**: 국가의 법적, 계약적, 행정적 청구권이 확정된 때

② **기타비교환수익**: 수익창출활동이 완료되거나 해당 수익에 대한 청구권이 발생하고, 그 금액을 합리적으로 측정할 수 있을 때

③ **제재금수익**: 벌금이나 과태료 등이 납부되거나 몰수가 집행된 때

2) 지방회계의 수익인식기준

「지방자치단체 회계기준에 관한 규칙」 제28조에 따르면 교환거래로 생긴 수익은 수익창출활동이 끝나고 그 금액을 합리적으로 측정할 수 있을 때에 인식한다. 또한 비교환거래로 생긴 대표적 수익인 지방세, 보조금, 기부금은 해당 수익에 대한 청구권이 발생하고 그 금액을 합리적으로 측정할 수 있을 때에 인식한다.

지방세수익의 실현은 징수방법에 따라 수익인식시점에 차이가 있다. 지방세수익의 경우 징수방식에 관계없이 징수결의를 통해 금액이 확정되는 시점에 수익을 인식한다. 지방세의 경우 부과고지를 하는 경우와 자진신고의 경우가 있는데, 수익을 인식하는 시점은 징수결의시점이라고 보는 것이 실무적으로 타당하다.

자진신고하는 취득세 등 지방세의 경우 징수결의시점 이전에 수납이 발생하며, 수납시점에서는 수익이 발생하지 않은 것이므로 수납액을 부채(선수지방세)로 회계처리한다.

자동차세, 종합토지세 등 부과고지 방식에 의한 지방세수익은 지방자치단체가 과세표준과 세액을 조사 결정해 납세액을 고지함으로써 세액이 확정된다. 즉, 부과고지 방식의 지방세수익은 지방자치단체가 징수결의하는 시점에 수익이 실현되는 것으로 한다.

특별징수방식의 지방세수익은 신고납부 방식의 지방세수익과 같은 방법으로 회계처리하며, 연부연납이나 분납이 가능한 세액의 경우에는 일단 당해 세금 전체를 수익으로 인식하고, 연부연납이나 분납으로 납기가 이연된 금액은 미수세금으로 계상한다. 재화나 서비스를 제공하고 그에 대한 반대급부로 발생하는 사용료, 수수료 등의 세외수익의 인식기준은 일반적으로 재화를 판매하는 때에는 판매해 인도

하는 시점에, 서비스를 제공하는 때에는 서비스제공이 완료된 시점에 수익을 인식한다.

표 10-7 징수 방법

보통징수	세무공무원이 납세고지서를 당해 납세의무자에게 교부해 지방세를 징수하는 것을 말함.
신고납부	납세의무자가 그 납부할 지방세의 과세표준액과 세액을 신고하고 동시에 신고한 세금을 납부하는 것을 말함.
특별징수	지방세의 징수에서 그 징수의 편의가 있는 자로 하여금 징수시키고 그 징수한 세금을 납입하게 하는 것을 말함.

제 2 절 주요 수익의 회계처리[1)]

1. 국가회계

1) 교환수익의 회계처리

(1) 수익발생 시 회계처리

① 수익발생시점과 대금수납시점이 동일한 경우 회계처리

수익이 발생하는 시점과 대금의 수납시점이 동일한 경우 채권 또는 채무가 발생하지 아니한다.

사례 10-1 수익발생 시 회계처리의 예(1)

A부처 일반회계는 정부외 대여금 10,000,000원과 이자수익 1,000,000원을 계약상의 상환일인 20×1년 12월 31일 수취했다. (국고금회계는 생략)

−20×1년 12월 31일−

1) 「재정운영표 계정과목 회계처리지침」, 기획재정부, 2014. 3.

-20×1년 12월 31일-

(차) 한국은행 국가예금	11,000,000	(대) 정부외 단기대여금	10,000,000
		정부외 전대차관 이자수익	1,000,000

② 수익발생시점에 앞선 시점에 수납이 이루어진 경우

수익발생시점에 앞서 수납이 이루어진 경우에는 수납 시 '선수수익-선수이자수익 또는 기타의 선수수익'으로 처리한다.

사례 10-2 수익발생 시 회계처리의 예(2)

A부처 일반회계는 20×1년 3월 1일 국가소유 건물을 1년간 임대하고 1년의 임대료 10,000,000원을 일시에 수납했다.

20×1년 3월 1일

(차) 한국은행 국가예금	10,000,000	(대) 기타의 선수수익	10,000,000

20×1년 12월 31일

(차) 기타의 선수수익	8,333,333	(대) 사용료수익[(*1)]	8,333,333

(*1) 당해 연도 수익분 = 10,000,000* (10/12 (해당 월수)) = 8,333,333

20×2년 2월 28일

(차) 기타의 선수수익	1,666,667	(대) 사용료수익[(*2)]	1,666,667

(*2) 20×2년 수익분 = 10,000,000*(2/12(해당 월수)) = 1,666,667

③ 수익은 발생했으나, 미수납되어 채권으로 계상되는 경우

수익은 발생했으나 미수납되는 경우에는 미수채권으로 처리한다. 이때 수익의 발생시점 또는 회계기간의 경과에 따라 수익이 발생하는 것이며, 회수되는 시점에 수납액과 미수채권을 상계 처리하게 된다.

사례 10-3 미수세금 대손충당금 회계처리의 예

20×1년 2월 1일 A부처 일반회계가 발행하는 정기간행물을 1년간 구독하기로 하는 계약을 체결하고 해당 구독료를 구독 기간이 완료되는 20×2년 1월 말에 12,000,000원을 수령했다.

20×1년 2월 1일
회계처리 없음

20×1년 12월 31일

(차) 미수재화 및 용역제공수익	11,000,00	(대) 수수료수익(*1)	11,000,000

(*1) 당해 연도 수익분 = 12,000,000* (11/12 (해당 월수)) = 11,000,000

20×2년 1월 31일

(차) 한국은행 국가예금	12,000,000	(대) 미수재화 및 용역제공수익	11,000,000
		수수료수익(*2)	1,000,000

(*2) 당해 연도 수익분 = 12,000,000* (1/12(해당 월수)) = 1,000,000

(2) 수입금의 반환 시 회계처리

수입금의 반환은 '과오납 반환' 및 '수입금 환급'으로 구분되며, 실제 대금의 납부가 이루어진 상태에서 과오납금을 상환하는 경우를 의미한다.

① 과오납 반환 시 회계처리

과오납반환금이란 수입징수관이 징수결정 및 수납업무의 착오·중복 등의 사유로 수납해야 할 금액을 초과해서 수납한 분에 대해 그 반환이 결정된 것을 말한다. 과오납반환금은 다음의 두 가지로 구분해서 회계처리한다.

① 당해 연도 발생한 수입금을 과오납 반환하는 경우

② 전년도 발생한 수입금을 과오납 반환하는 경우

사례 10-4 과오납 반환 시 회계처리의 예

A부처 ○○일반회계(특별회계)는 20X1년 4월분 임대료수익 1,000,000원을 4월 30일에 수취하고 수익으로 인식했으나, 이후 20X1년 말 시점에서 오류로 300,000원을 추가 수취한 것을 인지하고 임대료수익 300,000원을 반환했다.

20×1년 4월 수익 발생 시

(차) 한국은행 국가예금	1,000,000	(대) 사용료수익	1,000,000

과오납 반환 지급 결정 시

(차) 사용료수익	300,000	(대) 기타의 미지급비용	300,000

환급금 지급 시

(차) 기타의 미지급비용	300,000	(대) 한국은행 국가예금	300,000

② 수입금환급금 회계처리

수입금환급금이란 수입으로서 납입된 금액 중 관련 법률에 의거 환급해야 할 금액이 있는 경우 수입징수관이 환급 결정해서 환급자에게 환급되는 자금을 말한다. 환급금은 적법한 절차에 의해 환급이 발생한다는 점에서 과오납 반환과는 차이가 있다.

사례 10-5 수입금환급금 회계처리의 예

A부처 ○○일반회계는 20X1년 4월분 임대료수익 1,000,000원을 4월 30일에 수취하고 수익으로 인식했으나, 이후 20X2년 2월 1일 시점에서 오류로 300,000원을 추가 수취한 것을 인지하고 임대료수익 300,000원을 반환했다.

20×1년 4월 수익 발생 시

(차) 한국은행 국가예금	1,000,000	(대) 사용료수익	1,000,000

20×2년 2월 1일 환급금 지급 결정 시

(차) 전기과오납금반환금	300,000	(대) 기타의 미지급비용	300,000

환급금 지급 시

(차) 기타의 미지급비용	300,000	(대) 한국은행 국가예금	300,000

③ 가산금 발생 시 회계처리

가산금은 세금 또는 공공요금 등을 납부해야 할 행정법상의 의무가 있는 사람이 그 의무를 게을리 하는 경우 이에 대한 제재로 부과하는 할증된 금액이다. 가산금은 납부기한이 종료하고 기간에 따라 가산금을 고지한 때에 수익으로 인식한다. 가산금수익은 재정운영표에 '제재금수익'에 포함해 표시한다.

사례 10-6 가산금 발생 시 회계처리의 예

A부처는 20×1년 9월 30일에 부과고지 방식에 의해 9월의 수익에 해당하는 수수료수익 10,000,000원을 징수 결정했다. 이때, 납부고지서에는 납부기한 경과 시 추가될 가산금 1,000,000원이 함께 표시되어 납부고지서가 발부되었다. 납부기한은 20×1년 10월 31일이었다. 납부기한 종료 후 가산 결의했다. 실제로 20×1년 11월 30일에 가산금과 함께 수수료수익이 납부된 경우의 회계처리는 다음과 같다.

20×1년 9월 30일 부과 고지 시

(차) 미수재화 및 용역제공수익	10,000,000	(대) 수수료수익	10,000,000

20×1년 10월 31일 납부기한 경과 시

(차) 미수제재금수익	1,000,000	(대) 가산금수익	1,000,000

20×1년 11월 30일 수납 시

(차) 한국은행 국가예금	11,000,000	(대) 가산금수익	1,000,000
		미수재화및용역제공수익	10,000,000

2) 비교환수익의 회계처리

(1) 교환수익과 비교환수익의 수익인식시점 차이

사례 10-7 비교환수익의 회계처리의 예

A부처는 B기업과 ○○○수익이 발생하는 계약을 체결했다. 계약기간은 20×1. 7.1~20×2. 6.30이며, 금액은 10,000,000원이다. 계약서상 A부처는 매 3개월 단위로 10월 1일 3,000,000원, 1월 1일 3,000,000원, 20X2년 3월 1일 2,000,000원, 6월 1일 2,000,000원을

4차에 걸쳐서 청구할 수 있다. 앞의 수익이 교환수익에 해당할 경우와 비교환수익에 해당할 경우의 수익인식시점 및 금액은 다음과 같다.

1) 교환수익일 경우

교환수익일 경우 발생주의에 따라 기간 경과에 따라 수익을 인식하게 된다. 즉, 10,000,000 × 6/12(해당 월수) = 5,000,000원이 20×1년의 수익으로 인식되며, 20×2년의 수익은 10,000,000 × 6/12(해당 월수) = 5,000,000원이 된다.

2) 비교환수익일 경우

위 수익이 비교환수익일 경우에는 계약에 의해 청구권이 발생하는 시점인 10월 1일에 3,000,000원의 수익이 인식되어 20×1년에는 3,000,000원의 수익이 인식되며, 20×2년에는 7,000,000원이 인식된다.

(2) 국세수익의 회계처리

국세수익의 경우 계정에 따라 회계처리가 상이한 것이 아니라 세금의 부과방식에 따라 회계처리가 상이하므로 계정별 회계처리를 제시하지 아니하고 부과방식에 따른 회계처리를 제시하도록 한다(국고금 회계를 별도로 고려하지 않고 현금이 직접 납부되는 것으로 가정함). 국세수익은 납세 의무의 확정방법에 따라 크게 '신고납부제도' 및 '부과과세제도'의 두 가지로 나뉜다.

① 신고납부제도 적용세액의 회계처리

'신고납부제도'는 납세의무자가 세법에 정하는 바에 따라 자율적으로 세액을 계산해 자진신고하면 그 신고한 내용대로 납세의무를 확정하는 것으로 '법인세 · 소득세 · 부가가치세 · 개별소비세 · 교통 · 에너지 · 환경세 · 주세 · 증권거래세 · 교육세' 등이 있다.

신고납부제도에 의한 세액의 경우 납세의무를 확정하는 시점은 자진신고시점이므로 자진신고시점에 수익을 인식해야 한다.

사례 10-8 신고납부제도 적용 세액의 회계처리의 예

○○씨는 20×1년 5월 31일자로 기한이 마감되는 소득세 5백만 원을 신고·납부했다.

[국세청 – 일반회계]

(차) 국고이전지출 (국세징수활동표)	5,000,000	(대) 소득세수익 (국세징수활동표)	5,000,000

[국고금회계 – 일반회계계정]

(차) 한국은행 국가예금	5,000,000	(대) 국고이전수익	5,000,000

② 부과과세제도 적용 세액의 회계처리

'부과과세제도'는 과세관청의 조사, 결정, 납세고지의 절차로써 세액이 확정되는 것으로 납세의무자가 신고를 하더라도 신고는 세액을 확정시키는 효력이 없으며, 단지 과세관청이 부과처분을 하는 데 필요한 과세자료를 제출하는 협력 의무의 이행 효과만 있다. 부과과세제도를 적용하는 국세수익으로는 '상속세, 증여세, 재평가세, 부당이득세' 등이 있다.

부과과세제도에 의한 세액의 경우 납세의무를 확정하는 시점은 과세관청이 조사, 결정, 납세고지의 절차를 완료하는 시점이다.

사례 10-9 부과과세제도 적용 세액의 회계처리의 예

① 수익인식시점이 납부시점보다 앞선 경우

– 신고 시 –

회계처리 없음

– 고지한 때 –

(차) 미수국세 (국세징수활동표)	×××	(대) ○○세 수익	×××

– 납부 시 –

(차) 국고이전지출	×××	(대) 미수국세	×××

(국세징수활동표)

② 수익인식시점이 납부시점보다 늦은 경우

－신고납부 시－

(차) 국고이전지출 (국세징수활동표)	×××	(대) 기타의 선수수익	×××

－고지한 때－

(차) 기타의 선수수익	××××	(대) ○○세 수익 (국세징수활동표)	×××

3) 중앙관서 및 국가 국세수익의 회계처리 관계

(1) 중앙관서 결산

① 국세수익의 재무제표 표시

'국세수익'은 국가 재정수입의 대부분을 차지하는 주 수입원으로 징수기관을 통해 조성된 재원은 각 중앙관서 및 회계·기금에 예산 배정된다. 각 중앙관서 및 회계·기금은 국세수익 등을 재원으로 하여 예산배정을 받은 후 각종 비용을 지출하게 된다. 따라서 중앙관서 결산의 관점에는 국세수익에 대해 징수기관의 수익으로 보지 않고 별도의 국세징수활동표를 작성해서 부과 및 징수 내역을 기재하도록 하고 있는 것이며, 각 중앙관서 및 회계·기금에서 국세수익 등을 재원으로 하여 자금 배정을 받은 후 각종 비용을 지출하고 있으며, 해당 비용의 지출 시 국고수입 처리한다.

② 회계처리 예시

재무결산 시 국세청/관세청/기획재정부의 조세수입에 대한 회계처리 예시는 다음과 같다.

사례 10-10 재무결산 시 조세수입에 대한 회계처리의 예

[국세청 일반회계]

① 징수결의 시

(차) 미수국세 (재정상태표)	100	(대) 국세수익 (국세징수활동표)	100

② 수납 시

(차) 국고이전지출 (국세징수활동표)	80	(대) 미수국세 (재정상태표)	80

[기획재정부 일반회계]
별도의 회계처리 없음

[국고금회계]

(차) 한국은행 국가예금	80	(대) 국고이전수입	80

(2) 국가결산

① 국세수익의 재무제표 표시

국가결산보고서의 관점에서는 '국세수익'은 국가재정의 직접적인 수입원으로 각 중앙관서의 경우와 같이 예산배정의 절차를 통해 재원을 조달하는 것이 아니므로 재정운영표의 비교환수익 등의 '국세수익'으로 직접 표시된다.

② 국세수익의 내부거래 제거절차

국가 결산 시 국세수익은 내부거래 제거절차를 통해 재정운영표에 표시되며, 이를 그림으로 설명하면 다음과 같다.

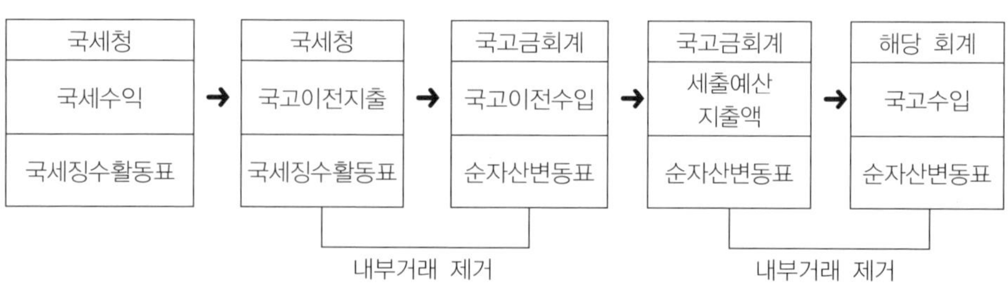

위에서 보는 바와 같이 국가결산보고서 재무제표에서는 각 회계 간 내부거래 제거 후 국세수익만 남게 된다. 단, 내부거래 제거 이후 남은 국세징수활동표상의 국세수익을 재정운영표에 표시하기 위해 다음과 같은 대체분개가 이루어져야 한다.

- 계정 대체분개 -

• 국세징수활동표상 국세수익을 재정운영표상 국세수익으로 계정 대체분개

(차) 국세수익(국세징수활동표) ××× (대) 국세수익(재정운영표) ×××

2. 지방회계[2)]

1) 지방세수익의 회계처리

지방세수익의 경우 징수방식에 관계없이 징수결의를 통해 금액이 확정되는 시점에 수익을 인식한다. 지방세의 경우 부과고지를 하는 경우와 자진신고의 경우가 있으며, 수익을 인식하는 시점은 징수결의시점이라고 보는 것이 실무적으로 타당하다고 보고 있다. 자진신고하는 지방세의 경우 징수결의시점 이전에 수납이 발생하며, 수납시점에서는 수익이 발생하지 않은 것이므로 수납액을 부채(선수수익)로 회계처리한다.

(1) 부과고지하는 지방세의 회계처리

자동차세, 종합토지세 등 부과고지방식에 따른 지방세수익은 지방자치단체가 과세표준과 세액을 조사 결정해서 납세액을 고지함으로써 세액이 확정된다. 즉, 부과고지 방식의 지방세수익은 지방자치단체가 징수결의하는 시점에 수익이 실현되는 것으로 한다.

2) 「지방자치단체 재무회계 운영규정」, 행정안전부, 2017.7.26.

표 10-8 부과고지하는 지방세의 회계처리

거래단계	회계처리(분개)			
	차변		대변	
i) 징수결의시점	미수○○세	×××	○○세수익	×××
ii) 부과취소 · 감액시점	○○세수익	×××	미수○○세	×××
iii) 정상수납시점	현금과예금	×××	미수○○세	×××
iv) 과오납환부시점	미수○○세	×××	현금과예금	×××
v) 대손처분시점	수○○세 대손충당금	×××	미수○○세	×××
vi) 충당금 설정(기말 결산정리)	미수세금 대손상각비	×××	미수○○세대손충당금	×××

사례 10-11 부과고지하는 지방세의 회계처리의 예

① 20××년 6월 1일에 자동차세 100,000,000원을 징수 결의하고, 곧바로 이를 부과고지했다.

(차) 미수자동차세 100,000,000 (대) 자동차세 수익 100,000,000

② 동년 6월 15일 자동차세 징수결의 금액 중 10,000,000원은 부과상의 문제로 인해 부과 취소했다.

(차) 자동차세수익 10,000,000 (대) 미수자동차세 10,000,000

③ 동년 6월 30일 부과 금액 중 70,000,000원이 정상 수납되었다.

(차) 현금과예금 70,000,000 (대) 미수자동차세 70,000,000

④ 동년 7월 30일에 정상 수납된 금액 중 10,000,000원은 과오납된 것으로 확인되어 환부이자율을 포함해 환부했다.

(차) 미수자동차세 10,000,000 (대) 현금과예금 10,060,000
과오납환부 이자비용 60,000

☞ 환부이자의 계산 : 10,000,000×(2/10,000)×30일 = 60,000원(2006.1.1일 이후 발생한 과오납금은 1일에 2/10,000)

⑤ 동년 12월 31일에 미수 금액 중 900,000원을 결손처분했다(전년 말 현재 미수자동차세 대손충당금은 1,000,000원).

(차) 미수자동차세대손충당금 900,000 (대) 미수자동차세 900,000

⑥ 기말 결산작업 시 미수자동차세 대손충당금 추계 결과 1,200,000원이다.

(차) 미수세금 대손상각비 1,100,000 (대)미수자동차세 대손충당금 1,100,000

☞ 대손상각비 계산: 1,200,000－(1,000,000－900,000)＝1,100,000원

(2) 신고납부하는 지방세의 회계처리

자진신고하는 취득세 등 지방세의 경우 징수결의시점 이전에 수납이 발생하며, 수납시점에서는 수익이 발생하지 않은 것이므로 수납액을 부채(선수수익)로 회계처리한다.

표 10-9 신고납부하는 지방세의 회계처리

거래단계	회계처리(분개)			
	차변		대변	
i) 신고납부시점	현금과예금	×××	선수A세	×××
ii) 징수결의시점	선수A세	×××	A세수익	×××
iii) 부과취소·감액시점	A세수익	×××	선수A세	×××
iv) 과오납환부시점	선수A세	×××	현금과예금	×××

사례 10-12 미수세금 대손충당금 회계처리의 예

① 20××년 6월 1일에 취득세 100,000,000원이 신고납부되었다.

(차) 현금과예금 100,000,000 (대) 선수취득세 100,000,000

② 동년 6월 8일 취득세 신고납부 금액 100,000,000원을 징수결의했다.

(차) 선수취득세 100,000,000 (대) 취득세수익 100,000,000

③ 동년 6월 9일 취득세 징수결의액 중 1,000,000원을 부과취소했다.

(차) 취득세수익 1,000,000 (대) 선수취득세 1,000,000

④ 동년 6월 30일에 과오납환부액 1,000,000원을 환부했다.

(차) 선수취득세 1,000,000 (대) 현금과예금 1,000,000

2) 세외수익의 회계처리

(1) 경상세외수익의 회계처리

경상세외수익은 경상적이고 반복적으로 재화나 서비스를 제공하고 그에 대한 반대급부로 발생하는 세외수익을 말하며, 재산임대료수익, 사용료수익 등을 포함한다. 징수교부금수익은 시·군·자치구가 시·도의 지방세 및 사용료, 수수료 등을 대신해 징수한 금액 중 위임징수에 대한 대가로 수취한 것으로 정부간이전수익이나 대가 없이 수취한 이전수익이 아니므로 자체조달수익 중 경상세외수익 과목으로 표시한다.

경상세외수익 회계처리는 단계별로 다음과 같다.

표 10-10 경상세외수익의 회계처리

거래단계	회계처리(분개)			
	차변		대변	
i) 부과고지 시(징수 결의)	미수사용료	×××	사용료수익	×××
ii) 감액 결의[3]	사용료수익	×××	미수사용료	×××
iii) 수납 시	현금과예금	×××	미수사용료	×××
iv) 체납 시(가산금 징수 결의)	미수사용료	×××	사용료수익	×××
v) 과오납 환부	미수사용료	×××	현금과예금	×××
vi) 결손처분 시	미수사용료 대손충당금	×××	미수사용료	×××
vii) 충당금 설정(기말 결산정리)	미수세외수입금 대손상각비	×××	미수사용료 대손충당금	×××

사례 10-13 경상세외수익의 회계처리의 예

① 20××년 8월 1일에 도로사용료 2,000,000원을 징수결의하고, 곧바로 이를 부과고지 했다.

(차) 미수사용료수익 2,000,000 (대) 사용료수익 2,000,000

② 동년 8월 13일 도로사용료 징수결의 금액 중 500,000원은 부과상의 문제로 인해 부과취소를 했다.

3) 착오부과 등에 의해 환부하는 경우임.

(차) 사용료수익	500,000	(대) 미수사용료수익	500,000

③ 동년 8월 30일 부과금액 중 1,000,000원이 정상수납되었다.

(차) 현금과예금	1,000,000	(대) 미수사용료수익	1,000,000

④ 동년 9월 30일 정상수납된 금액 중 100,000원은 과오납된 것으로 확인되어 환부이자를 포함해 환부했다(환부이자율: 1일당 2/10,000원).

(차) 미수사용료수익	100,000	(대) 현금과예금	100,930
과오납환부 이자비용	930		

☞ 환부이자의 계산: 100,000 × (3/10,000) × 31일 = 930원

⑤ 동년 12월 31일에 미수금액의 3%에 해당하는 18,000원을 결손처분했다.

(차) 미수사용료수익 대손충당금	18,000	(대) 미수사용료수익	18,000

☞ (2,000,000 − 500,000 − 1,000,000 + 100,000) × 3% = 18,000원

(2) 임시세외수익의 회계처리

임시세외수익은 일반유형자산이나 재고자산 등 매각 시 발생하는 자산처분이익과 과태료수익, 과징금 및 이행강제금수익 등과 같이 자산처분과 관계없이 임시적으로 발생하는 세외수익을 말한다.

토지, 건물 등 공유재산 또는 집기비품, 차량운반구 등 물품을 장부가액 이상의 가격으로 매각해 발생한 매각차액은 해당 유형자산처분이익으로 처리하며, 장기보유목적의 장기투자증권, 기타투자자산 등을 장부가액 이상의 가격으로 매각해서 발생한 매각차액은 투자자산처분이익으로 처리한다. 다만 공유재산 등 자산의 장부가액에 미달하는 가격으로 매각해서 발생한 매각차액은 해당 유형자산처분손실로 처리하며, 투자자산의 경우는 투자자산처분손실로 처리한다.

자산처분에 따라 발생하는 처분이익·손실의 인식시점은 자산의 처분이 완료되었을 때이며, 따라서 자산의 처분완료 전에 발생한 세입은 부채(선수금)로 회계처리한다. 지방자치단체 자신이 소유한 자산처분에 따라 발생하는 처분손익에 한한다.

현금주의와 발생주의 인식기준 간의 차이로 인해 현행 제도상 임시적 세외수입에 해당하는 항목 중 이월금, 전입금, 과년도수입 등 단순한 회계적 수입항목은 발생주의회계에 의한 임시세외수익에서 제외되며, 전입금수익, 기부금수익 등 이전적 수입항목은 임시세외수익이 아닌 기타수익으로 분류된다.

① 자산매각수익의 회계처리

자산매각수익은 지자체 소유자산 매각 시 발생하는 자산매각수익과 국가 또는 다른 지방자치단체 소유의 자산매각을 대행하면서 발생하는 수수료수익으로 구분된다. 국가 또는 다른 지방자치단체 소유의 자산매각대행수수료 수익은 경상세외수익의 징수교부금수익과 본질적으로 차이가 없으므로 경상세외수익과 같이 징수결정시점에 수익을 인식한다. 지방자치단체 자신이 소유한 자산을 매각해서 발생하는 수익은 자산매각 거래라는 교환거래에서 발생하는 수익이므로 교환거래가 완료되는 시점, 즉 자산의 처분이 확정되는 시점에 수익을 인식한다.

[국유재산 및 시·도유재산 매각 귀속 수입금의 회계처리의 예]

① 징수결의

(차) 미수 국·시·도유재산매각수수료수익	×××	(대) 국·시·도유재산매각수수료수익	×××

② 수납 시

(차) 현금과예금	×××	(대) 미수 국·시·도유재산매각수수료수익	×××

[지방자치단체 자신이 소유한 공유재산 매각수입금의 회계처리의 예]

① 징수결의

(차) 미수 공유재산매각대금	×××	(대) 선수금	×××

② 수납 시

(차) 현금과예금	×××	(대) 미수 공유재산매각대금	×××

③ 자산처분일

– 자산처분일까지의 감가상각비 인식

(차) A자산 감가상각비	×××	(대) A자산 감가상각누계액	×××

– 처분손익 인식

(차) 선수금	×××	(대) A자산	×××
A자산 감가상각누계액	×××	A자산 처분이익	×××
(A자산 처분손실)	×××		

② 기타 임시적 세외수익의 회계처리

기타 임시적 세외수익으로는 민간에 대한 수익자부담금 등 각종 부담금의 부과 징수에 따른 수익, 일반부담금수익, 법령 위반에 따라 부과 징수하는 과태료수익, 과징금 및 이행강제금수익, 처분가액과 장부가액의 차이에 의해 발생하는 자산처분이익, 기타비유동자산 처분이익 그리고 변상금 및 위약금수익, 체납처분수익, 보상금수익 등이다. 기타 임시적 세외수익의 회계처리는 경상적 세외수익의 회계 처리 방법과 동일하다.

사례 10-14 임시적 세외수익의 회계처리의 예

① 20××년 7월 1일에 과태료 6,000,000원을 징수 결의하고 곧바로 이를 부과고지했다.

(차) 미수과태료	6,000,000	(대) 과태료수익	6,000,000

② 동년 7월 14일에 과태료 징수결의 금액 중 1,000,000원은 보관상의 문제로 인해 부과취소를 했다.

(차) 과태료수익	1,000,000	(대) 미수과태료	1,000,000

③ 동년 7월 31일 부과 금액 중 4,000,000원이 정상 수납되었다.

(차) 현금과예금	4,000,000	(대) 미수과태료	4,000,000

④ 동년 8월 31일에 정상 수납된 금액 중 1,000,000원은 과오납된 것으로 확인되어 이를 환부했다(과오납부 환부이자는 미고려).

(차) 미수과태료	1,000,000	(대) 현금과예금	1,000,000

⑤ 동년 12월 31일에 미수금액의 3%에 해당하는 60,000원을 결손처분했다(동년 말 현재 미수과태료 대손충당금은 80,000원이다).

(차) 미수과태료 대손충당금 60,000 (대) 미수과태료 60,000

☞ 결손처분액 계산: (6,000,000－1,000,000－4,000,000＋1,000,000)×3%
＝60,000원

3) 정부간이전수익, 기타수익 및 지방채 발행 수입의 회계처리

(1) 정부간이전수익

정부간이전수익은 지방자치단체가 국가 또는 상위정부의 교부에 의해 조달한 수익을 말한다. 정부로부터 수취하는 보조금의 경우 자금의 성격에 따라 경상적 보조금과 자본적 보조금으로 구분할 수 있으나, 현행 지방회계기준에서는 이러한 구분을 채택하지 않고 있어 모든 보조금수익이 재정운영표에 일괄 표시되어야 함에 유의해야 한다.

표 10-11 정부간이전수익의 회계처리: 지방교부세수익, 조정교부금 등

거래단계	회계처리(분개)			
	차변		대변	
• 징수결의 및 수납 시	현금과예금	×××	국고보조금수익	×××
• 보조금 반납 확정 시(결산정리분개)	국고보조금수익	×××	일반미지급금	×××

* 시·도에서 보관하는 시·군·구의 국고보조금반환금은 세입세출외 보관현금으로 처리.

(2) 기타수익

가. 기타수익은 전입금수익, 기부금수익, 외환차익 및 발생주의회계로 인한 평가이익 등을 포함한다.

나. 전입금수익은 지방자치단체 내의 각 회계 및 기금 간의 자금이전에 대한 것이므로 정부간이전수익이 아닌 기타 수익으로 표시함에 유의해야 한다.

다. 지방자치단체가 기부금을 현금으로 수령하는 경우에는 재정운영표에 수익과목인 기부금 과목으로 처리하지만, 기부채납 방식에 의해 자산을 기부받은 경우에는 공정가액에 따라 평가해 순자산변동표의 기부채납에 의한 순자산의 증가로 처리한다.

라. 기타수익은 전입금과 기부금 이외에는 대부분 발생주의 개념의 적용에 따라 새롭게 수익 과목에 포함되는 항목이며, 대체로 현금의 수수가 이루어지지 않은 상태의 평가이익이 주류를 이루고 있다.

마. 주로 결산시점에서 존재하는 자산 및 부채의 평가를 통해 수익을 인식하는 과정에서 발생하는 과목이다.

표 10-12 기타수익의 회계처리: 전입금수익 등

거래단계	회계처리(분개)			
	차변		대변	
• 징수결의 및 수납 시	현금과예금	×××	회계간 전입금수익	×××
• 반납 시	회계간 전입금수익	×××	현금과예금	×××

(3) 지방채수입의 회계처리

① 지방채는 발행 방식에 따라서 다음의 두 가지로 처리가 구분된다.

가. 「지방재정법시행령」 제7조에 의한 지방채 중 증서 형식으로 차입한 것으로 만기가 1년을 초과하는 것: 장기차입금

나. 「지방재정법시행령」 제7조에 의한 지방채 중 증권 발행의 방법으로 차입한 것으로 만기가 1년을 초과하는 것: 지방채증권

② 지방채증권 발행 시 발행가액과 액면가액 간에 차이가 있을 경우 동 차액을 지방채할인(할증) 발행차금으로 계상하고 최종 상환일까지의 기간 동안 유효 이자율법에 따라 상각 또는 환입하고 상각액 또는 환입액은 지방채증권에 대한 이자비용에 가감한다.

③ 유효이자율은 지방채의 이자와 원금을 현재가치로 환산한 가액과 지방채의 발행가액과 일치하도록 하는 이자율로서 채권자가 지방채를 취득할 때 실질적으로 얼마의 이자율로써 이자수익을 얻게 되는가를 나타내 주는 이자율이다.

④ 지방채의 회계처리를 위해서 유효이자율에 의한 상각표를 미리 작성해 관리하는 것이 편리하다.

⑤ 지방채증권의 발행가액은 액면이자율과 시장이자율의 차이 여부에 따라 액면발행, 할인발행, 할증발행으로 구분된다.

가. 액면발행은 지방채증권을 액면으로 발행하는 것을 말하며, 지방채증권의 액면 이자율(또는 표시이자율)이 시장이자율과 동일한 경우에 해당된다.

나. 할인발행은 지방채증권의 발행가액(공정가액)이 액면 금액보다 적은 경우를 말하며, 액면이자율이 시장이자율보다 낮은 경우에 발행한다.

다. 할증발행은 지방채증권의 발행가액이 액면금액보다 큰 경우를 말하며, 액면이자율이 시장이자율보다 높은 경우 발행한다.

표 10-13 지방채(장기차입금, 지방채증권)의 회계처리

시점	회계처리(분개)			
	차변		대변	
자금차입 시	현금과예금	×××	장기차입금	×××

[차입금의 평가 및 상환 회계처리의 예]

① A시는 20×6년 7월 1일에 $20,000를 차입했으며, 차입 시 적용된 환율은 1$당 ₩1,000이다.

(차) 현금과예금 20,000,000 (대) 장기차입금 20,000,000

☞ 차입금액 계산 : ₩1,000/$ × $20,000 = ₩20,000,000원

② A시가 20×6 7.1일 차입한 외화 차입금은 회계연도 중 상환되지 않았으며, 회계연도 말 현재의 환율은 $1당 ₩950이다.

(차) 장기차입금 1,000,000 (대) 외화환산이익 1,000,000

☞ 외화환산이익 계산: ₩20,000,000 − (₩950/$×$20,000)=₩1,000,000

③ A시가 20×6년 7월 1일 차입한 외화차입금 20,000$ 중 20×7에 상환되어야 할 금액은 5,000$이다.

(차) 장기차입금 4,750,000 (대) 유동성장기차입금 4,750,000

☞ 유동성대체액 계산: (₩20,000,000－₩1,000,000)×($5,000/$20,000)＝₩4,750,000

④ A시는 20×7년 6월 30일에 외화차입금 중 5,000$를 상환했으며, 상환 시 적용된 환율은 $1당 ₩1,100이다.

(차) 유동성장기차입금 4,750,000 (대) 현금과예금 5,500,000
외환 차손 750,000

☞ 상환금액 계산: (1,100원/$×$ 5,000)＝5,500,000원

☞ 외환차손 계산: 5,500,000원－4,750,000원＝750,000원

[지방채증권의 할인발행 시 회계처리의 예]

① 수납 시
(차) 현금과예금 ××× (대) 지방채증권 ×××

② 결산정리 분개
(차) 지방채할인발행차금 ××× (대) 지방채증권 ×××

표 10-14 할인발행차금의 상각표(예시)

시점	장부가액 ($A_t = A_t - 1 + D_t$)	유효이자 ($B_t = A_{t-1} \times R_e$)	액면이자 ($\overline{C} = Face\ Value \times R_c$)	상각액 ($D_t = B_t - \overline{C}$)
0(발행 시)	A_0			
1(연도말)	A_1	B_1	C	D_1
2	A_2	B_2	C	D_2
3	A_3	B_3	C	D_3
:	:	:	:	:

요 약

1. 국가회계기준에서는 "수익은 국가의 재정활동과 관련해 재화 또는 용역을 제공한 대가로 발생하거나, 직접적인 반대급부 없이 법령에 따라 납부 의무가 발생한 금품의 수납 또는 자발적인 기부금 수령 등에 따라 발생하는 순자산의 증가를 말한다."라고 정의한다.
2. 지방회계기준에서 "수익은 자산의 증가 또는 부채의 감소를 초래하는 회계연도 동안의 거래로 생긴 순자산의 증가를 말한다."라고 정의한다.
3. 국가회계에서는 수익을 크게 재화나 용역을 제공한 대가로 발생하는 교환수익과 직접적인 반대급부 없이 지급을 요구할 수 있는 비교환수익으로 구분한다.
4. 교환수익은 재정운영표상 프로그램 총원가에서 차감하는 프로그램수익이 대부분이며, 일부는 비배분수익으로 구분된다.
5. 프로그램수익은 복권사업수입, 재화 및 용역제공수익, 연금수익, 이자수익, 평가이익, 자산처분이익, 기타 수익, 수입대체경비수입 등이다.
6. 비배분수익은 프로그램에 대응되지 않는 수익이다.
7. 비교환수익은 국가 권력의 행사로 통해 거둬들인 수익으로 법인세, 소득세와 같은 국세를 들 수 있고, 그 외 부담금, 기부금 및 제재금 등의 수익과 순자산 증가 또는 감소 효과를 발생시키는 중앙관서 간의 무상이전거래를 포함한다.
8. 지방회계의 수익은 그 원천에 따라 교환수익과 비교환수익으로 구분한다.
9. 지방회계기준의 교환수익은 재화나 서비스 제공의 반대급부로 생긴 사용료, 수수료 등의 수익이고, 비교환수익은 직접적인 반대급부 없이 생기는 지방세, 보조금, 기부금 등의 수익이다.
10. 정부회계에서의 수익의 인식은 교환거래와 비교환거래로 구분해 달리 적용하며, 국가회계와 지방자치단체회계 간에 수익 인식의 원천적인 차이는 없다.
11. 국가와 지방회계기준의 교환수익은 수익창출활동이 끝나고 그 금액을 합리적으로 측정할 수 있을 때에 인식한다.
12. 국가회계의 비교환수익은 자진신고납부제도 적용세액은 신고시점, 부과과세제도 적용세액은 부과고지 시, 원천징수 조세수익은 원천징수의무자가 원천징수세액을 납부하는 때 수익인식기준으로 한다.
13. 지방회계의 자진신고하는 지방세의 경우 수납시점에서는 수익이 발생하지 않은 것이므로 수납액을 부채(선수지방세)로 회계처리하고, 부과고지 방식의 지방세수익은 징수결의하는 시점에 수익이 실현되는 것으로 한다.

Chapter 10 연습 문제

주관식

01. 수익인식시점을 고려해 다음 사례를 회계처리하시오.

① 7월 10일: A시는 20×8년 7월 10일에 재산세 ₩5,000,000,000을 징수결의하고, 곧바로 이를 부과고지했다.

② 7월 25일: 재산세 징수결의 금액 중 ₩100,000,000은 부과상의 문제로 인해 부과취소 했다.

③ 7월 30일: 부과금액 중 ₩4,500,000,000이 정상수납되었다.

02. 다음 자료는 20X1년 A지방자치단체의 재정운영표 요소이다. 일반수익은 얼마인가?

비배분수익	₩150	비배분비용	₩200
다른 사업에 배부한 원가	250	관리운영비	400
사업수익	350	다른 사업에서 배부받은 원가	300
기타수익	100	사업 관련 투입원가	1,100
지방세수익 등 자체조달수익	800	정부간이전수익	500

다음 자료는 A부처가 B기업와 ○○○수익이 발생하는 계약을 체결했다.
계약기간은 20×1. 7.1 ~ 20×2. 6.30이며, 금액은 ₩10,000,000이다. 계약서상 A부처는 매 3개월 단위로 10월 1일 ₩3,000,000, 1월 1일 ₩3,000,000, 20×2년 3월 1일 ₩2,000,000, 6월 1일 ₩2,000,000을 4차에 걸쳐서 청구할 수 있다.

03. 앞의 수익이 교환수익일 경우, 수익인식시점을 고려한 20X1년 12월 31일의 수익은 얼마인가?

04. 앞의 수익이 비교환수익일 경우, 수익인식시점을 고려한 20X1년 12월 31일의 수익이 얼마인가?

객관식

01. 「국가회계기준에 관한 규칙」에서 정하고 있는 국세의 비교환수익의 인식기준에 대한 설명으로 옳지 않은 것은?

① 신고·납부하는 방식의 국세는 납세의무자가 세액을 자진신고하는 때 수익으로 인식한다.

② 정부가 부과하는 방식의 국세는 국가가 고지하는 때 수익으로 인식한다.

③ 원천징수하는 국세는 원천징수의무자가 원천징수한 금액을 신고·납부하는 때에 수익으로 인식한다.

④ 부담금수익, 기부금수익 등은 청구권 등이 확정된 때에 그 확정한 금액을 수익으로 인식한다.

⑤ 연부연납 또는 분납이 가능한 국세는 세금이 징수되는 시점에 분납되는 세액을 수익으로 인식한다.

02. 다음 수익 중 지방자치단체의 재정운영표상 자체조달수익으로 분류되는 것은?

가. 사용료수익	나. 국고보조금수익	다. 자동차세수익
라. 기부금수익	마. 징수교부금수익	바. 지방교부세수익

① 가, 나, 마　　② 가, 다, 바

③ 가, 다, 마　　④ 나, 라, 바

⑤ 다, 라, 마

03. 「지방자치단체회계기준에 관한 규칙」상 수익의 정의 및 인식기준에 대한 설명으로 옳지 않은 것은?

① 관리전환 등으로 생긴 순자산의 증가는 수익에 포함한다.

② 부채감소를 초래하는 회계연도 동안의 거래로 생긴 순자산의 증가도 수익이다.

③ 사용료, 수수료, 보조금으로 생긴 수익은 수익창출활동이 끝나고 그 금액을 합리적으로 측정할 수 있을 때에 인식한다.

④ 지방세수익의 경우 징수방식에 관계없이 징수결의를 통해 금액이 확정되는 시점에 수익을 인식한다.

⑤ 지방자치단체회계 수익은 그 원천에 따라 교환수익과 비교환수익으로 구분한다.

04. 국가회계 수익에 대한 설명으로 옳지 않은 것은?

① 국세 및 부담금은 반대급부로 인해 발생하는 수익이다.

② 수익은 원천에 따라 교환수익 및 비교환수익으로 구분한다.
③ 재화나 용역을 제공한 대가로 발생하는 수익은 교환수익이다.
④ 기부금 및 제재금은 직접적인 반대급부 없이 발생하는 수익이다.
⑤ 교환수익은 프로그램수익과 비배분수익으로 분류된다.

05. **국가회계 수익분류에 대한 설명으로 옳지 않은 것은?**

① 프로그램수익은 프로그램총원가에서 차감하는 수익이다.
② 프로그램수익은 재화 및 용역 제공 수익으로 프로그램으로의 직접 추적이 가능한 수익이다.
③ 비배분수익은 특정 프로그램으로 추적해서 대응하는 것이 불가능한 수익이다.
④ 비교환수익은 직접적인 반대급부 없이 발생한 수익으로 자산처분이익, 평가이익과 같은 수익들로 구성되어 있다.
⑤ 정부의 재정활동의 대부분은 교환수익보다는 비교환수익으로 조달된다.

06. **지방자치단체 수익에 대한 설명으로 옳지 않은 것은**

① 지방자치단체가 과세권을 바탕으로 징수하는 세금은 자체조달수익으로 분류한다.
② 지방자치단체가 기부채납방식으로 자산을 기부받는 경우 기부시점에 수익으로 인식한다.
③ 회계실체가 국가 또는 다른 지방자치단체로부터 이전받은 수익은 정부간이전수익으로 분류한다.
④ 교환거래로 생긴 수익은 수익창출이 끝나고 그 금액을 합리적으로 측정할 수 있을 때에 인식한다.
⑤ 비교환거래에 의한 비용은 직접적인 반대급부 없이 발생하는 보조금, 기부금 등이다.

정답 및 해설

[주관식]

1.

	차변	금액	대변	금액
①	(차) 미수재산세	5,000,000,000	(대) 재산세수익	5,000,000,000
②	(차) 재산세수익	100,000,000	(대) 미수재산세	100,000,000
③	(차) 현금과예금	4,500,000,000	(대) 미수재산세	4,500,000,000

2. 일반수익 = 자체조달수익 ₩800 + 정부간 이전수익 ₩500 + 기타수익 ₩100 = ₩1,400

3. 교환수익일 경우 발생주의에 따라 기간 경과에 따라 수익을 인식하게 된다. 즉, 10,000,000 × 6/12(해당월수) = ₩5,000,000을 20 × 1년의 수익으로 인식한다.

4. 비교환수익일 경우에는 계약에 의해 청구권이 발생하는 시점인 10월 1일에 ₩3,000,000의 수익이 인식되어 20 × 1년에는 ₩3,000,000의 수익이 인식된다.

[객관식]

1. ⑤ 연부연납 또는 분납이 가능한 국세는 징수할 세액이 확정된 때 그 납부할 세액 전체를 수익으로 인식한다.

2. ③ 자체조달수익은 지방자치단체의 과세권한에 의해 징수하는 지방세, 자체적인 징수활동에 의해 조달하는 사용료, 수수료, 재산임대료수입 및 유형자산처분이익, 과태료수익, 과징금및이행강제금수익, 징수교부금수익 등 세외수익을 포함한다.

3. ① 지방회계기준 제27조: 관리전환이나 기부채납 등으로 생긴 순자산의 증가는 수익에 포함하지 아니한다.

4. ① 국세 및 부담금은 반대급부 없이 발생하는 수익이다

5. ④ 교환수익의 한 분류인 프로그램수익은 재화 및 용역제공수익, 연금수익, 이자수익, 평가이익, 자산처분이익, 기타수익, 수입대체경비수입 등으로 분류한다.

6. ② 지방자치단체가 기부채납방식으로 자산을 기부받는 경우 국가회계는 취득원가를 공정가액으로 하여 수익으로 인식하지만 지방자치단체는 공정가액을 취득원가로 하여 재정상태표상 순자산에 직접 반영한다.

Chapter 11

비용회계

개 관

일반적으로 예산회계에서 지출이란 인건비, 운영비, 시설비 등 편성된 예산에 따라 지출행위 등을 통한 현금의 유출로 표시되며, 재무회계상으로는 비용으로 분류된다. 정부회계에서의 비용은 국가나 지방자치단체의 재정활동과 관련해서 재화 또는 용역을 제공해 발생하거나, 직접적인 반대급부 없이 발생하는 자원 유출이나 사용 등에 따른 순자산의 감소나 부채의 증가를 초래하는 회계연도 동안의 거래로 생긴 순자산의 감소를 말한다.

이 장에서는 발생하는 비용의 원천 및 성격에 따른 구분을 설명하고, 발생한 비용을 언제 인식하게 되는지를 살펴보고자 한다. 또한 발생한 주요 비용 구분에 따른 회계처리를 설명한다.

Chapter 11

비용회계

제 1 절 비용회계의 개요

1. 비용의 정의

기업회계에서의 비용(expense)은 기업의 정상영업활동의 일환으로 발생하며 매출원가, 수수료, 이자비용, 임차료 등 다양한 명칭으로 구분된다. 한국채택국제회계기준(K-IFRS)의 '재무보고를 위한 개념체계'에서는 "비용은 자산의 유출이나 소멸 또는 부채의 증가에 따라 자본의 감소를 초래하는 특정 회계기간 동안에 발생한 경제적 효익의 감소로서, 지분참여자에 대한 분배와 관련된 것은 제외한다." 라고 정의하고 있다. 즉, 비용은 순자산의 감소를 가져오는 자산의 유출이나 감소 또는 부채의 증가 형태로 나타나며, 회계기간 동안의 경제적 이익의 감소를 말한다. '공무원에 대한 급여', '소모품 구입', '여비교통비' 등이 그 예들이다.

정부회계에서 일반적으로 사용되고 있는 지출(expenditure)은 재화나 서비스의 획득과 관련되는 재무자원의 감소를 의미하며, 발생주의 개념 하에서 재화나 서비스를 제공하는 과정에서 소비되는 원가 또는 자원으로 인식되는 비용과는 다른 성격이다. 즉, 원가는 재화와 서비스를 획득하기 위해 희생된 또는 사용된 자원이나 서비스를 화폐가치로 표현한 금액으로 대체로 민간의 제조업체와 같이 생산을 위해 투입된 부문이 별도로 구분되는 경우에 좀 더 의미를 갖는 개념이다. 이에 반해 비용은 소멸된 원가(expired cost)로서 당해 기간의 수익에 대응되는 것으로 원가 중 소멸된 부분을 의미한다.

「국가회계기준에 관한 규칙」 제30조에 따르면 "비용은 국가의 재정활동과 관련하여 재화 또는 용역을 제공하여 발생하거나, 직접적인 반대급부 없이 발생하는 자원 유출이나 사용 등에 따른 순자산의 감소를 말한다."라고 정의한다.

「지방자치단체의 회계기준에 관한 규칙」 제27조에서는 "비용은 자산의 감소나 부채의 증가를 초래하는 회계연도 동안의 거래로 생긴 순자산의 감소를 말한다. 다만, 관리전환 등으로 생긴 순자산의 감소는 비용에 포함하지 아니한다."라고 정의한다.

순자산이 감소하더라도 관리전환에 의한 자산 감소와 같은 거래는 비용으로 계상하지 않고 재정상태표의 자산 감소와 순자산 감소로 처리한 후 순자산변동표에서 그 내역을 표시한다.

2. 비용의 분류

1) 원천에 따른 분류

거래의 각 당사자가 동등한 가치를 주고받는 거래로 재화와 서비스의 제공이 완료에 대한 반대급부로 발생되는 비용을 교환비용이라 한다. 주요 교환비용은 인건비(예: 급여, 복리후생비, 퇴직급여 등), 운영비(예: 소모품비, 지급수수료, 제세공과금, 임차료 등) 등이다. 비교환비용은 서비스 제공에 따른 직접적인 반대급부 없이 발생하는 비용을 말한다. 즉, 보조금이나 기부금 등이 주요 비교환거래에 의한 비용들이다.

2) 재정운영표상의 분류

(1) 국가회계

국가회계의 중앙관서별 재정운영표를 통해 보고되는 비용은 프로그램총원가, 관리운영비, 비배분비용으로 분류한다.

① 프로그램총원가

프로그램총원가는 국가의 정책사업단위인 프로그램을 수행하기 위해 투입한 원가합계에서 다른 프로그램으로부터 배부받거나 배부한 원가를 가감한 총원가를 말한다. 다시 말해 국가회계실체의 프로그램수행과 관련해 발생하거나 투입된 총원가로 프로그램별로 추적 및 배부가 가능한 원가이다. 국가의 존재 목적인 공공서비스제공과 가장 직접적으로 관계되어 있는 비용이기에 '원가'라고 구분하고 재정운영표의 가장 첫머리에 기록된다.

표 11-1 국가 재정운영표상 비용의 종류 및 설명 요약

프로그램총원가 (−) 프로그램수익	• 프로그램수행 시 직·간접적으로 발생하는 원가
프로그램순원가 (+) 관리운영비 (+) 비배분비용 (−) 비배분수익	 • 프로그램수행을 지원하는 비용 • 국가회계실체에서 발생한 비용 중 프로그램에 대응되지 않는 비용
= 재정운영순원가	
(−) 비교환수익 등	
= 재정운영결과	

② 관리운영비

관리운영비는 기업의 판매비·관리비와 비슷한 개념으로, 프로그램의 운영에 직접적으로 소요되지는 않으나 기관의 기본적인 기능수행 및 특정 사업의 행정운영과 관련한 인건비와 운영경비를 말한다. 즉, 정부기관을 유지하고 운영하는 데 소요되는 인건비나 소모품비와 같은 행정운영경비가 관리운영비로 구분된다. 책임운영기관특별회계를 포함한 기업특별회계나 기금의 경우에는 그 기관의 기능 수행을 위한 관리업무비를 말한다.

③ 비배분비용

비배분비용은 국가회계실체에서 발생한 비용 중 프로그램에 대응되지 않는 비용을 말한다. 즉, 집계된 비용 중 특정 프로그램으로 대응되지 않는 비용은 비배분비용으로 구분한다. 평가손실, 자산감액손실, 자산처분손실, 이자비용 등이 비배분비용에 포함될 수 있다.

(2) 지방회계

비용은 순자산의 감소를 가져오는 자산의 유출이나 감소 또는 부채의 증가 형태로 나타나며, 회계기간 동안의 경제적 이익의 감소를 말한다. 예산회계에서 지출이란 인건비, 운영비, 시설비 등 편성된 예산에 따라 지출행위 등을 통한 현금의 유출로 표시되며, 재무회계상으로는 비용으로 분류된다. 재무회계에서 비용은 사업총원가, 관리운영비, 비배분비용으로 구분된다. 지방자치단체 재정운영표상의 비용의 종류는 다음과 같다.

표 11-2 지방자치단체 재정운영표상 비용의 종류 및 설명 요약

사업총원가 (−) 사업수익	• 프로그램수행 시 직 · 간접적으로 발생하는 원가
사업순원가 (+) 관리운영비 (+) 비배분비용 (−) 비배분수익	 • 프로그램수행을 지원하는 비용 • 프로그램에 대응되지 않은 비용
= 재정운영순원가	
(−) 일반수익	
= 재정 운영 결과	

① 사업총원가

사업총원가는 특정 사업을 추진하기 위해 투입한 직접원가의 합계에서 다른 사업에서 배부받은 간접원가를 더하고, 다른 사업으로 배부한 간접원가를 빼서 계산한다.

② 관리운영비

관리운영비는 조직의 일반적이고 기본적인 기능을 수행하는 데 필요한 인건비(기간제근로자 인건비는 제외), 기본경비 등을 말한다.

③ 비배분비용

비배분비용은 사업과 관련이 없거나 임시·우발적으로 발생되어 사업 등에 배부하는 것이 적절하지 아니한 비용을 말한다. 비배분비용으로는 이자비용, 자산손상차손, 자산처분손실, 대손상각비, 기타 사업과 관련없이 발생한 감가상각비 등이 있다.

3) 성질별 및 기능별 분류

비용은 성질별 분류와 기능별 분류로 구분한다. 성질별 분류는 집행 결과를 비용의 성질을 감안해서 계정과목(인건비, 운영비, 정부간이전비용, 민간 등 이전비용, 기타 비용)을 나타내는 분류 방식이라 할 수 있는데, 기업회계에서도 이러한 분류 방식을 적용하고 있다. 기능별 분류는 집행결과를 기관이 수행하고 있는 기능별로(일반공공행정, 공공질서 및 안전 등) 나타내는 분류방식이라 할 수 있는데, 미국의 정부회계에서 이러한 분류방식을 채택하고 있다.

현행 지방회계 기준에서는 재정운영표의 작성 시에 기능별 분류에 의한 것을 주된 재무제표로 사용하고, 성질별 분류에 의한 것은 필수보충정보로 제공하도록 규정하고 있다.

(1) 성질별 분류

성질별로 비용을 구분하는 방법은 기업회계에 보편화되어 있는 분류방법으로 비용의 성질을 이해하는 데 유용하며, 관리회계적 기법을 사용하기에 유용한 분류방법으로 분류 체계는 <표 11-3>과 같다.

표 11-3 비용의 성질별 분류

중분류	계정 과목
인건비	급여, 복리후생비, 기타 인건비, 퇴직급여
운영비	도서구입 및 인쇄비, 소모품비, 홍보 및 광고비, 지급수수료, 일반유형자산 수선유지비, 주민편의시설 수선유지비, 사회기반시설 수선유지비, 기타자산 수선유지비, 교육훈련비, 제세공과금, 보험료 및 공제료, 임차료, 출장비, 연구개발비, 이자비용, 업무추진비, 행사비, 의회비, 위탁대행사업비, 예술단운동부운영비, 주민자치활동운영비, 징수교부금, 연료비, 원 · 정수구입비, 용지 · 주택매출원가, 기타 운영비
정부간 이전비용	시도비보조금, 자치구 조정교부금, 시 · 군 조정교부금, 지방자치단체간 부담금, 국가에 대한 부담금, 교육비특별회계전출금, 교육기관운영비보조금
민간 등 이전비용	민간보조금, 민간장학금, 이차보전금, 출연금, 전출금비용, 지방공공기관보조금, 기타 이전비용
기타 비용	자산처분손실, 자산손상차손, 외화환산손실, 외환차손, 일반유형자산 감가상각비, 주민편의시설 감가상각비, 사회기반시설 감가상각비, 무형자산상각비, 대손상각비, 기타 비용

(2) 기능별 분류

현재 지방회계기준은 예산과목 중 '분야'에 해당하는 예산 구분을 이용해 기능별 재정운영표를 생성하고 있으며, 총 14개 분야 중 '예비비'를 제외한 13개 분야에 따라 비용을 분류하고 있다.

비용의 기능별 분류

일반공공행정, 공공질서 및 안전, 교육, 문화 및 관광, 환경보호, 사회복지, 보건, 농림해양수산, 산업 · 중소기업, 수송 및 교통, 국토 및 지역개발, 과학기술, 예비비, 기타

3. 비용의 인식기준

「국가회계기준에 관한 규칙」 제4조, 및 「지방자치단체의 회계기준에 관한 규칙」 제5조에 따라 회계처리는 복식부기 · 발생주의 방식으로 이루어져야 하며, 발생주의에 의한 비용 인식은 다음과 같은 두 가지 요건이 충족될 때 이루어진다.

1. 경제적 효익이 사용 또는 유출됨으로써 자산이 감소하거나 부채가 증가

하고,

2. 그 금액을 신뢰성 있게 측정할 수 있을 때

이는 비용의 인식이 자산의 감소나 부채의 증가와 동시에 이루어짐을 의미한다. 「국가회계기준에 관한 규칙」 제30조에 따르면 비용은 다음 각 호의 기준에 따라 인식한다.

1. 재화나 용역의 제공 등 국가재정활동 수행을 위하여 자산이 감소하고 그 금액을 합리적으로 측정할 수 있을 때 또는 법령 등에 따라 지출에 대한 의무가 존재하고 그 금액을 합리적으로 측정할 수 있을 때에 비용으로 인식한다.
2. 과거에 자산으로 인식한 자산의 미래 경제적 효익이 감소 또는 소멸하거나 자원의 지출 없이 부채가 발생 또는 증가한 것이 명백한 때에 비용으로 인식한다.

「지방자치단체의 회계기준에 관한 규칙」 제28조에서는 비용은 다음과 같이 인식한다.

1. 교환거래에 따르는 비용은 반대급부로 발생하는 급여, 지급수수료, 임차료, 수선유지비 등으로서 대가를 지급하는 조건으로 민간부문이나 다른 공공부문으로부터 재화와 서비스의 제공이 끝나고 그 금액을 합리적으로 측정할 수 있을 때에 인식한다.
2. 비교환거래에 의한 비용은 직접적인 반대급부 없이 발생하는 보조금, 기부금 등으로서 가치의 이전에 대한 의무가 존재하고 그 금액을 합리적으로 측정할 수 있을 때에 인식한다.

제 2 절 주요 비용의 회계처리[1)]

1. 국가회계

1) 비용발생 회계처리

(1) 대금지급시점과 비용발생시점이 동일한 경우

사례 11-1 비용발생 회계처리의 예(1)

A부처 일반회계는 20X1년 10월 31일에 행정 목적으로 운송 용역을 제공받고 동시에 3,000,000원을 지출했다. 국고금회계는 생략한다.

20×1년 10월 31일 지출 시

(차) 운송비	3,000,000	(대) 한국은행 예금	3,000,000

(2) 대금지급시점이 비용발생시점 이후인 경우

사례 11-2 비용발생 회계처리의 예(2)

A부처 일반회계는 20×1년 10월 31일에 행정목적으로 공고 및 광고와 관련된 서비스를 제공받았으나 계약에 따라 20×1년 11월 15일에 해당 금액인 3,000,000원을 지출했다. 국고금회계는 생략한다.

20×1년 10월 31일 비용 발생 시

(차) 공공료및광고료	3,000,000	(대) 미지급금	3,000,000

20X1년 11월 15일 지출 시

(차) 미지급금	3,000,000	(대) 한국은행 국가예금	3,000,000

1) 「재정운영표 계정과목 회계처리지침」, 기획재정부, 2014. 3.

(3) 대금지급시점이 비용발생시점 이전인 경우

사례 11-3 비용발생 회계처리의 예(3)

A부처 일반회계는 20×1년 10월 31일에 행정목적으로 민간으로부터 연구용역을 제공받으면서 이에 대해 20×1년 7월 1일에 총계약금액의 30%인 3,000,000원을 지급하고 용역 제공완료일인 20×1년 10월 31일에 잔금 70%인 7,000,000원을 지급했다.

20×1년 7월 1일 선급금 지급 시

(차) 선급금	3,000,000	(대) 한국은행 국가예금	3,000,000

20×1년 10월 31일 비용발생 시

(차) 연구용역비	10,000,000	(대) 선급금	3,000,000
		한국은행 국가예금	7,000,000

(4) 현금유출이 없는 비용을 인식하는 경우

사례 11-4 비용발생 회계처리의 예(4)

A부처 ○○기금은 20×1년 12월 31일에 행정목적으로 사용하고 있는 건물에 대해 감가상각을 10,000,000원 계상했으며, 그에 따른 회계처리는 다음과 같다.

20×1년 12월 31일 감가상각 시

(차) 건물감가상각비	10,000,000	(대) 건물감가상각누계액	10,000,000

2) 정부외 자산기부 회계처리

사례 11-5 정부외 자산기부 회계처리의 예

국가는 지정된 용도로 사용할 것을 약정하고 장부가액 100억(취득가액: 400억 원, 감가상각누계액: 300억 원)인 건물을 민간에 양여했다. 이때 양여시점의 회계처리는 다음과 같다.

[양여시점]

(차) 정부외 자산기부	100억	(대) 건물	400억
건물감가상각누계액	300억		

3) 정부내 자산기부 회계처리

사례 11-6 정부내 자산기부 회계처리의 예

국토교통부는 소유중인 건물을 기획재정부로 무상관리전환 처리했다. 건물의 취득원가는 4억 원이며 감가상각누계액은 1억 원이다.

[국토교통부-무상 관리전환해 주는 부처]

(차) 감가상각누계액	100,000,000	(대) 건물	400,000,000
정부내 자산기부	300,000,000		

[기획재정부-무상관리전환받는 부처]

(차) 건물(*1)	300,000,000	(대) 정부내 자산수증	300,000,000

(*1) 관리전환받는 자산의 장부가액으로 계상함.

2. 지방회계[2]

1) 일반지출 중 비용의 회계처리

(1) 인건비의 지급

가. 인건비는 지자체 공무원 및 기타 고용인의 서비스에 대한 반대급부로 제공되는 것으로 공무원급여, 복리후생비, 기타 급여, 퇴직급여, 연금부담금, 건강보험금, 공무원과 관련해 지급되는 포상금·장학금·재해보상금·일반지원금 등을 포함한다.

2) 「지방자치단체 재무회계 운영규정」, 행정안전부, 2017.7.26.

나. 공무원급여의 지급과정에서 원천징수되는 소득세, 주민세 및 건강보험에 대한 본인부담분 등은 일정기간 후 세무서, 건강보험공단 등 다른 기관에 납부하기 위해 지자체가 일시적으로 보관하고 있는 것으로 단기예수보관금으로 회계처리한다.

다. 퇴직급여는 기타 인건비를 제공받는 자 중 「근로기준법」에 따른 퇴직금 지급 대상인 자(예컨대, 기간제근로자는 퇴직금 지급대상이 아님)에 대한 퇴직금 지급추산액을 산정할 때 사용되는 과목이다.

라. 인건비는 명목 여하에 불구하고 근로제공의 반대급부로 지급되는 것은 전부 인건비로 처리하는 것이 원칙이다.

사례 11-7 인건비의 회계처리의 예

① (일반직) 급여지출결의 시

(차) 급여	×××	(대) 일반미지급비용	×××

지급명령 시(지출 시)

(차) 일반미지급비용	×××	(대) 현금과예금	×××

② (기간제근로자) 급여 (검수 시)

(차) 기간제근로자 등 인건비	×××	(대) 일반미지급비용	×××

지급명령 시(지출시)

(차) 일반미지급비용	×××	(대) 현금과예금	×××

(2) 운영비의 지급

가. 운영비는 정부활동수행 시에 관서운영비, 간행물 구입비 등과 같이 자산화와 관계가 없는 조직의 유지관리에 소요되는 다음과 같은 지출을 말한다.

① 관서운영에 소요되는 수용비, 공공요금 및 제세, 운영수당 등 일반운영비

② 기본업무 수행, 사업추진을 위해 특별히 소요되는 각종 여비

③ 기관운영, 시책추진, 부서운영 등과 관련한 업무추진비

④ 의정활동에 필요한 소요경비인 의회비

⑤ 수선유지비, 이자비용, 행사비 등

나. 관리책임자산인 유산자산, 천연자원 등의 유지보수 및 취득에 관련된 지출은 수선유지비 또는 기타유산자산 및 기타생물자산으로 표시한다.

다. 시설자산에 대한 수선유지비는 실물자산의 특성을 표시하기 위해 일반유형자산 수선유지비, 주민편의시설 수선유지비 및 사회기반시설 수선유지비로 세분화해서 표시한다.

라. 직책급업무수행경비, 직급보조비, 특정업무수행활동비 등의 직무수행경비는 성격상 공무원급여에 포함하며, 공로연수 및 산업시찰경비 · 공무원재해보상금 · 기타 공무원포상 및 상여금 등은 공무원의 복리후생에 대한 것이므로 복리후생비에 포함한다.

마. 비용의 지출목적이 분명하고 직접적인 경우에는 명목과 관계없이 당해 지출의 목적에 따라 회계처리한다.

예) ××× 행사용 소모품 구입 ⇨ 행사운영비

사례 11-8 운영비의 회계처리의 예

① 검수 시

(차) 공무원의료비	×××	(대) 일반미지급비용	×××

② 지급명령 시

(차) 일반미지급비용	×××	(대) 현금과예금	×××

(3) 정부간이전비용 및 민간 등 이전비용의 회계 처리

가. 지방회계기준에서는 이전비용을 그 대상에 따라 지자체 상호간 및 지자체와 정부기관 간에 이루어지는 이전비용과 지방자치단체가 개인이나 민간단체에 지급하는 이전비용을 구분해서 표시한다.

나. 정부간이전비용은 지자체보조금이나 교육비특별회계전출금처럼 정부부서 간 자금을 이전하는 경우에 회계처리하는 과목이다.

다. 지방공기업특별회계에 대한 경상전출금 및 지방공사·공단 등에 대한 전출금은 정부간이전비용이 아닌 민간 등 이전비용에 포함된다. 이 경우 해당 기관의 재무제표에 자본으로 계상되면, 민간 등 이전비용이 아니라 투자자산[3]으로 처리해야 한다.

라. 타 정부기관을 제외한 지자체 내의 회계 간 이전비용, 지방공사·공단에 대한 이전비용, 민간·사회단체·국제기구에 대한 부담금 및 지원금 등은 모두 민간 등 이전비용에 일괄해 표시한다.

마. 민간 등 이전비용으로 처리된 후 해당 지자체의 자산으로 등록해 관리할 필요성이 있는 자산에 대해서는 일정 주기(분기, 반기, 연말)로 관련 자료를 획득해 자산등록 등의 절차수행이 가능하다.

사례 11-9 이전비용의 회계처리의 예

① 정부간이전비용

[검수 시]

(차) 시·도비보조금	×××	(대) 일반미지급비용	×××

[지급명령 시]

(차) 일반미지급비용	×××	(대) 현금과예금	×××

② 민간 등 이전비용

[검수 시]

(차) 민간의료보조금	×××	(대) 일반미지급비용	×××

[지급명령 시]

(차) 일반미지급비용	×××	(대) 현금과예금	×××

(4) 일상경비지출의 회계 처리

일상경비로 지출원이 일상경비출납원에게 지출한 자금은 일반자금과 구분해서

3) 지방공기업특별회계의 자본잉여금으로 계상된 경우 기타투자자산의 공기업특별회계 자본전출금으로, 공사·공단의 자본금으로 계상된 경우 장기투자증권으로 처리한다.

일상경비전도금 과목으로 기록한 후, 일상경비의 목적으로 회계처리했다가 회계연도 말 정산에 따라 사용하지 않고 자금이 남은 경우 일상경비전도금을 자금 과목으로 대체하는 회계처리한다.

사례 11-10 일상경비의 회계처리의 예

① 일상경비 교부 시

[검수 시]: 회계처리 없음
[지급명령 시(교부 시)]

(차) 일상경비전도금	×××	(대) 현금과예금	×××

② 일상경비에서의 지출(예: 소모품 구입)

[검수 및 지급명령 시]

(차) 소모품비	×××	(대) 일상경비전도금	×××

[반납 시]

(차) 일상경비전도금	×××	(대) 소모품비	×××

[정산 후 잔액 반납 시]

(차) 현금과예금	×××	(대) 일상경비전도금	×××

2) 자산관련 지출의 회계처리

(1) 자산취득 지출의 회계처리

가. 컴퓨터와 같은 집기비품이나 토지 등의 자산을 취득하기 위해 현금을 지출하는 경우, 해당 자산대장에 등록하고 자산으로 기록하게 된다.

나. 자산취득을 위해 선급금을 먼저 지급한 경우는 선급금(유형자산 취득 시에는 건설중인자산)으로 기록한 후 해당 자산을 취득할 때 선급금을 해당 자산으로 대체하는 회계처리를 해야 한다.

다. 동일한 자산에 대해 회계별로 취득비를 지출 시 각 회계의 자산 또는 주된 회계의 자산으로 처리한다.

사례 11-11 자산 취득의 회계처리의 예

① 검수 시

(차) 집기비품	×××	(대) 일반미지급금	×××

② 지급명령 시

(차) 일반미지급금	×××	(대) 현금과예금	×××

(2) 비유동자산 유지관리비용의 회계처리

가. 비유동자산 유지관리에 따른 비용은 운영비 내의 자산수선유지비 등의 비용항목으로 처리한다.

나. 예를 들어, 청사건물 옥상 방수공사비용을 지출한 경우 다음과 같이 회계처리한다.

사례 11-12 회계처리 사례

① 검수 시

(차) 건물수선유지비	×××	(대) 일반미지급비용	×××

② 지급명령 시

(차) 일반미지급비용	×××	(대) 현금과예금	×××

(3) 건설중인 공사 지출에 따른 회계처리

가. 자산과 관련된 유지보수지출 중 자본적 지출에 해당하는 경우에는 건설공사유형(예 : 건설중인일반유형자산)으로 처리한다.

나. 자산형성적 거래의 경우는 반드시 지방재정관리시스템에 자산을 등록해야

한다.

다. 재고자산의 형성을 위한 건설공사는 기중에는 건설중인일반유형자산으로 관리하다가 결산시점에 재고자산으로 계정을 재분류해 처리한다(토지구획정리사업 등).

표 11-4 회계처리 예시: 청사신축공사

거래단계	회계처리(분개)			
	차변		대변	
• 선금검수 시	건설중인일반유형자산	×××	일반미지급금	×××
• 선금지급 시	일반미지급금	×××	현금과예금	×××
• 관급자재납품 시	건설중인일반유형자산	×××	일반미지급금	×××
• 관급자재대금지급 시	일반미지급금	×××	현금과예금	×××
• 기성금검수 시	건설중인일반유형자산	×××	일반미지급금	×××
• 기성금지급 시	일반미지급금	×××	현금과예금	×××
• 공사준공 시[4]	건물	×××	건설중인일반유형자산	×××

(4) 보조금으로 취득한 자산의 회계처리

보조금은 사용목적에 관계없이 시 · 도에서는 시 · 군 · 구에 교부한 시점에 비용으로 처리하고, 시 · 군 · 구에서는 교부받은 시점에 수익(시 · 도비보조금수익)으로 처리하며, 보조금을 교부받은 시 · 군 · 구에서 보조금으로 시 · 도의 자산을 취득한 경우 결산 시 시 · 도 자산에 대해 시 · 군 · 구에서는 관리전환에 의한 자산감소로, 시 · 도에서는 관리전환에 의한 자산증가로 각각 처리한다.

4) 토지구획정리사업은 공사가 진행 중일지라도 결산 시 재고자산으로 재분류함.
(차) 판매용부동산 ××× (대) 건설중인일반유형자산 ×××

사례 11-13 보조금으로 취득한 자산의 회계처리의 예

① 보조금 교부결정

(차) 미수시도비보조금	×××	(대) 시도비보조금수익	×××

② 보조금 수납

(차) 현금과예금	×××	(대) 미수시도비보조금	×××

③ 보조금사용 검수

(차) A자산	×××	(대) 일반미지급금	×××

④ 보조금사용 지급명령

(차) 일반미지급금	×××	(대) 현금과예금	×××

⑤ 결산보정분개 1(보조금반납 예정액)

(차) 시도비보조금 수익	×××	(대) 일반미지급금	×××

결산보정분개 2(시도의 자산취득에 사용된 보조금 관리전환 처리)

(차) 관리전환에 의한 자산 감소	×××	(대) ○○자산	×××

⑥ 보조금 반납

(차) 일반미지급금	×××	(대) 현금과예금	×××

요 약

1. 국가회계기준에서 "비용은 국가의 재정활동과 관련해서 재화 또는 용역을 제공해 발생하거나, 직접적인 반대급부 없이 발생하는 자원 유출이나 사용 등에 따른 순자산의 감소를 말한다."라고 정의한다.
2. 지방회계기준에서 "비용은 자산의 감소나 부채의 증가를 초래하는 회계연도 동안의 거래로 생긴 순자산의 감소를 말한다. 다만, 관리전환 등으로 생긴 순자산의 감소는 비용에 포함하지 아니한다."라고 정의한다.
3. 비용은 원천에 따라 재화와 서비스의 제공이 완료에 대한 반대급부로 발생되는 교환비용과 서비스 제공에 따른 직접적인 반대급부 없이 발생하는 비교환비용으로 분류한다.
4. 국가회계의 중앙관서별 재정운영표를 통해 보고되는 비용은 프로그램 총원가, 관리운영비, 비배분비용으로 분류한다.
5. 프로그램총원가는 프로그램 수행 시 직·간접적으로 발생하는 원가이고, 관리운영비는 프

로그램 수행을 지원하는 비용, 비배분비용은 프로그램에 대응되지 않는 비용을 말한다.

6. 지방자치단체 재정운영표상 비용은 사업총원가, 관리운영비, 비배분비용으로 구분된다.

7. 사업총원가는 프로그램 수행 시 직·간접적으로 발생하는 원가, 관리운영비는 프로그램 수행을 지원하는 비용, 비배분비용은 프로그램에 대응되지 않는 비용이다.

8. 지방회계기준은 기능별 재정운영표를 생성하고 있으며, 총 14개 분야 중 '예비비'를 제외한 13개 분야에 따라 비용을 분류하고 있다.

9. 국가회계기준 및 지방회계기준에 따른 비용은 경제적 효익이 사용 또는 유출됨으로써 자산이 감소하거나 부채가 증가하고, 그 금액을 신뢰성 있게 측정할 수 있을 때 인식한다.

Chapter 11

연습 문제

주관식

01. 비용인식시점을 고려해서 다음 사례를 회계 처리하시오. A부처 일반회계는 20X1년 10월 31일에 행정 목적으로 공공료 및 광고료와 관련된 서비스를 제공받았으나 계약에 따라 20X1년 11월 15일에 해당 금액인 3,000,000원을 지출했다.

① 20×1년 10월 31일 비용 발생 시

② 20×1년 11월 15일 지출 시

02. 다음 A지방자치단체의 재정활동결과를 정리한 것이다. 사업총원가는 얼마인가?

비배분수익	₩1,500	비배분비용	₩2,000
사업 관련 투입 원가	₩11,000	사업수익	₩3,500
다른 사업에서 배부받은 원가	₩3,000	다른 사업에 배부한 원가	₩2,500
관리운영비	₩4,000	지방세수익 등 자체조달수익	₩8,000
정부간이전수익	₩5,000	기타수익 ₩1,000	

03. 다음 상황에 대해서 각 부서의 입장에서 회계처리를 하시오. 국토교통부는 소유 중인 건물을 기획재정부로 무상 관리전환 처리했다. 건물의 취득원가는 4억 원이며 감가상각누계액은 1억 원이다.

① 국토교통부 - 무상 관리전환해 주는 부처

② 기획재정부 - 무상 관리전환받는 부처

04. 「국가회계기준에 관한 규칙」 및 「지방자치단체의 회계기준에 관한 규칙」에 따른 발생주의에 의한 비용 인식을 충족시키는 두 가지 요건에 대해 설명하시오.

객관식

01. 「국가회계기준에 관한 규칙」상 비용에 대한 설명으로 옳지 않은 것은?

① 재화나 용역의 제공 등 국가재정활동 수행을 위해 자산이 감소하고 그 금액을 합리적으로 측정할 수 있을 때 인식한다.

② 비용이 법령 등에 따라 지출에 대한 의무가 존재하고 그 금액을 합리적으로 측정할 수 있을 때에 비용으로 인식한다.

③ 비용은 그 원천에 따라 교환비용 및 비교환비용으로 구분한다.

④ 과거에 자산으로 인식한 자산의 미래 경제적 효익이 감소 또는 소멸하거나 자원의 지출 없이 부채가 발생 또는 증가한 것이 명백한 때에 비용으로 인식한다.

⑤ 직접적인 반대급부 없이 발생하는 자원 유출이나 사용 등에 따른 순자산도 비용이다.

02. 국가회계기준 재정운영표의 비용에 대한 설명으로 옳지 않은 것은?

① 프로그램총원가는 프로그램 수행 시 직·간접적으로 발생하는 원가

② 관리운영비는 프로그램 수행을 지원하는 비용

③ 비배분비용은 프로그램에 직접적으로 대응하기 어려운 비용

④ 프로그램순원가는 재정운영순원가에서 관리운영비 및 비배분비용을 더하고 비배분수익을 차감한다.

⑤ 재정운영결과는 재정운영순원가에서 비교환수익 빼서 표시한다.

03. 지방자치단체 회계기준상 비용에 대한 설명으로 옳지 않은 것은

① 교환거래에 따르는 비용은 민간부문이나 다른 공공부문으로부터 재화와 서비스 제공이 끝나기 전이라도 그 금액을 합리적으로 측정할 수 있을 때에 인식한다.

② 교환거래에 따르는 비용은 급여, 사용료, 수수료 등이다.

③ 비교환거래에 의한 비용은 가치의 이전에 대한 의무가 존재하고 그 금액을 합리적으로 측정할 수 있을 때에 인식한다.

④ 비교환거래에 의한 비용은 보조금, 기부금 등이다.

⑤ 관리전환 등으로 생긴 순자산의 감소는 재정운영표에 표시되지 않는다.

04. 다음 중 국가회계 재정운영표 양식구조에서 재정운영순원가의 계산에 반영되는 항목이 아닌 것은?

① 관리운영비 ② 비배분수익

③ 비교환수익 ④ 비배분비용

⑤ 프로그램순원가

05. 「지방자치단체 회계기준에 관한 규칙」상 지방자치단체의 재정운영표 대한 설명으로 옳지 않은 것은?

① 사업순원가는 총원가에서 사업수익 및 일반수익을 빼서 표시한다.

② 재정운영순원가는 사업순원가에서 관리운영비 및 비배분비용은 더하고, 비배분수익을 빼서 표시한다.

③ 재정운영결과는 재정운영순원가에서 일반수익을 뺀 것이다.

④ 지방자치단체의 주요 일반수익은 자체조달수익과 정부간 이전수익이다.

⑤ 재무회계에서 비용은 사업총원가, 관리운영비, 비배분비용으로 구분된다.

정답 및 해설

[주관식]

1. ① 20X1년 10월 31일 비용 발생 시

(차) 공공료및광고료	3,000,000	(대) 미지급금	3,000,000

② 20X1년 11월 15일 지출 시

(차) 미지급금	3,000,000	(대) 한국은행 국가예금	3,000,000

2. 사업총원가 = 사업 관련 투입원가 + 다른 사업에서 배부받은 원가 − 다른 사업에 배부한 원가
= ₩11,000 + ₩3,000 − ₩2,500 = ₩11,500

3. [국토교통부 − 무상 관리전환해 주는 부처]

(차) 감가상각누계액	100,000,000	(대) 건물	400,000,000
정부내 자산기부	300,000,000		

[기획재정부 − 무상 관리전환받는 부처]

(차) 건물(*1)	300,000,000	(대) 정부내 자산수증	300,000,000

(*1) 관리전환받는 자산의 장부가액으로 계상함.

4. 「국가회계기준」 제4조, 및 「지방회계기준」 제5조에 따라 회계처리는 복식부기 · 발생주의 방식으로 이루어져야 하며, 발생주의에 의한 비용 인식은 다음과 같은 두 가지 요건이 충족될 때 이루어진다.
가. 경제적 효익이 사용 또는 유출됨으로써 자산이 감소하거나 부채가 증가하고,
나. 그 금액을 신뢰성 있게 측정할 수 있을 때

[객관식]

1. ③ 수익은 그 원천에 따라 교환수익 및 비교환수익으로 구분한다.

2. ④ 프로그램순원가는 프로그램총원가에서 프로그램수익을 빼서 표시한다.

3. ① 지방자치단체 회계기준에 관한 규칙, 제28조: 교환거래로 생긴 수익은 수익창출활동이 끝나고 그 금액을 합리적으로 측정할 수 있을 때에 인식한다.

4. ③ 재정운영순원가 = 프로그램순원가 + 관리운영비 + 비배분비용 − 비배분수익

5. ① 사업순원가는 총원가에서 사업수익을 빼서 표시한다.

Chapter 12

원가회계

개 관

원가계산은 특정조직의 활동에 사용된 원가에 관한 정보를 집계 · 분류 · 요약하고 해석하는 방법을 말한다. 정부의 자원의 효율적 사용을 위한 정책사업이나 단위사업 및 세부사업의 원가정보는 당초 계획대로 사업이 진행되는지를 확인하는 사업관리와 앞으로의 사업계획수립과 예산편성에 활용할 수 있는 정보를 제공하게 된다.

정부회계 원가계산은 기업회계 원가계산기준을 많이 차용하고 있으나 정부회계의 특성인 공공성 · 공익성 및 행정능률성 등을 추구해야 하므로, 기업회계방식을 그대로 따를 수 없는 어려운 점이 내재되어 있다. 이 장은 재정운영표 작성을 위한 사후원가 계산도 다루지만 사전에 발생될 원가 · 예정가격도 다루도록 한다.

Chapter 12

원가회계

제 1 절 원가계산

1. 원가계산의 개요

1) 원가계산의 의의

원가계산은 특정 조직의 활동에 사용된 원가에 관한 정보를 집계·분류·요약하고 해석하는 방법을 말한다. 즉, 새로운 경제가치 또는 기존의 가치를 증대하기 위해 소비되는 경제가치(원가)를 계산하는 것이다. 정부자원의 효율적 사용을 위한 정책사업이나 단위사업 및 세부사업의 원가정보는 당초 계획대로 사업이 진행되는지를 확인하는 사업관리와 앞으로의 사업계획수립과 예산편성에 활용할 수 있는 정보를 제공한다. 이처럼 정부원가계산은 재정운영표 작성을 위한 사후원가계산도 중요하지만 사전에 발생될 원가·예정가격을 결정하는 데도 매우 중요하다. 정부원가계산과 기업회계 원가계산을 비교해 보면, 정부원가계산은 원래 이 제도의 모델을 기업회계 원가계산을 기준했으나, 정부회계의 특성인 공공성, 공익성 및 행정능률성 등을 추구해야 하므로, 기업회계 방식을 그대로 따를 수 없는 어려운 점이 내재되어 있다.

표 12-1 정부회계와 기업회계의 차이

구분	정부회계	기업회계
목적	재무제표 작성에 필요한 자료 - 계약상대자 선정을 위한 예정가격 결정의 자료 제공 - 정부 예산편성 및 집행의 효율성 제고 - 공공성, 공익성 및 행정능률성 추구	- 재무제표 작성에 필요한 자료 - 가격예산, 원가관리 등에 필요한 자료 제공 - 기업의 영리성 추구
방법	- 사전 및 사후원가 계산 방식 • 발생될 원가로 예정가격 산출 • 불특정 다수 기업에 대한 객관적인 개별 원가계산	- 사후원가 계산 방식 • 기업의 실발생비용을 반영 처리 • 당해 기업에 대한 종합적인 원가계산
기법	- 품셈 적용, 설계서 이해 등 공학적 지식과 회계학적 지식을 동시 요구	- 실발생원가를 기업회계 방식으로 처리
원가 구성	- 재료비, 노무비, 경비, 일반관리비 및 이윤으로 구성 • 경비 비목과 관련이 있고, 예측 가능한 비목만 인정(21개) • 일반관리비 및 이윤의 승률제도 도입	- 실발생원가 비목을 모두 인정 • 판매비 및 일반관리비에 임원 급료 등 27개 비목 • 지급이자와 할인료 등 23비목 • 경비는 실발생 비목을 모두 인정

재정운영표 작성을 위한 국가회계의 원가계산은 「국가회계기준」 제31조, 지방자치단체회계의 원가계산은 「지방회계기준」 제29조의2에 따라 프로그램의 목표를 달성하고 성과를 창출하기 위해 직접적·간접적으로 투입한 경제적 자원의 가치를 계산하는 과정을 말한다.

원가계산의 세부 적용 기준은 국가회계는 「원가계산에 관한 지침」에서, 지방회계는 「지방자치단체 원가계산준칙」에서 규정하고 있다.

예정가격을 위한 원가계산은 국가인 경우는 기획재정부 예규인 「예정가격작성기준」, 지방자치단체인 경우는 「원가계산 및 예정가격 작성요령」에서 규정하고 있다.

2) 재무제표 작성을 위한 원가계산 목적

지방회계의 「지방자치단체 원가계산준칙」에서 원가계산의 목적이 명시되어 있지 않지만, 국가회계의 「원가계산에 관한 지침」에서 다음과 같이 그 목적을 명시하고 있다.

① 사업에 대한 원가정보를 제공함으로써 사업관리자나 예산편성 관계자 등의 정보이용자가 자원을 효율적으로 사용할 수 있는 의사결정을 하도록 한다.

② 사용자가 부담하는 공공서비스에 대한 원가의 회수 정도와 사업의 운영에 관한 회계정보를 제공해 사업관리자 등의 정보이용자가 효율적으로 사업을 관리하고 사업계획을 수립할 수 있도록 한다.

③ 사업이 효율적으로 수행되었는지에 대한 평가에 활용할 수 있는 정보를 제공하고 재정이 투명하게 집행될 수 있도록 한다.

3) 회계실체의 구분 및 원가계산의 적용

회계실체는 다음과 같이 구분되며, 국가회계는 「원가계산에 관한 지침」 제6조에서, 지방회계는 「지방자치단체 원가계산준칙」 제4조 1항에서 그 활동의 특성에 따라 원가계산 방식을 달리 정하고 있다.

① **행정형 회계:** 일반회계와 특별회계(기업특별회계는 제외)와 같이 징수한 세금 등을 재원으로 삼아 공공재를 공급하는 국가나 지방자치단체의 일반적이고 고유한 행정활동을 수행하는 회계실체를 말한다.

② **사업형 회계:** 국가회계에서는 기업특별회계(책임운영기관특별회계를 포함), 지방자치단체회계에서는 공기업특별회계나 기금과 같이 개별적인 보상관계가 적용되는 독립적인 수익창출활동을 수행하는 회계실체를 말한다.

4) 원가계산의 일반원칙

국가회계의 「원가계산에 관한 지침」과 지방회계의 「지방자치단체 원가계산준칙」에서 제시하고 있는 원가계산의 일반원칙은 거의 동일하며, 다음과 같다.

① **신뢰성의 원칙:** 원가는 신뢰할 수 있는 객관적인 자료와 증거에 의해 계산한다.

② **발생주의 원칙:** 원가는 국가회계실체가 프로그램 예산 체계에 따라 집행한 예산을 발생주의의 원칙에 따라 계산한다.

③ 직접부과의 원칙, 간접비 배부 기준 선택에 관한 원칙: 원가대상별로 분리 가능한 원가는 직접부과하고, 분리가능하지 않은 원가는 그 발생의 경제적 효익 또는 인과관계에 비례해서 배부하거나 원가의 특성을 반영한 배부기준을 설정해 배부한다.

④ 일관성의 원칙: 국가회계실체나 지방자치단체회계실체는 원가계산준칙에 의거 원가계산을 수행하고, 채택한 원가의 계산방법은 매기 계속적으로 적용해야 하며 정당한 이유 없이 원가의 계산방법을 변경해서는 아니 된다.

5) 원가집계대상의 설정

'원가집계대상'이란 발생된 원가를 집계하는 정책사업(프로그램), 단위사업, 세부사업 등(이하 "사업"이라 함)으로서 원가를 개별적으로 측정할 필요가 있는 항목을 말한다. 원가집계대상은 사업예산의 편성 단위에서 통제나 의사결정이 필요해 원가를 개별적으로 측정할 필요가 있는 단위로 설정해야 한다(원가계산준칙 제9조).

사업예산의 편성단위는 프로그램, 단위사업, 세부사업 등 프로그램 예산체계 하에서 '예산안 편성 및 기금운용계획안 작성 지침'에 따라 세출(또는 지출)예산을 편성하는 단위를 의미한다.

원가계산 시행 초기인 점을 감안해서 원가집계대상은 재정운영표 작성 단위인 프로그램으로 통일적으로 적용한다. 다만, 디지털예산회계시스템 이외의 시스템을 사용하는 기관은 원가계산 목적에 따라 별도의 원가집계대상을 설정해서 관리할 수 있다. 향후 원가계산제도가 정착된 이후 자원의 효율적 활용 여부 평가, 원가회수율 파악을 통한 사업성과 측정 등 국가회계실체가 통제나 의사결정을 위해 개별측정이 필요한 단위로 원가집계대상이 설정되도록 하고 있다.

6) 원가계산 관련 결산서류

원가계산을 통해 다음과 같은 결산서류가 산출될 수 있다.

표 12-2 원가계산 관련 국가회계 결산서류

구분	결산서류 종류	작성 대상
재정운영표	재무제표	회계·기금, 중앙관서, 대한민국정부
수익·비용 성질별 재정운영표	필수보충정보	회계·기금, 중앙관서, 대한민국정부
재원별 원가명세서	부속명세서	중앙관서

2. 원가의 계산방법

1) 국가 재정운영표 세부구조

재정운영표는 한 해 동안 국가나 지방자치단체가 살림을 어떻게 운영했는지 결과를 보여주는 보고서이다. 재정운영표는 회계연도 동안의 재정운영결과인 수익과 비용의 내역을 일정 기준에 따라 체계적으로 표시하는 재무제표로서 수익, 비용 및 재정운영결과로 구성된다. 기업의 포괄손익계산서와 비유될 수 있는데, 수익에서 비용을 차감해 순손익을 보여주는 포괄손익계산서와 달리 비용에서 수익을 빼서 재정운영결과를 보여주고, 특히 프로그램별 원가정보 제공에 중점을 두고 있다.

「국가회계기준에 관한 규칙」(제25조)에서 재정운영표는 작성주체가 누구인지에 따라 그 양식이 달라진다. 중앙관서 또는 기금의 재정운영표는 프로그램순원가, 관리운영비, 비배분비용, 비배분수익, 재정운영순원가, 비교환수익 등, 재정운영결과로 구분해서 표시한다. 이를 통합한 국가의 재정운영표는 재정운영순원가, 비교환수익 등, 재정운영결과로 구분해서 표시한다. 이처럼 국가의 재정운영표는 중앙관서의 재정운영표와 같이 프로그램순원가, 관리운영비, 비배분비용, 비배분수익을 따로 보여주지 않고 재정운영순원가를 중앙관서 별로 표시한다. 재정운영결과는 재정운영순원가에서 비교환수익 등을 빼서 표시한다. 그 밖에 사항 외에 국가의 재정운영표 작성방법은 중앙관서 또는 기금의 재정운영표 작성방법을 준용한다. 중앙관서 및 기금의 재정운영표 구조와 국가의 재정운영표 구조 및 그 연계를 간략하게 표시하면 다음과 같다.

그림 12-1 국가회계 재정운영표 체제

〈A 중앙관서 재정운영표〉
Ⅰ. 프로그램원가
Ⅱ. 관리운영비
Ⅲ. 비배분비용
Ⅳ. 비배분수익
Ⅴ. 재정운영순원가 (Ⅰ+Ⅱ+Ⅲ－Ⅳ)
Ⅵ. 비교환수익 등
Ⅶ. 재정운영결과(Ⅴ－Ⅵ)

〈B 중앙관서 재정운영표〉
Ⅰ. 프로그램원가
Ⅱ. 관리운영비
Ⅲ. 비배분비용
Ⅳ. 비배분수익
Ⅴ. 재정운영순원가 (Ⅰ+Ⅱ+Ⅲ－Ⅳ)
Ⅵ. 비교환수익 등
Ⅶ. 재정운영결과(Ⅴ－Ⅵ)

⇨

국가 재정운영표
Ⅰ. 재정운영순원가[1]
1. A 중앙관서
2. B 중앙관서
.
.
Ⅱ. 비교환수익 등
Ⅲ. 재정운영결과(Ⅰ－Ⅱ)

표 12-3 재정운영표 구조

프로그램총원가	(1)	• 프로그램수행 시 직 · 간접적으로 발생하는 원가
(−)프로그램수익	(2)	• 프로그램과 직접 관련성이 있는 수익
프로그램순원가	(3)	
(+)관리운영비	(4)	• 프로그램수행을 지원하는 비용
(+)비배분비용	(5)	• 프로그램에 직접적으로 대응하기 어려운 비용
(−)비배분수익	(6)	• 프로그램에 직접적으로 대응하기 어려운 수익
= 재정운영순원가	(7)	
(−)비교환수익 등	(8)	• 직접적 대가 없이 발생하는 수익 등
= 재정운영결과	(9)	

(1) 프로그램총원가

프로그램총원가는 국가가 프로그램 수행과 관련해서 발생한 총원가로 프로그램별로 추적 및 배부가 가능한 직접원가 및 간접원가를 말한다. 직접원가는 특정 사업에 직접 소요된 원가를 말하는데, 특정 사업을 수행하는 데 직접적으로 소요되는 지급수수료, 유류비, 외주용역비 등이다. 또한 특정 사업의 재화의 판매나 용역을 제공하는 데 사용된 재화 및 용역 제공 원가, 외주 가공비, 특정 사업을 수행하는 데 사용한 장비의 감가상각비 등도 포함한다. 직접원가는 원가집계대상에 직접

1) 2017년 기준으로 55개 중앙관서들의 재정운영순원가 표시.

부과한다. 간접원가는 사업의 수행과 관련해 소요되었으나 특정 사업에 직접 부과하는 것이 불가능한 원가를 말하며, 인건비, 지급임차료, 수선유지비 등이 포함될 수 있다.

간접원가는 부서 내 간접원가와 부서 간 간접원가로 구분될 수 있다. 부서 내 간접원가는 특정 프로그램에서 예산이 집행되어 원가가 발생했으나 그 경제적 효익은 동일한 부서 내의 다른 프로그램이 가지는 경우, 효익을 제공받은 프로그램이 원가가 발생한 프로그램으로부터 배부받은 간접원가이다. 예를 들어, 행정지원 프로그램에서 발생했으나 타 프로그램 수행을 위해 공통으로 사용된 건물임차료, 수선유지비 등이다. 부서 간 간접원가는 특정 부서에서 예산이 집행되어 원가가 발생했으나 그 경제적 효익은 다른 부서에서 가지는 경우, 효익을 제공받은 부서가 원가가 발생한 부서로부터 배부받은 간접원가이다. 행정안전부에서 집행되는 공무원연금 사용자부담금 등이 그 사례이다. 간접원가는 원가집계대상과의 인과관계 등 합리적 배부기준에 따라 배부한다.

프로그램총원가는 국가회계실체별로 그 구성을 달리한다. 크게 행정형 회계와 사업형 회계로 구분한다. 행정형 회계는 행정형 회계의 단위사업 단위로 집계된 직접원가를 프로그램별로 합산한 직접원가 총액으로, 원칙적으로 간접원가의 배부가 발생하지 않으나, 예산을 부서 간 통합해서 사업을 수행하는 경우 등 다른 부서로부터 배부받은 간접원가는 가산하고 다른 부서로 배부한 간접원가는 차감한다.

행정형 회계의 프로그램총원가 = 직접원가 +(−) 부서 간 간접원가

사업형 회계는 사업형 회계의 단위사업 단위로 집계된 직접원가를 프로그램별로 합산한 직접원가총액으로, 예산을 다른 부서와 통합해서 사업을 수행하는 경우 등 다른 부서로부터 배부받은 간접원가는 가산하고 다른 부서로 배부한 간접원가는 차감한다.

사업형 회계의 프로그램총원가 = 직접원가 ± 부서 간·부서 내 간접원가

(2) 프로그램수익

프로그램수익이란 특정 프로그램의 운영에 따라 재화나 용역을 제공한 대가로 발생하는 수익으로, 프로그램총원가에서 차감할 수익을 말한다. 프로그램수익에는 다음 각 호의 항목이 포함될 수 있다.

- 재화 및 용역제공수익(면허료 및 수수료, 용수 수입, 입학금 및 수업료, 항공·항만 및 용수 수입, 병원 수입 등 포함)
- 연금수익
- 보험 및 보증수익
- 수입대체경비수입에 해당하는 수익 등

(3) 프로그램순원가

프로그램순원가는 프로그램총원가에서 프로그램수익을 차감해 계산한다.

프로그램순원가 = 프로그램총원가 − 프로그램수익

프로그램순원가는 국가회계실체가 해당 프로그램을 수행하기 위해 순수하게 투입한 원가로 프로그램순원가는 각 개별 프로그램을 수행하는 데 경상적으로 소요되는 순원가를 말하며, 징수해야 할 국세나 부담금 등에 대한 정보를 제공한다.

행정형 회계의 프로그램순원가는 프로그램을 수행하는 데 소요된 원가에서 관련 수익을 차감한 정보를 제공함으로써 각 개별 프로그램이 당초 계획에 따라 진행되었는지에 대한 정보를 제공한다.

사업형 회계의 프로그램순원가는 수익자가 부담한 수익의 규모와 이러한 수익이 제공한 서비스 등의 원가를 얼마나 회수했는지에 대한 정보를 제공함으로써 사업계획 및 기금운용계획의 달성 여부를 평가할 수 있는 정보를 제공한다.

(4) 관리운영비

기업의 판매비·관리비와 유사한 개념으로 관리운영비란 프로그램의 운영에 직접적으로 소요되지는 않으나 기관의 기본적인 기능수행 및 특정 사업의 행정운영과 관련한 인건비와 경비를 말한다. 기업특별회계나 기금의 경우에는 그 기관의 기능수행을 위한 관리업무비를 말한다. 인건비는 급여 및 퇴직급여를 말하며, 경비는 복리후생비, 소모품비, 인쇄비, 광고선전비, 지급수수료, 연구개발비, 세금과 공과, 수도광열비, 피복비와 급량비, 지급임차료, 유류비, 수선유지비, 여비교통비, 업무추진비, 감가상각비, 기타 비용 등을 포함한다.

(5) 비배분비용

비배분비용은 국가회계실체에서 발생한 비용 중 프로그램에 대응되지 않는 비용을 말한다. 비배분비용의 예로는 일반유형자산의 처분손실, 프로그램과 관련 없는 일시적인 자금의 차입으로 인한 이자비용 등이 포함된다.

(6) 비배분수익

비배분수익은 국가회계실체에서 발생한 수익 중 프로그램에 대응되지 않는 수익을 말한다. 비배분수익의 예로는 일반유형자산의 처분이익, 프로그램과 관련 없는 일시적인 자금대여로 인한 이자수익 등이 포함된다.

(7) 재정운영순원가

재정운영순원가는 프로그램순원가에서 관리운영비와 비배분비용을 더하고, 비배분수익을 차감해 계산한다.

재정운영순원가 = 프로그램순원가 + 관리운영비 +(−) 비배분비용(수익)

재정운영순원가는 해당 국가회계실체가 수행한 사업의 원가뿐 아니라 사업과의 직접적인 연관성이 없거나 낮은 관리운영비, 비배분수익 · 비용을 모두 반영함으로써 전체 재정활동을 통해 소요된 원가를 나타낸다.

(8) 비교환수익 등

'비교환수익'은 직접적인 반대급부 없이 발생하는 국세, 부담금, 기부금, 제재금 및 사회보험 등의 수익을 말하며, 결산주체별로 다음과 같이 표시된다. 중앙관서 재정운영표는 행정형 회계(일반회계, 기타특별회계)의 비교환수익은 순자산변동표에 반영되므로 원가계산대상이 아니며, 사업형 회계(기업특별회계, 기금)의 비교환수익은 재정운영표에 반영된다. 국가 재정운영표는 국세수익과 중앙관서의 비교환수익이 모두 재정운영표에 반영된다.

(9) 재정운영결과

재정운영결과는 재정운영순원가에서 비교환수익을 차감해 계산한다.

재정운영결과 = 재정운영순원가 − 비교환수익

앞에서 설명한 재정운영표는 프로그램별로 원가를 보여주는 것을 목적으로 작성된다. 이는 각 프로그램별 원가를 산출함으로써 특정 프로그램에서 소모된 재원 또는 원가를 파악하는 데 유용하다. 하지만 해당 양식은 프로그램총원가에 대한 비용의 성질을 나타내지 못한다는 단점이 있다. 하나의 프로그램총원가가 1억 원인 경우 해당 사업에 1억 원이 투입되었다는 것은 알 수 있으나 그 1억 원이 인건비인지, 용역비인지 혹은 수수료인지는 알 수 없다. 따라서 성질별 재정운영표를 필수보충정보로 작성함에 따라 프로그램총원가에 인건비 혹은 용역비의 금액이 어느 정도인지 비용별 비중을 파악하거나, 프로그램총원가와 관리운영비에 포함된 인건비 비교를 통해 효율성 또는 정부부처의 사업수행성과를 판단하는 기본자료로 사용할 수 있다.

2) 지방자치단체회계 재정운영표 세부구조

현행 지방회계기준에서는 기업회계 분류방식인 성질별 분류보다는 기능별 재정운영표를 주재무제표로 한다. 주재무제표 하나인 기능별 재정운영표는 지방자치단체의 기능을 기준으로 비용(사업총원가, 관리운영비, 비배분비용)을 표시하면서 해당 기능에 관련된 수익(사업수익, 비배분수익, 일반수익)을 차감해 기능별 순원가를 표시한다. 즉, 재정운영순원가(사업순원가 + 관리운영비 + 비배분비용 − 비배분수익)에서 일반수익을 차감해 재정운영결과를 계산하는 방식으로 작성한다. 성질별 재정운영표는 필수보충정보로 제공도록 하고 있다.

표 12-4 재정운영표

과목		총원가	사업수익	순원가
Ⅰ. 사업순원가	(1)			
Ⅱ. 관리운영비	(2)			
Ⅲ. 비배분비용	(3)			
Ⅳ. 비배분수익	(4)			
Ⅴ. 재정운영순원가 (Ⅰ+Ⅱ+Ⅲ−Ⅳ)	(5)			
Ⅵ. 일반수익	(6)			
Ⅶ. 재정운영결과(Ⅴ−Ⅵ)	(7)			

「지방자치단체의 회계기준에 관한 규칙」(제26조)에서 재정운영표는 사업순원가, 재정운영순원가, 재정운영결과로 구분해서 표시한다.

(1) 사업순원가

사업순원가는 총원가에서 사업수익을 빼서 표시한다. 총원가는 사업을 수행하기 위해 투입한 원가에서 다른 사업으로부터 배부받은 원가를 더하고, 다른 사업에 배부한 원가를 차감한 것이며, 사업수익은 사업의 수행 과정에서 발생하거나 사업과 관련해 국가·지방자치단체 등으로부터 얻은 수익이다.

사업순원가 = 사업총원가 − 사업수익

(2) 관리운영비

관리운영비는 조직의 일반적이고 기본적인 기능을 수행하는 데 필요한 인건비,

기본경비 및 운영경비 등이다.

(3) 비배분비용

비배분비용은 임시적 · 비경상적으로 발생한 비용 및 사업과 직접적 또는 간접적 관련이 없어 총원가에 배분하는 것이 합리적이지 아니한 비용이다.

(4) 비배분수익

비배분수익은 임시적 · 비경상적으로 발생한 수익 및 사업과 직접적 관련이 없어 사업수익에 합산하는 것이 합리적이지 아니한 수익이다.

(5) 재정운영순원가

재정운영순원가는 사업순원가에서 관리운영비 및 비배분비용은 더하고, 비배분수익을 차감해 표시한다.

재정운영순원가 = 사업순원가 + 관리운영비 +(−) 비배분비용(수익)

(6) 일반수익

일반수익은 재원조달의 원천에 따라 자체조달수익, 정부간 이전수익, 기타수익으로 구분한다. 자체조달수익은 지방자치단체가 독자적인 과세권과 자체적인 징수활동을 통해 조달한 수익을 말한다. 정부간 이전수익은 회계실체가 국가 또는 다른 지방자치단체로부터 이전받은 수익이다. 기타수익은 자체조달수익이나, 정부간 이전수익 외의 수익이다.

(7) 재정운영결과

재정운영결과는 재정운영순원가에서 일반수익을 차감해서 계산한다.

재정운영결과 = 재정운영순원가 − 일반수익

3. 원가계산절차

'원가계산방법'에 의한 재정운영표를 작성하기 위해서는 다음과 같은 원가계산 절차가 수행되어야 한다. 원가계산절차는 회계 · 기금별 원가계산 → 중앙관서별 원가계산 → 국가 원가계산의 순으로 이루어지며, 회계 · 기금별 원가계산은 행정형 회계와 사업형 회계로 구분된다. 행정형 회계와 사업형 회계의 원가계산 절차는 행정운영성 경비의 구분 시 차이가 발생한다.

1) 행정형 회계

그림 12-2 행정형 회계(일반회계, 기타특별회계)

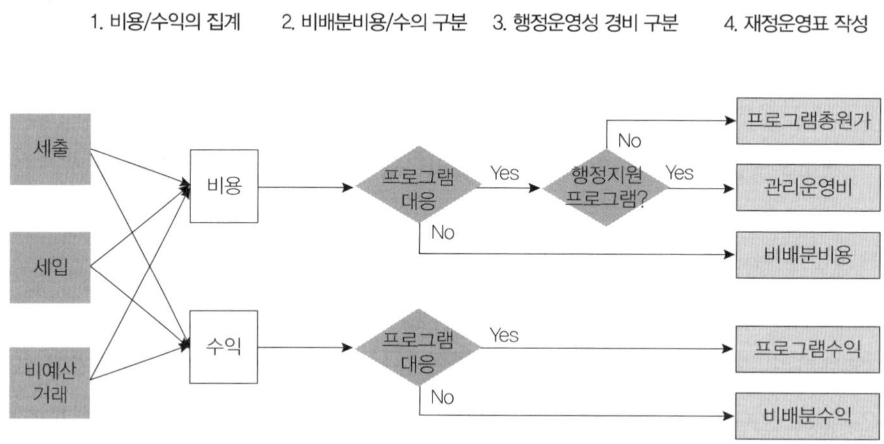

① 비용과 수익의 집계

세입 · 세출예산의 집행 및 비예산거래(예: 감가상각비, 대손상각비, 처분손익, 평가손익 등)로 인해 발생한 수익과 비용을 프로그램 단위로 집계한다.

② 비배분비용과 비배분수익 구분

특정 프로그램과 대응되지 않는 비용과 수익을 각각 비배분비용 및 비배분수익으로 구분한다.

③ 행정운영성 경비 구분

행정지원 프로그램으로 집계된 비용은 모두 관리운영비로 구분하고, 행정지원 프로그램 이외의 프로그램으로 집계된 비용은 해당 프로그램의 직접원가에 해당되므로 프로그램총원가로 구분한다.

④ 재정운영표 작성

계정 간 내부거래 수익과 비용을 제거해 재정운영표를 작성한다.

2) 사업형 회계

그림 12-3 사업형 회계(기업특별회계 · 기금)

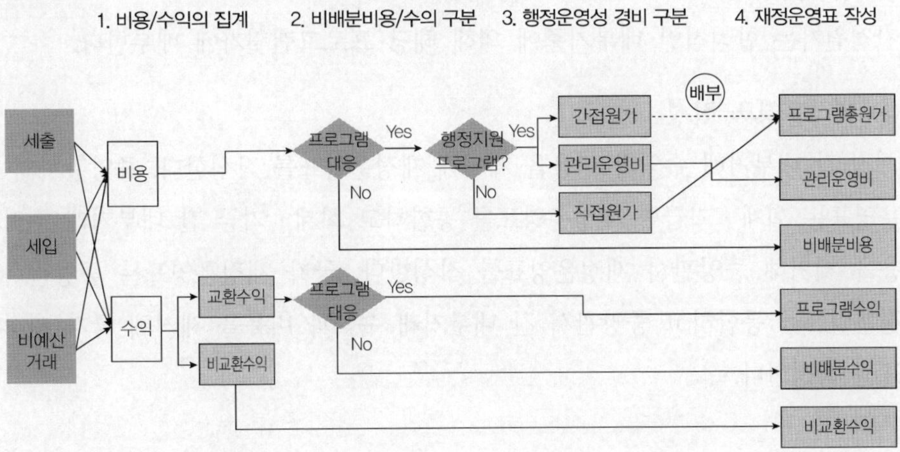

① 비용과 수익의 집계

세입 · 세출예산의 집행 및 비예산거래(예: 감가상각비, 대손상각비, 처분손익, 평가손익 등)로 인해 발생한 수익과 비용을 프로그램 단위로 집계하며, 수익은 교환수익과 비교환수익으로 구분해 집계한다.

행정형 회계는 비교환수익이 순자산변동표에 표시되므로 수익 집계 시 비교환수익이 제외되나, 사업형 회계는 비교환수익이 재정운영표에 표시되므로 수익의 구분이 필요하다.

② 비배분비용과 비배분수익 구분

특정 프로그램과 대응되지 않는 비용과 수익을 각각 비배분비용 및 비배분수익으로 구분한다.

③ 행정운영성 경비 구분

조직의 기능 수행 및 행정 지원을 위한 인건비와 운영경비를 별도로 집계한 프로그램인 행정지원 프로그램으로 집계된 비용은 프로그램 수행과의 관련 여부에 따라 관리운영비와 간접원가로 구분하고, 행정지원 프로그램 이외의 프로그램으로 집계된 비용은 해당 프로그램의 직접원가에 해당되므로 프로그램총원가로 구분한다.

④ 간접원가 배부

간접원가는 합리적인 배부기준에 의해 해당 프로그램원가에 배부한다.

⑤ 재정운영표 작성

계정 간 내부거래 수익과 비용을 제거해 재정운영표를 작성한다. 중앙관서의 재정운영표는 회계·기금별 재정운영표를 통합하고 회계·기금 간 내부거래 수익과 비용을 제거해 중앙관서 재정운영표를 작성한다. 국가 재정운영표는 중앙관서별 재정운영표를 통합하고 중앙관서 간 내부거래 수익과 비용을 제거해 국가 재정운영표를 작성한다.

4. 재정운영표 작성

회계·기금은 계정 간 내부거래 수익과 비용을 제거해 재정운영표를 작성한다. 중앙관서는 회계·기금별 재정운영표를 통합하고 회계·기금 간 내부거래 수익과 비용을 제거해 중앙관서 재정운영표를 작성한다. 대한민국 정부는 중앙관서별 재정운영표를 통합하고 중앙관서 간 내부거래 수익과 비용을 제거해 국가 재정운영표를 작성한다.

그림 12-4 재정운영표의 작성 체계

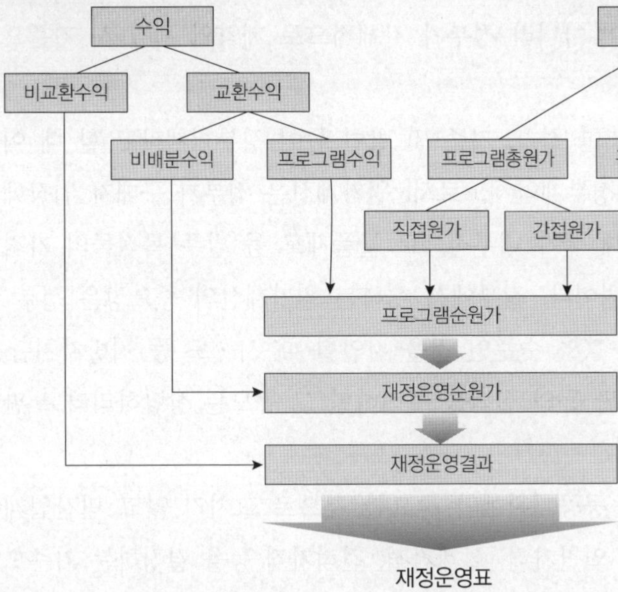

제 2 절 예정가격

1. 예정가격의 개요

1) 예정가격의 의의

예정가격은 국가나 지방자치단체를 당사자로 하는 계약을 체결할 때 계약 담당 공무원이 당해 계약 목적물의 특성 및 계약 여건 등을 고려해서 경제적 구매가 가능한 계약 금액의 예정액이다. 즉, 정부조직이 자체구입하거나 공사를 발주할 때도 원가계산이 필요하며, 예정가격에 관한 규정은 예정가격 결정 이외에도 기타 정부 원가계산 시에 준용되므로 가장 중요한 기준이라 하지 않을 수 없다. 따라서 정부의 원가계산은 국가나 지방자치단체가 당사자로 되는 계약을 체결할 때 낙찰가격

결정의 기준으로 삼기 위해 입찰에 앞서 계약담당공무원이 미리 작성 비치해 두는 목적으로 예정가격을 산정하기 목적도 매우 중요하다. 예정가격은 정부가 민간기업에게 요구하는 원가계산이 아니라 정부가 자체적으로 계약의 체결 시 기준으로 삼기 위한 가격이다.

즉, 정부예산의 집행을 위한 절차, 기준 및 방법 등이 정부회계라고 할 때 이를 운용하는 직접적인 수단이 정부계약제도로서, 원가계산은 정부가 구매자 입장에서 계약상대자를 결정하기 위해 국가 내부적으로 물품제도 등 발주 목적물의 가격을 미리 예정하는 가격결정방법이다. 정부에서 행하는 원가계산의 중요성은 정부 예산 중 사업비의 규모가 60~70% 수준인 것을 감안할 때 시・도 등 지방자치단체, 정부투자기관, 각종 공공기관 등의 실적을 고려하면 그 규모는 상당하리라고 판단된다.

정부원가계산은 정부 등 공공기관에만 중요한 것으로 그치지 않고 민간업계에도 이를 준용하는 실정인데 입찰가격, 설계가격, 견적가격 등을 결정하는 기준으로 활용될 수 있다. 정부원가계산과 기업회계 원가계산을 비교해 보면, 정부원가계산은 원래 이 제도의 모델을 기업회계 원가계산을 기준했으나, 정부회계의 특성인 공공성, 공익성 및 행정능률성 등을 추구해야 하므로, 기업회계 방식을 그대로 따를 수 없는 어려운 점이 내재되어 있다. 특히, 사전에 발생될 원가를 예정해 산정하는 사전원가방식을 주로 채택하고 있어서, 기업의 실발생 원가요소를 기준해서 사후에 회계처리하는 기업회계와는 계산방식에서 다소 상이하다.

정부원가계산 방식은 전술한 바와 같이 기업회계 방식을 모델로 하여 정부회계의 특성에 알맞게 제정해서 정부원가계산제도로 수년간 정착되어 왔고, 그동안 부분적으로 몇 차례 개정을 해왔으나, 경제환경의 급격한 변동과 운용상의 제반 미비점 등으로 이에 대한 전반적인 보완 필요성이 대두되어 기업회계 방식에 좀 더 접근하는 새로운 정부원가계산제도를 도입해 1989년 1월 1일부터 시행하게 되었다.

2) 예정가격의 결정기준

각 중앙관서의 장 또는 그 위임을 받은 공무원은 다음의 기준에 따라 예정가격을 결정해야 한다(「국가계약법 시행령」 제9조 또는 「지방계약법 시행령」 제10조).

① 적정한 거래가 형성된 경우에는 그 거래 실례가격으로 한다.

② 신규 개발품이거나 특수 규격품 등의 특수한 물품, 공사, 용역 등 계약의 특수성으로 인해 적정한 거래 실례가격이 없는 경우는 원가계산에 의한 가격으로 한다.

③ 공사의 경우 이미 수행한 공사의 종류별 시장거래가격 등을 토대로 산정한 표준시장단가로서 중앙관서의 장이 인정한 가격으로 한다.

④ 상기의 규정에 의한 가격에 의할 수 없는 경우에는 감정가격, 유사한 거래 실례가격 또는 견적가격 등에 의한다.

3) 예정가격의 결정방법

예정가격은 계약을 체결하고자 하는 사항의 가격의 총액에 대해 이를 결정해야 한다. 다만, 일정한 기간 계속해서 제조·공사·수리·가공·매매·공급·임차 등을 하는 계약의 경우에는 단가에 대해 그 예정가격을 결정할 수 있다. 장기 물품 제조 등(이행에 수년이 걸리며, 설계서 또는 규격서 등에 의해 당해 계약 목적물의 내용이 확정된 물품의 제조 등)의 경우에는 총제조금액 등의 범위 안에서 예정가격을 결정해야 한다. 즉, 장기계속계약과 계속비계약의 경우에는 총규모에 대해 예정가격을 결정해야 한다.

2. 원가계산에 의한 예정가격작성

1) 원가계산의 구분과 비목 구분

(1) 원가계산의 구분

예정가격작성을 위한 원가계산은 제조원가계산, 용역원가계산 및 공사 원가계산으로 구분된다. 제조원가라 함은 제조과정에서 발생한 재료비·노무비·경비 등의 합계액을 말하며, 공사원가라 함은 공사 시공 과정에서 발생한 재료비·노무비·

경비 등의 합계액을 말한다.

(2) 원가계산의 비목 및 가격결정 원칙

원가계산은 재료비, 노무비, 경비, 일반관리비 및 이윤으로 구분 작성한다. 재료비, 노무비, 경비는 다음의 아래 산식에 따라 산정해야 한다.

① 재료비 = 재료량 × 단위당 가격

② 노무비 = 노무량 × 단위당 가격

③ 경비 = 소요(소비)량 × 단위당 가격

2) 제조원가계산

(1) 제조원가

제조원가라 함은 제조과정에서 발생한 재료비 · 노무비 · 경비의 합계액을 말한다. 제조원가계산을 하고자 할 때에는 기획재정부 예규 「예정가격작성기준」 및 행정안전부 예규 「지방자치단체 원가계산 및 예정가격 작성요령」에서 제시하고 있는 제조원가계산서 서식에 의해서 작성하고 비목별 산출 근거를 명시한 기초계산서를 첨부해야 한다. 이 경우 재료비 · 노무비 · 경비 중 일부를 제조원가계산서상 일반관리비 또는 이윤의 다음 비목으로 계상해서는 아니 된다.

(2) 원가 비목 산출방법

① 재료비

계약목적물의 제조, 시공 또는 용역 등에 소요되는 소정 규격의 재료의 양에 그 단위당 가격을 곱한 금액을 말한다.

② 노무비

계약목적물의 제조, 시공 또는 용역 등에 소요되는 공정별 노무량에 그 노임단가를 곱한 금액을 말한다.

③ 경비

계약목적물의 제조, 시공 또는 용역 등에 소요되는 비목별 경비의 합계액을 말한다.

④ 일반관리비

재료비 · 노무비 · 경비의 합계액에 일반관리비율을 곱한 금액을 말한다.

⑤ 이윤

이윤은 영업이익을 말하며, 제조원가 중 노무비, 경비와 일반관리비의 합계액(이 경우에 기술료 및 외주가공비는 제외한다)의 25%를 초과해서 계상할 수 없다.

3) 공사원가계산

(1) 공사원가

공사원가라 함은 공사 시공 과정에서 발생한 재료비 · 노무비 · 경비의 합계액을 말한다. 공사원가계산을 하고자 할 때에는 기획재정부 예규 「예정가격 작성기준」 및 행정안전부 예규 「지방자치단체 원가계산 및 예정가격 작성요령」에서 제시하고 있는 공사원가계산서 서식에 의해 작성하고 비목별 산출 근거를 명시한 기초계산서를 첨부해야 한다. 이 경우 재료비 · 노무비 · 경비 중 일부를 공사원가계산서상 일반관리비 또는 이윤의 다음 비목으로 계상해서는 아니 된다.

(2) 주요 공사원가 요소 및 체제

공사원가라 함은 공사 시공과정에서 발생한 재료비 · 노무비 · 경비의 합계액을 말한다.

① 재료비

재료비는 공사원가를 직접재료비, 간접재료비로 구분한다. 직접재료비는 공사 목적물의 실체를 형성하는 물품의 가치로서 주요 재료비, 부분품비로 구분하고, 간접재료비는 공사 목적물의 실체를 형성하지는 않으나 공사에 보조적으로 소비되는 물품의 가치로서 소모재료비, 소모공구 · 기구 · 비품비, 가설재료비 등을 말한다.

② 노무비

노무비는 공사원가를 직접노무비, 간접노무비로 구분한다. 직접노무비는 계약 목적물을 완성하기 위해 직접 작업에 종사하는 종업원과 노무자가 제공하는 노동력의 대가로 한다. 다만, 상여금은 기본급의 연 400%, 제수당과 퇴직급여충당금은 「근로기준법」상 인정되는 범위를 초과해서 계상할 수 없다. 노무비는 기본급, 제수당, 상여금, 퇴직금여충당금으로 구성된다. 직접노무비는 작업 인원, 작업시간, 제조 수량을 기준으로 계약 목적물의 제조에 소요되는 노무량을 산정하고 노무비 단가를 곱해 계산한다.

$$직접노무비 = 노무량 \times 단위당\ 가격$$

간접노무비는 직접 작업에 종사하지는 않으나, 보조작업에 종사하는 노무자, 종업원과 현장감독자 등이 제공하는 노동력의 대가로서 직접노무비와 같이 기본급과 제수당, 상여금, 퇴직급여충당금의 합계액으로 한다. 간접노무비는 직접노무비에 대해 간접노무비율(간접노무비/직접노무비)을 곱해 계산한다.

$$간접노무비 = 직접노무비 \times 간접노무\ 비율$$

③ 경비

경비는 공사의 시공을 위해 소요되는 공사원가 중 재료비, 노무비를 제외한 원가를 말하며, 기업의 유지를 위해 관리활동 부문에서 발생하는 일반관리비와 구분된다. 경비의 세비목에는 전력비, 수도광열비, 운반비, 기계경비, 특허권사용료, 기술료, 연구개발비, 품질관리비, 가설비, 지급임차료, 보험료, 복리후생비 등이 포함된다.

④ 일반관리비

일반관리비는 별도로 정한 일반관리비율을 초과해서 계상할 수 없으며, 공사 규모별로 체감 적용한다.

⑤ 이윤

이윤은 영업이익을 말하며, 공사원가 중 노무비, 경비와 일반관리비의 합계액(이 경우 기술료 및 외주 가공비는 제외한다)에 이윤율 15%를 초과해 계상할 수 없다.

공사원가 체계는 [그림 12-5]와 같다.

그림 12-5 공사원가 체계

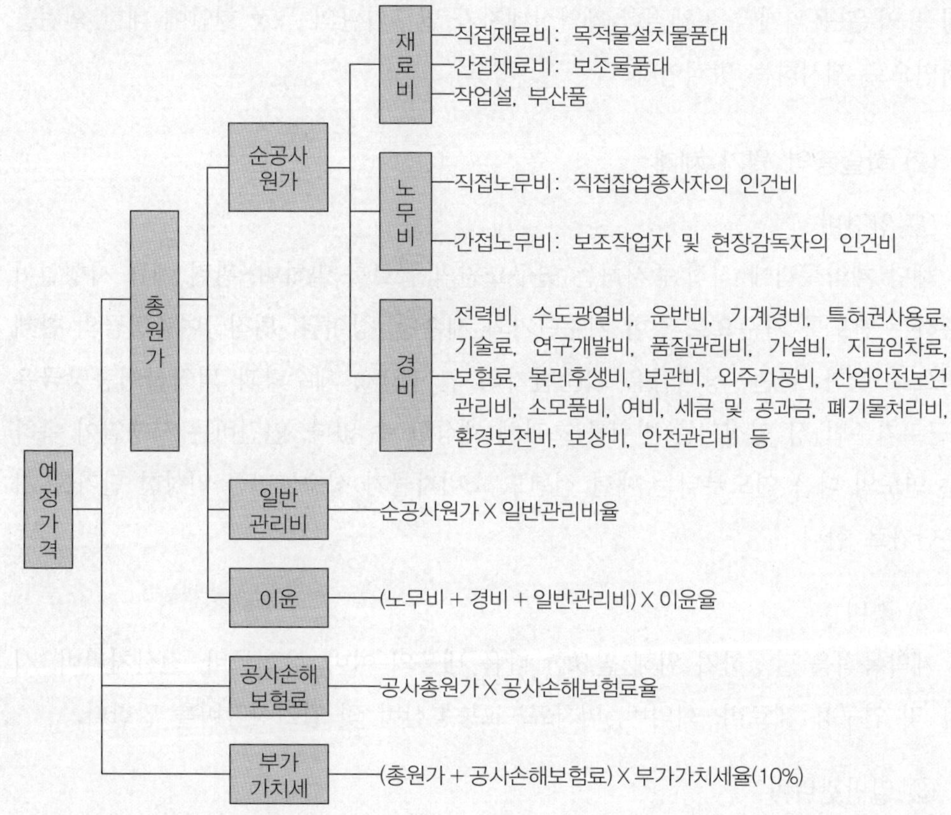

4) 학술용역 원가계산

(1) 학술용역 원가 구분

학문 분야의 기초과학과 응용과학에 관한 연구용역과 이에 준하는 용역을 말한다. 용역은 '위탁형 용역', '공동연구형 용역', '자문형 용역' 등으로 구분한다. '위탁형 용역'은 용역계약을 체결한 계약상대자가 자기 책임 하에 연구를 수행해 연구결과물을 용역결과보고서 형태로 제출하는 방식이고, '공동연구형 용역'은 용역계약을 체결한 계약상대자와 발주기관이 공동으로 연구를 수행하는 방식이며, '자문형 용역'은 용역계약을 체결한 계약상대자가 발주기관의 특정 현안에 대한 의견을 서면으로 제시하는 방식이다.

(2) 학술용역 원가 체계

① 인건비

해당 계약목적에 직접 종사하는 연구요원의 급료를 말하며, 관련 예규 시행일이 속하는 연도를 기준으로 정한 기준단가와 제수당, 상여금, 퇴직급여충당금의 합계액으로 한다. 다만, 상여금은 기준단가의 연 400%, 제수당과 퇴직급여충당금은 「근로기준법」상 인정되는 범위를 초과해 계상할 수 없다. 인건비는 시행일이 속하는 연도의 다음 연도부터는 매년 전년도 소비자물가 상승률만큼 인상한 단가를 기준단가로 한다.

② 경비

계약목적을 달성하기 위해 필요한 다음 내용의 여비, 유인물비, 전산처리비, 시약 및 연구용 재료비, 회의비, 임차료, 교통통신비 및 감가상각비를 말한다.

③ 일반관리비

일반관리비가 매출원가에서 차지하는 비율인 일반관리비율 6%를 초과해 계상할 수 있다.

④ 이윤

인건비, 경비 및 일반관리비의 합계액에 대해 시행규칙 제8조에 규정된 이윤율

10%를 초과해 계상할 수 없다.

표 12-5 제조원가계산서

품명: 생산량:
규격: 단위: 제조기간:

<table>
<tr><th colspan="3">구분
비목</th><th>금액</th><th>구성비</th><th>비고</th></tr>
<tr><td rowspan="6">제조
원가</td><td rowspan="2">재료비</td><td>직접재료비
간접재료비
작업설 · 부산물 등(△)</td><td></td><td></td><td></td></tr>
<tr><td>소계</td><td></td><td></td><td></td></tr>
<tr><td rowspan="2">노무비</td><td>직접노무비
간접노무비</td><td></td><td></td><td></td></tr>
<tr><td>소계</td><td></td><td></td><td></td></tr>
<tr><td rowspan="2">경비</td><td>전력비
수도광열비
운반비
감가상각비
수리수선비
특허권사용료
기술료
연구개발비
시험검사비
지급임차료
보험료
복리후생비
보관비
외주가공비
산업안전보건관리비
소모품비
여비 · 교통비 · 통신비
세금과 공과
폐기물처리비
도서인쇄비
지급수수료
기타 법정경비</td><td></td><td></td><td></td></tr>
<tr><td>소 계</td><td></td><td></td><td></td></tr>
<tr><td colspan="3">일반관리비( )%</td><td></td><td></td><td></td></tr>
<tr><td colspan="3">이윤( )%</td><td></td><td></td><td></td></tr>
<tr><td colspan="3">총원가</td><td></td><td></td><td></td></tr>
</table>

표 12-6 공사원가계산서

공사명:　　　　　　공사기간:

비목		구분	금액	구성비	비고
순공사원가	재료비	직접재료비 간접재료비 작업설·부산물 등(△)			
		소계			
	노무비	직접노무비 간접노무비			
		소계			
	경비	전력비 수도광열비 운반비 기계경비 특허권사용료 기술료 연구개발비 품질관리비 가설비 지급임차료 보험료 복리후생비 보관비 외주가공비 산업안전보건관리비 소모품비 여비·교통비·통신비 세금과 공과 폐기물처리비 도서인쇄비 지급수수료 환경보전비 보상비 안전관리비 건설근로자퇴직공제부금비 기타 법정경비			
		소계			
일반관리비[(재료비 + 노무비 + 경비)×( )%]					
이윤[(노무비 + 경비 + 일반관리비)×( )%]					
총원가					
공사손해보험료[보험가입대상 공사 부분의 총원가×( )%]					

표 12-7 학술연구용역 원가계산서

비목 \ 구분	금액	구성비	비고
인건비 책임연구원 연구원 연구보조원 보조원			
경비 여비 유인물비 전산처리비 시약 및 연구용역재료비 회의비 임차료 교통통신비 감가상각비 일반관리비( )% 이윤( )% 총원가			

요 약

1. 정부원가계산은 재정운영표 작성을 위한 사후원가계산도 중요하지만 사전에 발생될 원가·예정가격을 결정하는 데도 매우 중요하다.
2. 국가회계의 회계실체는 행정형 회계와 사업형 회계로 구분하는데, 행정형 회계와 사업형 회계의 원가계산절차는 행정 운영성 경비의 구분 시 차이가 발생한다.
3. 행정형 회계는 일반회계와 특별회계와 같이 세금을 재원으로 하여 공공재를 공급하는 국가나 지방자치단체의 일반적이고 고유한 행정활동을 수행하는 회계실체를 말한다.
4. 사업형 회계는 국가회계에서는 기업특별회계, 지방자치단체회계에서는 공기업특별회계나 기금과 같이 독립적인 수익창출활동을 수행하는 회계실체를 말한다.
5. 국가회계와 지방자치단체회계의 원가계산의 일반 원칙은 '신뢰성의 원칙', '발생주의 원칙', '직접부과의 원칙', '일관성의 원칙' 등이다.

6. 중앙관서 또는 기금의 재정운영표는 프로그램순원가, 관리운영비, 비배분비용, 비배분수익, 재정운영순원가, 비교환수익, 재정운영결과로 구분해서 표시한다.
7. 국가의 재정운영표는 중앙관서의 재정운영표와 같이 프로그램순원가, 관리운영비, 비배분비용, 비배분수익을 따로 보여주지 않고 재정운영순원가를 중앙관서별로 표시한다.
8. 현행 지방회계기준에서는 성질별 분류보다는 기능별 재정운영표를 주 재무제표로 하고, 성질별 재정운영표는 필수보충정보로 제공하도록 하고 있다.
9. 지방자치단체의 주재무제표 하나인 기능별 재정운영표는 재정운영순원가(사업순원가 + 관리운영비 + 비배분비용 − 비배분수익)에서 일반수익을 차감해 재정운영결과를 계산하는 방식으로 작성한다.
10. 국가회계의 재정운영표를 작성하기 위한 원가계산절차는 회계 · 기금별 원가계산 → 중앙관서별 원가계산 → 국가 원가계산의 순으로 이루어진다.
11. 중앙관서는 회계 · 기금별 재정운영표를 통합하고 회계 · 기금 간 내부거래 수익과 비용을 제거해 중앙관서 재정운영표를 작성한다. 대한민국정부는 중앙관서별 재정운영표를 통합하고 중앙관서 간 내부거래 수익과 비용을 제거해 국가 재정운영표를 작성한다.
12. 예정가격은 국가나 지방자치단체를 당사자로 하는 계약을 체결할 때 당해 계약 목적물의 특성 및 계약 여건 등을 고려해서 경제적 구매가 가능한 계약금액의 예정액이다.
13. 예정가격은 정부가 민간기업에게 요구하는 원가계산이 아니라 정부가 자체에서 계약의 체결 시 낙찰가격 결정의 기준으로 삼기 위해 입찰에 앞서 계약담당공무원이 미리 작성 비치해 두는 목적으로 예정가격을 산정하기 목적도 매우 중요하다.
14. 예정가격 작성을 위한 원가계산은 제조원가, 용역원가 및 공사원가계산으로 구분되고, 기본적으로 제조 · 시공과정에서 발생한 재료비 · 노무비 · 경비의 합계액을 말한다.

Chapter 12

연습 문제

주관식

01. 다음은 어느 지방자치단체의 재정운영표 내용이다. 재정순원가와 재정운영순원가는?

사업총원가	₩117,000	사업수익	₩39,000
관리운영비	₩65,000	비배분비용	₩47,000
비배분수익	₩38,000	일반수익	₩37,000

02. 다음 자료에 의해서 예정가격 작성을 위한 제조원가계산서를 작성하면 총원가는 얼마인가?(이윤율은 25% 가정)

(단위: 천 원)

재료비, 40,000, 노무비 50,000, 경비 10,000, 일반관리비 20%

03. 중앙관서 A의 재정운영표를 작성하기 위한 자료가 다음과 같을 때 재정운영순원가는?

프로그램수익	₩500	비배분비용	₩50
국세수익	₩200	관리운영비	₩100
프로그램총원가	₩900	비배분수익	₩150

04. 앞의 문제에서 재정운영결과는 얼마인가?

객관식

01. 다음은 어느 지방자치단체의 재정운영표 내용이다. 재정운영순원가는?

사업총원가	₩120,000	사업수익	₩40,000
관리운영비	₩70,000	비배분비용	₩50,000
비배분수익	₩40,000	일반수익	₩30,000

① ₩80,000　　② ₩130,000
③ ₩150,000　　④ ₩160,000
⑤ ₩200,000

02. 앞의 문제에서 재정운영결과는 얼마인가?

① ₩80,000　　② ₩130,000
③ ₩150,000　　④ ₩160,000
⑤ ₩200,000

03. A부처의 재정운영표 계정과목의 내역은 다음과 같다. 재정운영순원가(Ⓐ)와 재정운영결과(Ⓑ)의 값은 얼마인가?

(단위: 원)

• 프로그램총원가	₩150,000
• 프로그램수익	30,000
• 관리운영비	70,000
• 비배분비용	42,000
• 비배분수익	28,000
• 비교환수익 등	7,000

① Ⓐ : ₩204,000 Ⓑ : ₩204,000　　② Ⓐ : ₩204,000 Ⓑ : ₩197,000
③ Ⓐ : ₩232,000 Ⓑ : ₩197,000　　④ Ⓐ : ₩232,000 Ⓑ : ₩204,000
③ Ⓐ : ₩197,000 Ⓑ : ₩204,000

04. 「지방자치단체 회계기준에 관한 규칙」 및 「지방자치단체 원가계산준칙」에서 회계실체에 대한 설명으로 옳지 않은 것은?

① 행정형 회계는 공공재를 공급하는 지방자치단체의 일반적이고 고유한 행정활동을 수행하는 회계실체를 말한다.
② 행정형 회계는 징수한 세금 등을 재원으로 하는 회계실체를 말한다.
③ 사업형 회계는 특별회계, 공기업특별회계, 기금회계를 포함한다.

④ 사업형 회계는 독립적인 수익창출활동을 수행하는 회계실체를 말한다.
⑤ 사업형 회계실체는 개별적 보상관계가 적용되는 기업적인 활동을 주된 목적으로 하는 회계실체이다.

05. **중앙정부와 지방자치단체의 예정가격에 관한 설명으로 옳지 않은 것은?**

① 제조원가 계산서에서 이윤은 제조원가 중 노무비, 경비, 일반관리비의 합계액에 25% 이윤율(25%)을 곱한 금액으로 한다.
② 학술용역 계산에서 인건비, 경비 및 일반관리비의 합계액에 대해 규정된 이윤율 10%를 초과해서 계상할 수 없다.
③ 공사원가라 함은 공사 시공 과정에서 발생한 재료비, 노무비, 일반관리비의 합계액을 말한다.
④ 예정가격은 정부가 자체에서 계약의 체결 시 기준으로 삼기 위한 가격이라기보다는 입찰 시 민간기업에게 요구하는 원가계산이다.
⑤ 다른 국가기관, 지방자치단체와 수의계약 할 경우에는 예정가격을 결정하지 아니할 수 있다.

06. **「지방자치단체 원가계산 및 예정가격 작성요령」에서 원가계산에 대한 설명 중 옳지 않은 것은?**

① 원가계산은 제조원가계산과 공사원가계산 및 용역원가계산으로 구분한다.
② 원가계산은 기본적으로 재료비, 노무비, 경비, 일반관리비 및 이윤으로 구분 작성한다.
③ 학술용역 원가계산은 노무비(인건비), 경비, 일반관리비 등으로 구분 작성한다.
④ 필요 시 재료비, 노무비, 경비 중 일부를 제조원가계산서상 일반관리비 또는 이윤의 다음 비목으로 계상해 예정가격을 산출한다.
⑤ 공시원가는 공사시공과정에서 발생한 재료비, 노무비, 경비의 합계액을 말한다.

07. **정부계약제도로서 예정가격으로 결정하지 아니할 수 있는 경우를 모두 선택하라.**

㉠ 다른 국가기관, 지방자치단체와 수의계약할 경우 ㉡ 추정가격 5천만 원 이하인 물품의 제조, 구매, 용역인 경우 ㉢ 설계 · 시공 일괄 입찰을 하는 경우 ㉣ 물품 및 용역에 대한 특정조달계약으로서 거래실례가격이 없는 경우 등 ㉤ 「건설산업기본법」에 의한 추정가격 2억 원 이하(전문공사 제외), 1억 원 이하 전문공사, 그 밖의 공사관련 법령에 의한 8천만 원 이하 공사인 경우

① ㉠, ㉡, ㉤
② ㉠, ㉡, ㉢
③ ㉠, ㉡, ㉢, ㉣
④ ㉠, ㉡, ㉢, ㉤
⑤ ㉠, ㉡, ㉢, ㉣, ㉤

정답 및 해설

[주관식]

1. 사업순원가 = 사업총원가 - 사업수익 = ₩117,000 - ₩39,000 = ₩78,000
재정운영순원가 = 사업순원가 + 관리운영비 + 비배분비용 - 비배분수익 = ₩78,000 + ₩65,000 + ₩47,000 - ₩38,000 = ₩152,000

2. 제조원가 중 노무비, 경비, 일반관리비의 합계액에 이윤율(25%)을 곱한 금액으로 하고, 기술료, 외주 가공비에 대해서는 이윤을 가산하지 않아야 한다.

		금액
순공사원가	재료비	₩40,000
	노무비	50,000
	경비	10,000
일반관리비[(재료비+노무비+경비)×(20)%]		20,000
이윤[(노무비+경비+일반관리비)×(25)%]		30,000
총원가		₩150,000

3. 프로그램순원가 = 프로그램총원가 - 프로그램수익
= ₩900 - ₩500 = ₩400
재정운영순원가 = 프로그램순원가 + 관리운영비 + 비배분비용 - 비배분수익
= ₩400 + ₩100 + ₩50 - ₩150 = ₩400

4. 재정운영결과 = 재정운영순원가 - 비교환수익(국세수익)
= ₩400 - ₩200 = ₩200

[객관식]

1. ④
사업순원가 = 사업총원가 - 사업수익 = ₩120,000 - ₩40,000 = ₩80,000
재정운영순원가 = 사업순원가 + 관리운영비 + 비배분비용 - 비배분수익
= ₩80,000 + ₩70,000 + ₩50,000 - ₩40,000 = ₩160,000

2. ② : 재정운영결과 = 재정운영순원가 - 일반수익
= ₩160,000 - ₩30,000 = ₩130,000

사업순원가	₩80,000
관리운영비	70,000
비배분비용	50,000
비배분수익	(40,000)
재정운영순원가	160,000
일반수익	(30,000)
재정운영결과	₩130,000

3. ② 프로그램순원가 = 프로그램총원가 − 프로그램수익
재정운영순원가 = 프로그램순원가 + 관리운영비 + 비배분비용 − 비배분수익
재정운영결과 = 재정운영순원가 − 비교환수익 등

4. ③ 「지방자치단체 원가계산준칙」 제4조 ①항
1. 행정형 회계는 일반회계와 특별회계(지방공기업특별회계는 제외한다)와 같이 징수한 세금 등을 재원으로 하여 공공재를 공급하는 지방자치단체의 일반적이고 고유한 행정활동을 수행하는 회계실체를 말한다.
2. 사업형 회계는 공기업특별회계나 기금과 같이 개별적인 보상관계가 적용되는 독립적인 수익창출활동을 수행하는 회계실체를 말한다.

5. ④ 예정가격은 정부가 민간기업에 요구하는 원가계산이 아니라 정부가 자체에서 계약의 체결 시 기준으로 삼기 위한 가격이다.

6. ④ 「지방자치단체 원가계산 및 예정가격 작성요령」 제2절, 2. 작성 방법에서 "제조원가 계산을 하고자 할 때에는 별지 제1호 서식의 제조원가 계산서를 작성하고 비목별 산출 근거를 명시한 기초 계산서를 첨부하여야 한다. 이 경우 재료비, 노무비, 경비 중 일부를 제조원가 계산서상 일반관리비 또는 이윤의 다음 비목으로 계상하여서는 아니 된다."

7. ⑤ 다음의 경우에는 예정가격을 결정하지 아니할 수 있다.
① 다른 국가기관, 지방자치단체와 수의계약할 경우
② 추정가격 5천만 원 이하인 물품의 제조, 구매, 용역인 경우
③ 건설산업기본법에 의한 추정가격 2억 원 이하(전문공사 제외), 1억 원 이하 전문공사, 그 밖의 공사관련법령에 의한 8천만 원 이하 공사인 경우
④ 개산계약을 체결하는 경우
⑤ 설계 · 시공 일괄입찰을 하는 경우
⑥ 물품 및 용역에 대한 특정조달계약으로서 거래실례가격이 없는 경우 등

참고 문헌

신종렬 · 이경섭 · 김경호(2017). 『정부회계학』. 한국방송통신대학교출판문화원.

심재영 · 선우혜정(2017). 『재무회계원리』. 한국방송통신대학교출판문화원.

조달청(2017). 『정부원가계산실무』.

한국조세재정연구원(2018). 『국가회계편람』.

______(2018.7). 『국가회계편람』. 기획재정부.

행정안전부(2017). 『지방자치단체 재무회계 운영규정』.

American Accounting Association(1972). Report of the Committee on Concepts of Accounting Applicable to the Public Sector, 1970−71.

International Federation of Accountants Public Sector Committee(2000). Government Financial Reporting Accounting Issues and Practices.

______(2002). Transition to the Accrual Basis of Accounting: Guidance for Governments and Government Entities.

Loder, K. G.(1992). A Contingency Model of Governmental Accounting Innovations in the Political Administrative Environment. J. L. Chan & J. M. Patton(editors). *Research in Governmental and Nonprofit Accounting*. Vol 7. JAI Press Inc.

Premchand, A.(1995). *Effective Government Accounting*. International Monetary Fund. Washington, D. C.

찾아보기

ㄱ

ㅂ

ㅅ

ㅇ

ㅈ

저자 소개

심재영

경희대학교 경영학박사
한국정부회계학회 회장 역임
한국회계학회 비영리회계분과위원장 역임
현, 한국방송통신대학교 경영학과 교수

권선국

미국 오클라호마대학교 회계학박사
한국 및 미국 공인회계사
한국정부회계학회장 역임
현, 경북대학교 경영학부 교수, 행정안전부 지방회계제도심의위원회 위원장

김동욱

미국 템플대학교 경제학박사
한국정부회계학회 회장 역임
한국회계학회 정부회계분과위원장 역임
현, 제주대 경상대학 회계학과 교수, 기획재정부 국가회계제도 심의위원

이경섭

영국 버밍엄대학교 재무회계학부 석사(정부회계 전공)
감사원 감찰관, 제5국장 역임
국가 및 지방자치단체 회계제도 심의위원회 위원 역임
현, 한국건설방재연구원 감사

알기 쉬운 정부회계

펴낸날 제1판 제1쇄 2019년 2월 15일
지은이 심재영 · 권선국 · 김동욱 · 이경섭
펴낸이 임춘환
펴낸곳 도서출판 대영문화사
주소 (본사) 사무실: 경기도 고양시 일산서구 주화로 70
우신프라자 307호 (㊇ 10387)
(본사) 물류센터: 경기도 고양시 일산서구 덕산로
107번길 68-50 (㊇ 10205)
등록 1975년 12월 26일 제3-16호
전화 (031) 913-3062, (031) 914-3884~5
팩스 (031) 913-3839
홈페이지 http://www.dymbook.co.kr

ⓒ 심재영 · 권선국 · 김동욱 · 이경섭, 2019
ISBN 978-89-7644-724-1
값 20,000원

* 잘못된 책은 바꾸어 드립니다.
* 이 책의 내용은 저작권법의 보호를 받습니다.